国家发展改革委宏观经济研究院重点课题

# 交通运输
## 当好中国现代化开路先锋
## 发展战略研究

李连成 樊桦 等◎著

中国市场出版社
China Market Press
·北京·

图书在版编目（CIP）数据

交通运输当好中国现代化开路先锋发展战略研究 / 李连成等著. ——北京：中国市场出版社有限公司，2025.1
ISBN 978-7-5092-2489-2

Ⅰ.①交… Ⅱ.①李… Ⅲ.①交通运输业—经济发展战略—研究—中国 Ⅳ.①F512.3

中国版本图书馆CIP数据核字（2023）第201567号

## 交通运输当好中国现代化开路先锋发展战略研究
JIAOTONG YUNSHU DANGHAO ZHONGGUO XIANDAIHUA KAILU XIANFENG FAZHAN ZHANLUE YANJIU

| | |
|---|---|
| 著　　者： | 李连成　樊桦　等 |
| 责任编辑： | 晋璧东（874911015@qq.com） |
| 出版发行： | 中国市场出版社 |
| 社　　址： | 北京市西城区月坛北小街2号院3号楼（100837） |
| 电　　话： | （010）68036672/68020336 |
| 经　　销： | 新华书店 |
| 印　　刷： | 河北鑫兆源印刷有限公司 |
| 成品尺寸： | 170mm×240mm |
| 印　　张： | 22.25　　　　字　　数：320千 |
| 图　　数： | 36　　　　　　表　　数：12 |
| 版　　次： | 2025年1月第1版　印　　次：2025年1月第1次印刷 |
| 书　　号： | ISBN 978-7-5092-2489-2 |
| 定　　价： | 128.00元 |

版权所有　侵权必究　　印装差错　负责调换

# 课题组成员名单

**课题组负责人：**

李连成　国家发展改革委综合运输研究所副所长、研究员

樊　桦　国家发展改革委综合运输研究所经济中心主任、研究员

**课题组主要成员：**

陈晓博　国家发展改革委综合运输研究所经济中心副研究员

唐　幸　国家发展改革委综合运输研究所经济中心助理研究员

李名良　国家发展改革委综合运输研究所经济中心副研究员

赵欣苗　国家发展改革委综合运输研究所经济中心助理研究员

秦　山　国家发展改革委综合运输研究所技术中心助理研究员

李卫波　国家发展改革委综合运输研究所综合室副研究员

肖昭升　国家发展改革委综合运输研究所经济中心研究员

# 目 录

## 第一篇 精华版

**交通运输当好中国现代化开路先锋发展战略研究**

一、交通运输是国家现代化的先行领域和重要支撑保障 / 4

二、社会主义现代化国家建设对交通运输的历史使命提出新要求 / 6

三、交通运输当好中国现代化开路先锋的基本内涵和主要特征 / 9

四、交通运输当好中国现代化开路先锋的总体思路和实现路径 / 15

五、交通运输当好中国现代化开路先锋的重点任务 / 19

六、政策保障措施 / 22

## 第二篇 总报告

**交通运输当好中国现代化开路先锋发展战略研究**

一、交通运输是国家现代化的先行领域和重要支撑保障 / 28

二、社会主义现代化国家建设对交通运输的历史使命提出新要求 / 55

三、交通运输当好中国现代化开路先锋的基本内涵和主要特征 / 70

四、交通运输当好中国现代化开路先锋的总体思路和实现路径 / 80

五、交通运输当好中国现代化开路先锋的重点任务 / 94

六、政策保障措施 / 107

# 第三篇　专题报告

专题报告一　交通运输对于促进发达国家现代化的重要作用和启示研究

　　一、交通运输促进国家现代化建设的作用机制 / 117
　　二、交通运输推动发达国家现代化进程的重点领域 / 124
　　三、对我国交通运输推动社会主义现代化强国建设的启示 / 136

专题报告二　交通运输推动引领科技创新与绿色发展研究

　　一、交通运输对建设创新型国家、实现碳达峰碳中和目标具有支撑
　　　　引领的重要意义 / 147
　　二、我国交通运输推动引领科技创新与绿色发展面临的挑战 / 151
　　三、交通运输推动引领科技现代化与绿色转型发展总体思路 / 154
　　四、交通运输推动引领科技现代化与绿色转型发展的重点任务 / 156
　　五、交通运输推动引领科技现代化与绿色转型发展的政策建议 / 163

专题报告三　交通运输支撑保障区域城乡协调发展研究

　　一、交通运输支撑保障区域城乡协调发展的现状及问题 / 170
　　二、交通运输支撑保障区域城乡协调发展形势研判 / 180
　　三、交通运输支撑保障区域城乡协调发展的总体要求与重点任务 / 184
　　四、政策措施建议 / 193

专题报告四　交通运输支撑引领现代化城市群都市圈建设研究

　　一、国际现代化城市群都市圈的发展演变规律 / 201
　　二、我国城市群都市圈交通运输发展现状及存在的主要问题 / 223

三　未来交通支撑引领现代化城市群都市圈建设的主要着力点 / 231

四　交通运输支撑引领现代化城市群都市圈建设的重点任务 / 234

五　政策保障建议 / 238

专题报告五　交通运输支撑引领现代产业体系建设研究

一、构建现代产业体系的时代背景与内涵 / 247

二、交通运输在构建现代产业体系中发挥着支撑引领作用 / 251

三、我国交通运输支撑引领构建现代产业体系的现状与主要问题 / 258

四、交通运输支撑引领现代产业体系建设的总体思路 / 264

五、交通运输支撑引领现代产业体系建设的重点任务 / 267

六、相关政策建议 / 275

专题报告六　交通运输支撑保障国际供应链产业链建设研究

一、关于交通运输与国际供应链产业链建设的基本认知与判断 / 281

二、我国国际供应链产业链建设面临的新形势与新要求 / 285

三、交通运输支撑保障国际供应链产业链建设的现状与问题 / 291

四、发达国家交通运输支撑保障国际供应链产业链建设的经验 / 297

五、交通运输支撑保障国际供应链产业链建设的方向 / 302

六、交通运输支撑保障国际供应链产业链建设的主要任务 / 304

# 第四篇　调研报告

调研报告一　苏州市推进交通运输现代化的调研与建议

一、苏州市推进交通运输现代化取得初步成效 / 312

二、苏州市推进交通运输现代化面临新问题和新挑战 / 318

三、对苏州市推进交通运输现代化的建议 / 323

**交通运输当好中国现代化开路先锋**
**发展战略研究**

调研报告二　智能交通发展现状、问题及建议

　　一、我国智能交通发展的基本情况 / 330

　　二、智能交通发展存在的问题 / 342

　　三、对未来智能交通定位、作用和趋势的认识 / 344

　　四、推动智能交通发展的建议 / 346

# 第一篇 报告精华版

## 交通运输当好中国现代化开路先锋发展战略研究

**内容提要**：交通运输是国民经济的基础性、先导性、战略性产业和重要的服务性行业。改革开放以来，交通运输在经济社会发展中的"先行官"定位和作用得到社会各界认可。在我国实现第一个百年奋斗目标——全面建成小康社会的过程中，交通运输发挥了举足轻重的先行、先导、支撑、保障作用，作出了积极贡献。党的十九届五中全会提出，全面建成小康社会、实现第一个百年奋斗目标之后，我们要乘势而上开启全面建设社会主义现代化国家新征程、向第二个百年奋斗目标进军。新发展阶段、新发展目标赋予了交通运输新的战略定位、时代内涵和历史使命，要求交通运输当好中国现代化开路先锋，在中国式现代化道路中扮演好排头兵、先遣队、探路者角色，为国家现代化建设提供更加有力的支撑、更加坚强的保障、更加有益的探索。交通运输当好中国现代化开路先锋，应完整准确全面贯彻新发展理念，推动交通运输高质量发展；应贯彻落实交通强国战略，以推进交通运输智慧化、绿色化、一体化、融合化、人本化、全球化为重要路径，加快建成安全、便捷、高效、绿色、经济的现代化综合交通运输体系，率先实现现代化；应集中优势领域重点发力，使交通运输在推进科技创新、实现绿色发展、促进区域城乡协调发展、推动共同富裕、建设现代产业体系、推进更高水平对外开放等方面发挥出更加突出的先导、支撑、保障、牵引作用：一是加快交通运输科技创新，引领科技现代化和绿色转型发展；二是加快区域城乡交通协调发展、人本化发展，建设人民满意交通；三是加快城市群都市圈交通一体化，支撑引领现代化城市群都市圈建设；四是加快交通运输产业升级和"现代交通+"发展，支撑引领现代产业体系建设；五是加强对外通道建设，提升国际物流竞争力和控制力，有力保障我国国际供应链安全和产业"走出去"。

## 一、交通运输是国家现代化的先行领域和重要支撑保障

交通运输是国民经济的基础性、先导性、战略性产业和重要的服务性行业。回顾世界上主要发达国家现代化发展历程，交通运输行业作为国民经济体系中的流通部门，主要负责为其他领域的生产部门提供中间环节支撑，在现代产业体系、现代化的城市群都市圈以及全球化的产业链供应链布局等培育形成进程中发挥着不可替代的作用。同时，交通运输基于自身的功能属性，一直是践行创新、可持续等现代社会发展理念的先行领域，在推动科学技术进步和绿色低碳社会建设方面同样发挥着重要作用。

改革开放以来，交通运输在我国经济社会发展中的"先行官"定位和作用得到社会各界认可。在我国实现第一个百年奋斗目标——全面建成小康社会的过程中，交通运输作出了积极贡献。

第一，交通运输是我国经济持续高速发展的重要先行条件。改革开放以来，"要想富、先修路"成为社会各界共识，交通运输从落后走向恢复和快速追赶，交通投资对我国经济持续快速增长起到了重要拉动作用，在改善区域区位条件和投资环境方面发挥了重要先导作用。同时，

交通运输在发展过程中不断提高运输效率、降低运输成本，有力支撑了经济持续快速增长。

第二，交通运输在区域协调发展中发挥了重要的先导和支撑作用。交通是区域协调发展的骨干系统和关键落脚点，经过改革开放四十多年的建设发展，我国"五纵五横"综合运输大通道基本贯通，"十纵十横"综合运输大通道加快建设，横贯东西、纵贯南北、内畅外通的综合交通主骨架逐步形成，增强了区域间经济发展的空间联系，加快了资源要素在区域间的顺畅流动，对缩小区域发展差距、构建以城市群主体，大中小城市和小城镇协调发展的城镇格局发挥了重要的先导和支撑作用。

第三，交通运输是打赢脱贫攻坚战、实现乡村振兴的重要保障。通过大力推进农村交通建设，基本消除了贫困地区发展的交通瓶颈，加快建成"外通内联、通村畅乡、客车到村、安全便捷"的农村交通运输网络，推动"交通+'旅游''产业''扶贫'"等交通扶贫新模式快速发展，改善了贫困地区发展环境，强化了自我造血功能，为打赢脱贫攻坚战，进而实现共同富裕提供了坚实保障。

第四，交通运输在科技创新中发挥了重要的牵引作用。改革开放以来尤其是党的十八大以来，我国交通运输技术装备研发和制造水平不断提升，有力推动了我国装备科技水平迈上新台阶；交通基础设施建设技术取得长足进步，工程建造科技在国际上处于领先位置；交通管理和服务技术快速迭代升级，形成了我国具有世界引领意义的先进技术应用市场，有力推动了我国科技强国建设和高水平科技自立自强。

第五，交通运输成为我国对外开放的先行领域和重要保障。改革开放以来交通运输探索先行，海外节点"硬联通"与国际货运能力不断提升，有效保障了我国全球贸易及供应链的安全和发展，交通企业积极"走出去"参与世界各国交通基础设施建设，规则制度"软联通"显著提升了中国交通标准的国际影响力，有力地支撑了我国全面对外开放发展和社会主义现代化建设。

## 二、社会主义现代化国家建设对交通运输的历史使命提出了新要求

### （一）开启全面建设社会主义现代化国家新征程

党的十九届五中全会提出，全面建成小康社会、实现第一个百年奋斗目标之后，我们要乘势而上开启全面建设社会主义现代化国家新征程、向第二个百年奋斗目标进军，这标志着我国进入了一个以"全面建设社会主义现代化国家"为战略目标的新发展阶段。全面建设社会主义现代化国家对现代化建设的程度、标准有更高的要求。概括起来就是要建设富强民主文明和谐美丽的社会主义现代化强国，要实现物质文明、政治文明、精神文明、社会文明、生态文明的全面提升，要实现国家治理体系和治理能力现代化，要促进人的全面发展，要基本实现全体人民共同富裕。《中华人民共和国国民经济和社会发展第十四个五年规划和2035年远景目标纲要》具体提出了2035年基本实现社会主义现代化的远景目标。

我国的现代化建设走的是立足中国国情的中国式现代化道路。中国式现代化既具有人类现代化的共同特征，又具有鲜明的中国特色。党的十九届五中全会指出，我国现代化是人口规模巨大的现代化，是全体人民共同富裕的现代化，是物质文明与精神文明相协调的现代化，是人与自然和谐共生的现代化，是走和平发展道路的现代化，从而揭示了中国

式现代化的本质内涵特征。

## （二）新发展阶段交通运输面临的新形势新要求

走中国式现代化道路，要求交通运输更加注重发展效率的提升，以最小的要素投入换取最大的价值产出；要求交通运输坚持把社会效益放在首位、社会效益和经济效益相统一，更加注重统筹发展与公平；要求更加注重文明交通建设，形成交通文明出行文化；要求更加注重统筹发展与环境，加快推动交通运输绿色低碳转型发展；要求更加注重统筹发展与安全，将安全发展贯穿综合交通运输各领域、各环节，牢牢守住安全运行底线。

1. 新一轮科技革命和产业变革将深刻影响生产生活方式

以新一代信息技术为先导和智能化技术为推动，交叉融合带动各领域技术取得突破，要求我国交通运输不断吸收科技创新成果，加快推动信息化智能化技术应用。新的生产方式、组织形态和商业模式变革不断提高生产效率，要求交通运输发展重视业态创新。制造业与服务业之间的深度融合将会引发全球产业链和价值链的重构，要求交通运输业深度融入链条式经济组织系统。

2. 我国产业基础高级化和产业链现代化步伐加快

我国拥有较为完善的产业体系，当前，新一轮科技革命和产业变革呈现多领域、跨学科、群体性突破新态势，新技术、新产品、新业态、新模式不断涌现，产业升级面临新机遇。同时，随着产业技术水平和新一轮开放水平不断提升，我国产业全面融入全球产业链和供应链分工体系，在全球价值链中的位势不断提升，要求交通运输加快转型发展，更好适应产业变革新方向和全球产业链供应链新变化，保障我国产业链供应链稳定运行。

**3.城市群和都市圈成为我国新型城镇化的主体形态**

2023年，我国常住人口城镇化率超过66%，进入城镇化阶段中后期，城镇化速度整体呈放缓态势。未来，人口还将进一步向城市集聚，城市群和都市圈成为城镇化主要空间载体。同时，县城作为我国城镇体系的重要组成部分，是城乡融合发展的关键支撑，对促进新型城镇化建设、构建新型工农城乡关系具有重要意义。新型城镇化发展趋势要求加快城市群和都市圈地区交通运输现代化，充分发挥交通运输对优化城镇空间布局的引导作用，要求城乡交通加快融合，充分发挥县城交通的城乡衔接作用。

**4.我国人口规模和结构变化进入新阶段，人口老龄化进一步加深**

我国人口进入结构性转折期，2021年我国人口自然增长率已经接近零增长，2022年有可能达到人口峰值，人口老龄化加速发展，60岁及以上老年人口平稳增长，2021—2030年增长速度将明显加快，到2030年占比将达到25%左右。人口规模和结构变化要求坚持人本化发展理念，在交通服务创新、信息化数字化发展中更加注重老年人等群体的出行需求。

**5.全球经济持续低速增长且分化态势延续，逆全球化和保护主义势力进一步抬头**

根据"康德拉季耶夫"长周期理论，2030年之前，全球经济总体处于周期下降阶段，尽管不一定意味着经济停滞倒退，但总体表现平庸、多有波折，要求交通运输更好发挥促进经济发展作用。世界经济力量天平正在向亚洲、新兴市场和发展中国家倾斜，发达国家增长低迷和发展中国家增长较快的分化态势延续，要求交通运输现代化更好结合各国家的发展需求，体现国别特点。逆全球化和保护主义势力进一步抬头，全球产业链和供应链格局面临深度调整，要求我国交通运输现代化适应全球格局变化，加强与新生力量地区的交通联系，更好统筹安全与发展关系，维护我国产业链供应链安全稳定。

6.双碳目标提出倒逼经济社会绿色低碳转型

"实现达峰、碳中和是一场广泛而深刻的经济社会系统性变革"，实现双碳目标涉及经济、社会、科技、环境、观念等方面，将对现有经济运行基础和人们生产生活方式产生巨大影响和改变。要求交通运输领域加强对交通运输碳排放的管控，通过优化运输结构、提高运输组织管理水平、强化节能减排技术应用等途径加快绿色低碳转型。

# 三、交通运输当好中国现代化开路先锋的基本内涵和主要特征

## （一）交通运输当好中国现代化开路先锋的基本内涵

交通运输当好中国现代化开路先锋，是指交通运输要在中国式现代化道路中扮演好排头兵、先遣队、探路者角色，为国家现代化建设提供更加有力的支撑、更加坚强的保障、更加有益的探索。交通运输作为经济社会发展所必需的经济性基础设施和社会先行资本，在率先实现现代化的同时，应在推进科技创新、促进区域城乡协调发展、实现绿色发展、建设现代产业体系、推动共同富裕、推进更高水平对外开放等方面发挥出更加突出的先导、支撑、保障、牵引作用，为工业化、城镇化、农业现代化等提供先行条件，以自身现代化更好地推动和促进国家现代化。

**交通运输当好中国现代化开路先锋发展战略研究**

1.从战略定位看,"中国现代化开路先锋"是交通先行思想在新发展阶段的体现,是对"先行官"定位的历史传承和发扬提升

经济社会发展,交通运输先行。改革开放以来,交通运输在经济社会发展中的"先行官"定位和作用已得到社会各界认可。当前,我国已进入建设富强民主文明和谐美丽的社会主义现代化强国的新发展阶段,与前一发展阶段相比,交通运输发展的基础条件、外部环境形势和要求均发生了很大的变化。在全面建设小康社会阶段,我们主要解决的是量的问题,交通运输在全面建成小康社会中当好"先行官",主要是解决"从无到有"的问题,即交通运输能力不足、供求之间总量矛盾突出的问题,通过增加交通运输供给总量来消除交通瓶颈制约,满足经济社会发展需要;在全面建设社会主义现代化国家阶段,必须解决好质的问题,在质的大幅提升中实现量的持续增长,交通运输当好中国现代化开路先锋,则是需要解决"从有到好"的问题,即加快形成"安全、便捷、高效、绿色、经济的综合交通体系",提高交通运输发展的质量和效益,更好发挥交通运输在现代化国家建设中的先导、支撑、保障、牵引作用,服务国家现代化建设大局。

从本质上看,"中国现代化开路先锋"这一战略定位与"先行官"定位一脉相承,是对"先行官"定位的历史传承,是交通先行思想在新发展阶段的体现。同时,与全面建成小康社会相比,由于建设现代化强国这一战略目标的内涵更为丰富,对于交通运输在其中发挥的作用也提出了更高的战略要求,因此当好"中国现代化开路先锋"又是对"先行官"定位的进一步的发扬和提升。

2.从时代内涵看,"中国现代化开路先锋"将交通运输发展与建设现代化国家之间的关系提升到一个新高度,更加凸显了交通运输在建设社会主义现代化国家中的先导、支撑、保障、牵引作用

交通运输发展与我国现代化建设之间休戚相关,交通运输在不同时期的社会主义现代化建设中均发挥了重要作用。新中国成立后到改革开放前的社会主义革命和建设时期,交通运输逐步发展,从自主到自立,有力支撑了工业体系建设和中华民族"站起来"。改革开放和社会主义现代化建设新时期,在党的领导下,交通市场化改革深入推进,交通投资持续增长,交通运输从自立走向自足,实现了从"瓶颈制约"到"初步缓解"再到"总体缓解"的历史性突破,有效解决了"够不够"的问题,基本建成交通大国,有力支撑了中华民族从"站起来"到"富起来"。党的十八大以来,中国特色社会主义进入新时代,交通运输发展的重心从解决"有没有""够不够"的问题,转向解决"好不好""强不强"的问题,交通运输从"自足"迈向"自强"。在以习近平同志为核心的党中央领导下,交通运输在"基本适应"的基础上向"适度超前"迈进了一大步,开启了建设交通强国的新征程,有力支撑了实现党的第一个百年奋斗目标,并为实现党的第二个百年奋斗目标、支撑中华民族"强起来"而不懈奋斗。

当前,我国现代化建设和交通运输发展均站在新的历史起点上,在新的发展基础、发展环境和发展要求下,交通运输应该也能够在全面建设社会主义现代化国家中发挥更大的作用,作出更大的贡献。交通运输当好"中国现代化开路先锋"的战略定位,将交通运输与国家现代化建设的关系提升到一个新高度,更加强调交通运输在建设社会主义现代化国家中发挥好先导、支撑、保障、牵引作用,从而赋予了"交通运输先

行"思想新的时代内涵。

3.从历史使命看,当好"中国现代化开路先锋"是从现代化的角度去理解和贯彻落实交通强国战略

2019年,中共中央、国务院印发了《交通强国建设纲要》,指出建设交通强国是以习近平同志为核心的党中央立足国情、着眼全局、面向未来作出的重大战略决策,是建设现代化经济体系的先行领域,是全面建成社会主义现代化强国的重要支撑,是新时代做好交通工作的总抓手。交通强国是社会主义现代化强国的重要组成部分,是先行领域和战略支撑。

从内涵看,交通强国包括两层涵义——自身强、强国家,即通过建设综合实力世界领先的现代化综合交通运输体系,有效支撑国富民强。

交通运输当好"中国现代化开路先锋"是从现代化的角度看待交通运输发展与国家现代化建设问题,也是从现代化的角度去理解和贯彻落实交通强国战略。交通运输当好"中国现代化开路先锋",本质上是通过推进交通运输现代化来推动、引领国家现代化建设,其内涵也包含两方面的涵义——自身现代化、推动国家现代化,与交通强国的内涵相近。因此,交通运输当好"中国现代化开路先锋"不是要另起炉灶再搞一套,而是建设交通强国的必然要求和题中之义。

## (二)交通运输当好中国现代化开路先锋的主要特征

基于交通运输当好中国现代化开路先锋的内涵,从发展目标和结果的角度,交通运输当好中国现代化开路先锋应具有以下主要特征。

1.先行先导,牵先突破

交通运输现代化是建设社会主义现代化国家的重要组成部分,更是重点先行领域。全面建设社会主义现代化国家,不等于平均用力、齐头并进,而是要注重抓"牵一发而动全身"的重点领域,需要抓"一子落

而满盘活"的关键环节。交通运输当好中国现代化开路先锋，必须率先实现现代化，加快建成安全、便捷、高效、绿色、经济的现代化综合交通运输体系，为其他领域的现代化提供先行条件，以点带面，对全面建成社会主义现代化国家起到先导和带动作用。

2.先锋示范，行动在前

交通运输当好中国现代化开路先锋，应在创新发展、融合发展、绿色发展等方面发挥先锋示范作用。

交通运输是重大科技创新的孕育平台，也为新兴科学技术提供了重要应用场景。交通运输当好中国现代化开路先锋，必须勇当科技现代化的排头兵，推动交通运输领域前沿科技实现重大创新，在加快自身现代化的同时不断推动我国科技现代化进程。

交通运输是沟通生产与消费的桥梁，支撑经济社会长期发展的社会先行资本和构建现代产业体系的重要支撑条件。交通运输当好中国现代化开路先锋，就是要勇当产业升级的先锋队，通过大力发展"现代交通+"，促进交通运输与其他产业深度融合，加快推动实现产业链现代化和产业体系现代化。

交通运输是节能减排的重要领域，交通运输绿色发展对实现双碳目标具有重要的意义。交通运输当好中国现代化开路先锋，就是要当好节能减排新技术新模式新业态的应用场景，通过加快推广新能源和清洁能源运输工具，优化调整交通运输结构，提高交通运输能效水平，推动绿色出行等，加快实现绿色转型发展，在实现双碳目标、经济社会全面绿色转型中当好先锋示范。

3.协调均衡，保障有力

全面建设社会主义现代化国家，必须着力推动区域协调发展、城乡协调发展，不断缩小区域和城乡发展差距。交通运输当好中国现代化开路先锋，就是要合理、因地制宜布局交通基础设施网络，为不同区域、城乡之间提供均衡、安全、经济的交通基本公共服务，实现对国土空间的有效覆盖和均衡开发，增强区域城乡之间的联系互动，促进生产力布局优化，有力支撑和保障区域协调发展战略、区域重大战略、新型城镇化战略、乡村振兴战略等国家战略实施，促进区域城乡协调发展，全面实现现代化。

4.先遣探路，开放合作

交通运输是国际交流合作的重要领域，是对外开放的重要先行领域，是构建国内国际双循环新发展格局的重要保障。交通运输当好中国现代化开路先锋，就是要在全方位对外开放中扮演好先遣探路者角色，持续推动交通扩大对外开放和合作，加强交通基础设施互联互通和强化政策标准规则"软联通"，切实提高国际运输和国际物流竞争力，更好发挥交通运输对于推动我国产业走出去、提高全球供应链产业链稳定可控的基础性先导性作用，有力推动更高水平对外开放。

5.人民满意，成果共享

中国式现代化是以人民为中心的现代化。交通运输当好中国现代化开路先锋，就是要以人民满意为发展导向，为不同区域、不同群体提供多样化交通运输服务和普惠均等的基本交通公共服务，在促进共同富裕和人的全面发展中发挥好基础性保障作用，使交通运输发展的成果为全体人民共享。

# 四、交通运输当好中国现代化开路先锋的总体思路和实现路径

## （一）交通运输当好中国现代化开路先锋的总体思路

**1. 完整准确全面贯彻新发展理念，推动交通运输高质量发展**

进入全面建设社会主义现代化国家新阶段，交通运输发展目标从解决"有没有""够不够"的问题转向解决"好不好""强不强"的问题，即交通运输高质量发展的问题。推动交通运输高质量发展，既是交通运输率先实现现代化的必然要求，也是交通运输当好中国现代化开路先锋的必由之路。

交通运输当好中国现代化开路先锋，在建设社会主义现代化国家中充分发挥好先导、支撑、保障、牵引作用，应完整准确全面贯彻新发展理念，推动交通运输高质量发展，实现交通运输由追求速度规模向更加注重质量效益转变，由各种交通方式相对独立发展向更加注重一体化融合发展转变，由依靠传统要素驱动向更加注重创新驱动转变，以更高的运输质量、更高的运输效率和更低的运输成本更好满足人民日益增长的美好生活需要，更好服务国家现代化建设大局。

**2. 贯彻落实交通强国战略，加快建成安全、便捷、高效、绿色、经济的现代化综合交通运输体系，率先实现现代化**

交通运输当好中国现代化开路先锋是建设交通强国的必然要求和题中之义。2019年9月，党中央、国务院印发了《交通强国建设纲要》，

2021年2月,党中央、国务院又印发了《国家综合立体交通网规划纲要》。"两个纲要"共同构成了指导加快建设交通强国的纲领性文件,其印发标志着交通强国从战略谋划转换到加快建设阶段。贯彻落实交通强国建设战略,加快建成安全、便捷、高效、绿色、经济的现代化综合交通运输体系,能够支撑交通运输率先实现现代化,在全面建设社会主义现代化国家中扮演好开路先锋角色。

3.集中优势领域重点发力,使交通运输在推进科技创新、实现绿色发展、促进区域城乡协调发展、推动共同富裕、建设现代产业体系、推进更高水平对外开放等方面发挥出更加突出的先导、支撑、保障、牵引作用

强调交通运输当好"中国现代化开路先锋",一方面是在新的历史条件下继续充分发挥交通运输在现代化建设中的先行作用;另一方面是应客观看待交通运输在现代化建设中的作用,在交通运输能够发挥开路先锋作用的优势领域集中重点发力,避免过分夸大、泛化交通运输的作用。在全面建设社会主义现代化国家战略目标下,交通运输当好现代化开路先锋应主要在以下五个方面重点发力,发挥更加突出的先导、支撑、保障、引领作用:一是在科技创新与绿色发展方面发挥推动引领作用;二是在促进区域城乡协调发展和实现共同富裕方面发挥支撑保障作用;三是在现代化城市群都市圈建设中发挥支撑引领作用;四是在建设现代化产业体系中发挥支撑引领作用;五是在国际供应链产业链建设上发挥支撑保障作用。

## (二)交通运输当好中国现代化开路先锋的实现路径

交通运输当好中国现代化开路先锋,应贯彻落实新发展理念,按照建设交通强国的总体部署,围绕建成安全、便捷、高效、绿色、经济的

现代化综合交通运输体系,以推进交通运输智慧化、绿色化、一体化、融合化、人本化、全球化为重要路径,推动交通运输率先实现现代化,在建设社会主义现代化国家过程中发挥更加突出的先导、支撑、保障、引领作用。

1.智慧化:加快交通科技创新,促进交通智慧发展

当前,尽管我国交通科技创新取得重大进展,高速铁路、桥梁建造等重要领域跻身世界先进行列,但仍存在着交通科技创新能力不强、基础技术水平不高、关键零部件缺失等亟待破解的难题,必须着力强基础、补短板、优创新、促转型,全面提升交通运输科技实力,促进交通运输智慧化发展,为交通强国和科技强国建设提供有力支撑。

2.绿色化:促进交通运输节能减排,打造绿色交通体系

打造绿色交通体系既是推动交通运输高质量发展、建设交通强国的主要发展目标和重要内容,也是实现双碳目标、推动经济社会全面绿色转型的重要途径。应以推动交通运输节能降碳为重点,完善交通供给侧,加强需求侧管理,供需两侧共同发力,协同推进交通运输高质量发展和生态环境高水平保护,加快形成绿色低碳运输方式,促进交通与自然和谐发展,为加快建设交通强国、实现双碳目标、推动经济社会全面绿色转型提供有力支撑。

3.一体化:推动各种运输方式统筹发展,完善一体化综合交通运输体系

开启全面建设社会主义现代化国家新征程,由交通大国向交通强国迈进,综合交通也进入联网贯通和互联互通的关键阶段,必须抓住各种运输方式成网贯通、综合交通加速融合、重大交通设施布局落地的战略机遇期,促进各种运输方式高效衔接,推动区域、城乡交通协调发展,加快完善一体化综合交通运输体系,提高交通发展的质量和效益,为国

家重大战略实施和区域城乡协调发展提供更加有力的支撑。

4.融合化：推进交通基础设施网与信息网、能源网融合发展，推进交通与相关产业融合发展

随着我国现代化经济体系加快建设，行业之间的关联越来越密切，作为基础性、先导性、战略性行业，交通运输也将突破传统意义上的行业内"小综合"，呈现出越来越明显的行业外"大融合"趋势。加快推进交通基础设施网与信息网、能源网融合发展，推进交通与相关产业融合发展，是提高交通基础设施效能、延长综合交通产业链、增强交通运输发展动能的重要举措，也是加快交通运输现代化、促消费扩内需、推进现代化产业体系建设的重要路径。

5.人本化：坚持人本化发展导向，促进交通发展成果普惠共享

推动交通运输现代化、建设交通强国的根本目的是服务于人民对美好生活的期待，服务于人的全面发展。不断增强人民群众的获得感、满足感、幸福感是交通运输发展的初衷和根本目标。交通运输当好中国现代化开路先锋，必须坚持以人民为中心，以普惠共享为宗旨，全面提升交通发展和运输服务质量，确保交通运输发展为了人民、依靠人民，发展成果由人民共享。

6.全球化：提升全球化国际化水平，构建交通对外开放新格局

面临百年未有之大变局，交通运输必须进一步对外开放，构建对外开放新格局，才能更好服务于构建国内大循环为主体、国内国际双循环相互促进的新发展格局，才能更好支撑高质量共建"一带一路"，实现更高水平对外开放。

## 五、交通运输当好中国现代化开路先锋的重点任务

### （一）加快交通运输科技创新，引领科技现代化和绿色转型发展

以关键核心技术创新为突破点，以高质量发展智能交通为着力点，以提升产业基础能力和产业链水平为落脚点，以强化绿色交通科技创新为切入点，推动交通运输科技创新，引领科技现代化和绿色转型发展。瞄准新一代信息技术、智能制造、新材料、新能源等世界科技前沿，强化创新驱动，突破交通运输的关键核心技术。深化智能转型，推动大数据、互联网、人工智能、区块链、超级计算等新技术与交通行业深度融合，高质量发展智能交通。着力突破短板，开展基础技术和共性技术研究，提升产业基础能力和产业链水平。加快发展新能源、节能环保交通装备和生态环保技术工艺，有力支撑交通运输绿色低碳转型。

### （二）加快区域城乡交通协调发展、人本化发展，建设人民满意交通

深度契合区域重大战略、区域协调发展战略、主体功能区战略、新型城镇化战略和乡村振兴战略等要求，通过增强优势区域交通承载能力、持续推动城乡交通一体化发展、合理补齐农村交通发展短板以及加快提升交通运输服务品质等重点任务实施，不断提升交通基础设施公共服务保障能力和均等化水平，加快实现区域及城乡基础设施相对均衡发展，更好满足人民群众日益增长的美好生活需求。以促进区域协调和均衡发展为导向，以降低要素流动成本、加速要素流动进程为目标，以城

市群、都市圈等发展优势地区为重点，加快区域交通网络化、一体化发展，有序增强优势区域综合承载能力、人口吸纳能力和就业能力。持续推动城乡交通一体化发展，以缩小城乡发展差距为导向，立足以城带乡、以城促乡，加快推进城乡交通一体化发展，便捷城乡交流、加速城乡发展要素间双向流动，促进城乡融合发展。以助力乡村产业振兴、建设美丽宜居乡村为导向，统筹考虑不同地区、不同类型农村发展实际，合理补齐农村交通发展短板。

## （三）加快城市群都市圈交通一体化，支撑引领现代化城市群都市圈建设

加快城市群都市圈交通一体化发展，助力提高现代化城市群都市圈的经济社会发展水平与综合竞争力。健全城市群都市圈交通基础设施，优化交通通道布局，补齐现存城际交通短板，提升城际交通效率，着力打造轨道上的都市圈，发挥交通运输对城镇化进程推进、产业布局与空间布局调整优化的支撑引领作用。打造城市群都市圈综合客运服务体系，提升枢纽服务水平，提升信息化、智能化水平，提升城市群都市圈客运服务质量和出行效率，满足人们群众对出行安全性、便捷性、舒适性日益提高的要求。打造城市群都市圈多式联运服务体系，提升交通供给的精准度，打造专业化物流体系，提升货物运输服务效率，推动交通物流降本增效，发挥对产业聚集、流通能力提升的支撑引领作用。

## （四）加快交通运输产业升级和"现代交通+"发展，支撑引领现代产业体系建设

交通运输支撑引领现代产业体系建设，要立足交通运输自身发展，着力提高客运服务品质，大力发展现代物流，通过创新服务产品、提高

运输效率,满足社会经济日益精细化、多样化、差异化客货运输需求,加快交通运输从传统服务业向现代服务业转型升级。发挥交通运输产业链长的优势,推动汽车、轨道交通、飞机制造等传统交通装备制造业优化升级,大力培育新一代轨道交通、新能源与智能网联汽车、高技术船舶、航空装备、现代物流装备等交通装备战略新兴产业。加快推进交通与邮政、快递物流、生产制造、商贸流通、旅游等产业融合发展,拓展冷链物流、线边物流、电商快递等物流业态,壮大枢纽经济,培育交通运输发展新动能。

## (五)加强对外通道建设,提升国际物流竞争力和控制力,有力保障我国国际供应链安全和产业"走出去"

着力形成陆海空统筹的国际运输网络,加强供需对接和运力协调,集中国家资源与力量维护重要国际通道安全畅通,走一条有中国特色的国际物流竞争力和控制力提升之路,有力保障我国国际供应链安全和产业"走出去"。服务国家战略,探索国际贸易运输新方向,在现有国际贸易运输通道的基础上,打造全方位、多层次、复合型的"一带一路"基础设施网络,积极推动与周边国家铁路、公路、航道、油气管道等基础设施互联互通。依托国家力量,维护中国-巴基斯坦、印度洋航线大通道等重要国际通道安全。借助我国目前在跨境电商和中欧班列中形成的突出优势,推行跨境电商的"电商+快递+仓配一体"发展模式,做优中欧班列品牌,推广国际货协/国际货约运单,逐步掌控和输出国际物流行业规范、规则和标准。

# 六、政策保障措施

## （一）加强党的领导

坚持党对交通运输事业发展的全面领导，充分发挥党总揽全局、协调各方的作用，始终把党的领导贯穿到加快建设交通强国全过程，充分发挥各级党组织在推进国家综合立体交通网建设发展中的作用。全面调动各级干部干事创业的积极性、主动性和创造性，不断提高贯彻新发展理念、构建新发展格局、推动高质量发展的能力和水平，加快推动交通运输率先实现现代化，当好中国现代化开路先锋。

## （二）加强交通投入要素保障

深化交通投融资机制改革，完善政府主导、分级负责、多元筹资、风险可控的资金保障和运行管理体制，鼓励多元化市场融资方式，拓宽投融资渠道，构建效益增长与风险防控并重的投融资机制，增强交通运输可持续发展能力。建立交通运输与国土空间开发、产业发展、自然环境、设施廊道等的协同发展政策，完善相关政策法规与技术标准，推动形成交通与自然资源、金融、产业、贸易、国土等领域规划建设的动态调整管理机制。推进新技术在交通领域应用，抓紧制订、修订适用于新业态、新模式、新设备的法律法规、行业规范。完善人才培养使用机制，持续提升交通行业的人才队伍素质。

## （三）推进交通体制机制改革

持续深化综合交通运输管理体制改革，逐步厘清中央和地方各级政府间事权与支出责任，着力解决现行管理体制中的权责交叉、机构重叠的问题，促进交通运输网络向结构合理、布局协调方向发展，发挥交通运输体系的综合功能和整体效益。正确处理好政府和市场关系，以市场化为导向加快建立有效市场机制，加快推进铁路等重点行业市场化改革，破除妨碍交通运输公平竞争和市场化的体制机制障碍。建立公平的市场竞争环境，完善各类企业参与交通运输建设、运营的准入和退出机制、利益分配机制和监督管理机制，激发微观主体创新活力。

## （四）持续提升行业治理能力

完善行业法律法规、标准规范，加快形成科学完备的交通运输法规制度体系、严格规范的行政执法体系、完善严密的法治监督体系、保障有力的法治保障体系、先进和谐的法治文化体系。围绕法治政府、服务型政府建设，构建中央、省、市（县）三级政府间科学规范的交通运输职责体系，加快转变政府职能，厘清政府与市场、社会的边界，全面落实权力清单、责任清单、负面清单管理制度，完善交通运输政府治理体系。健全自上而下引导与自下而上参与的多元化、多中心的共建共治共享治理格局，推进治理主体多元化。

# 第二篇 总报告

## 交通运输当好中国现代化开路先锋发展战略研究

**内容提要：** 交通运输是国民经济的基础性、先导性、战略性产业和重要的服务性行业。改革开放以来，交通运输在经济社会发展中的"先行官"定位和作用得到社会各界认可。在我国实现第一个百年奋斗目标——全面建成小康社会的过程中，交通运输发挥了举足轻重的先行、先导、支撑、保障作用，作出了积极贡献。党的十九届五中全会提出，全面建成小康社会、实现第一个百年奋斗目标之后，我们要乘势而上开启全面建设社会主义现代化国家新征程、向第二个百年奋斗目标进军。新发展阶段、新发展目标赋予了交通运输新的战略定位、时代内涵和历史使命，要求交通运输当好中国现代化开路先锋，在中国式现代化道路中扮演好排头兵、先遣队、探路者角色，为国家现代化建设提供更加有力的支撑、更加坚强的保障、更加有益的探索。交通运输当好中国现代化开路先锋，应完整准确全面贯彻新发展理念，推动交通运输高质量发展；应贯彻落实交通强国战略，以推进交通运输智慧化、绿色化、一体化、融合化、人本化、全球化为重要路径，加快建成安全、便捷、高效、绿色、经济的现代化综合交通运输体系，率先实现现代化；应集中优势领域重点发力，使交通运输在推进科技创新、实现绿色发展、促进区域城乡协调发展、推动共同富裕、建设现代产业体系、推进更高水平对外开放等方面发挥出更加突出的先导、支撑、保障、牵引作用：一是加快交通运输科技创新，引领科技现代化和绿色转型发展；二是加快区域城乡交通协调发展、人本化发展，建设人民满意交通；三是加快城市群都市圈交通一体化，支撑引领现代化城市群都市圈建设；四是加快交通运输产业升级和"现代交通+"发展，支撑引领现代产业体系建设；五是加强对外通道建设，提升国际物流竞争力和控制力，有力保障我国国际供应链安全和产业"走出去"。

# 一、交通运输是国家现代化的先行领域和重要支撑保障

## （一）交通运输在中国现代化过程中发挥了重要的先行、先导、支撑、保障作用

交通运输是国民经济的基础性、先导性、战略性产业和重要的服务性行业。改革开放以来，交通运输在经济社会发展中的"先行官"定位和作用得到社会各界认可。在我国实现第一个百年奋斗目标——全面建成小康社会的过程中，交通运输发挥了举足轻重的先行、先导、支撑、保障作用，作出了积极贡献。交通运输的先行、先导、支撑、保障作用主要体现在以下五个方面。

1.交通运输是我国经济持续高速发展的重要先行条件

新中国成立后的相当长时期内，受制于国家财力水平、重工业优先发展战略等因素，我国交通运输发展严重滞后，成为制约经济社会发展的"瓶颈"。改革开放以来，"要想富、先修路"成为社会各界共识，交通运输从落后走向恢复和快速追赶，交通运输网络逐步完善，运输服务水平不断提升，成为支撑我国经济持续高速发展的重要先行条件。交

通运输在我国经济持续高速发展中的先行作用主要体现为三个方面：

一是交通投资对我国经济持续快速增长起到了重要的推动作用。交通投资是全社会固定资产的重要组成部分，交通投资不但能够直接带来总产出的增加，而且能够通过乘数作用，创造大量就业和促进收入增长，促使总产出成倍增加。如图1-1所示，1980—2020年，我国交通运输、仓储和邮政业固定资产投资[1]从62.34亿元增长至51154.19亿元，年均增长18.3%；占全社会固定资产投资的比例改革之初为7%左右，2000—2010年提高至10%以上，2010年后有所下降，在9%上下浮动。

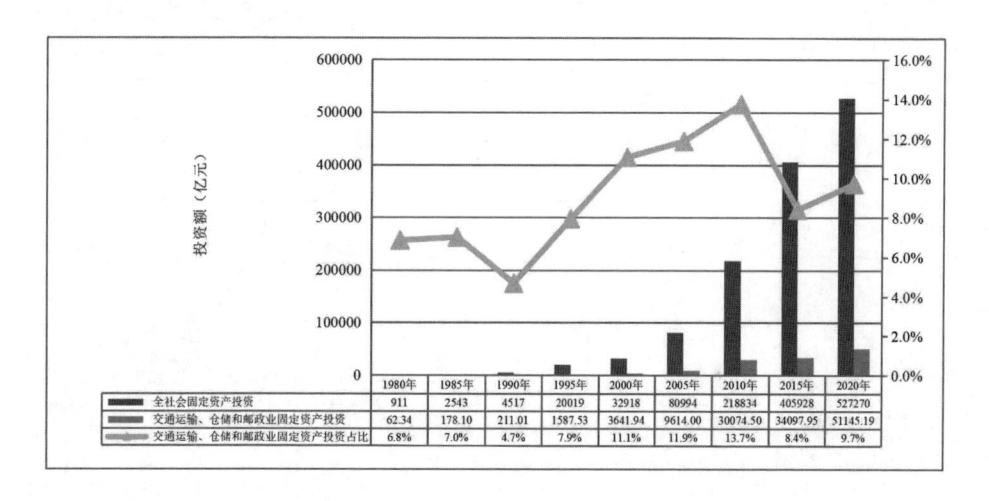

| | 1980年 | 1985年 | 1990年 | 1995年 | 2000年 | 2005年 | 2010年 | 2015年 | 2020年 |
|---|---|---|---|---|---|---|---|---|---|
| 全社会固定资产投资 | 911 | 2543 | 4517 | 20019 | 32918 | 80994 | 218834 | 405928 | 527270 |
| 交通运输、仓储和邮政业固定资产投资 | 62.34 | 178.10 | 211.01 | 1587.53 | 3641.94 | 9614.00 | 30074.50 | 34097.95 | 51145.19 |
| 交通运输、仓储和邮政业固定资产投资占比 | 6.8% | 7.0% | 4.7% | 7.9% | 11.1% | 11.9% | 13.7% | 8.4% | 9.7% |

图1-1　1980—2020年交通运输固定资产投资情况

资源来源：国家统计局。

---

[1] 分行业固定资产投资统计中，将交通运输、仓储和邮政业作为一个行业统计，其中交通运输投资占95%左右。为方便行文，将交通运输、仓储和邮政业固定资产投资视作交通运输固定资产投资。
[2] 魏广奇等（2007）利用1978—2003年中国GDP与交通投资额度的数据作为样本，结果表明，两者之间的产出弹性系数大概是0.9094。彭清辉和曾令华（2009）运用1953—2007年时间序列数据，进行研究分析，测算了交通投资对我国经济增长的贡献，结果发现，经济增长与交通投资之间的产出弹性为0.2384。张志森（2020）研究表明，2004—2017年我国交通投资系数为0.256，即每增加1单位的交通投资，经济总量（GDP）就会增加0.256个单位。

从统计看，交通运输投资与GDP增长波动存在一致性：交通运输投资增速明显下降的年份，如1985—1990年、2010—2015年，同期GDP年均增速也出现了明显下降；交通运输投资增速大幅提升的年份，如1990—1995年、2000—2005年、2005—2010年，同期GDP增长也出现了明显提速（见图1-2）。在1997年、2008年两次金融危机爆发后，加大交通基础设施投资均对稳增长、扩大内需起到了积极作用。大量学者的实证研究证明，交通投资对我国经济增长具有显著的促进作用[2]。

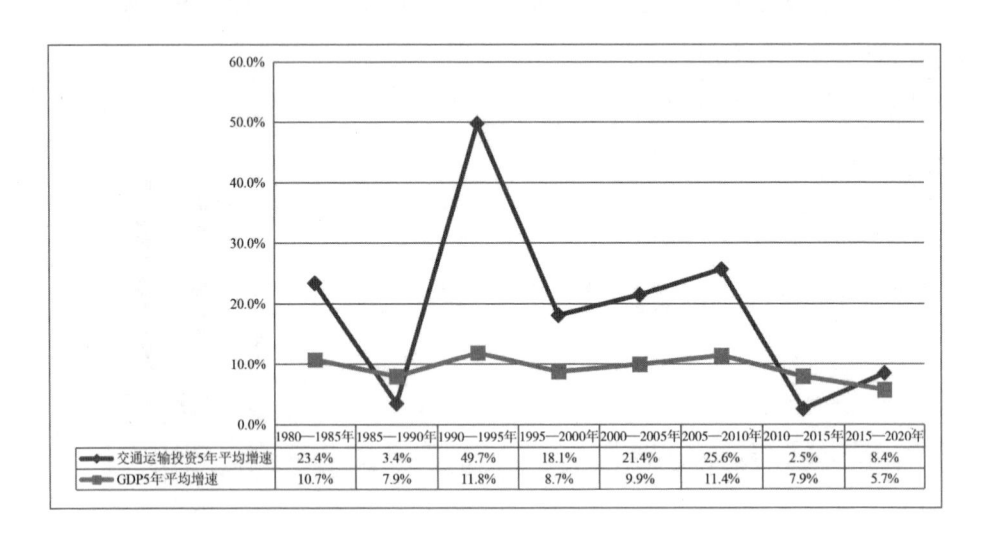

| | 1980—1985年 | 1985—1990年 | 1990—1995年 | 1995—2000年 | 2000—2005年 | 2005—2010年 | 2010—2015年 | 2015—2020年 |
|---|---|---|---|---|---|---|---|---|
| 交通运输投资5年平均增速 | 23.4% | 3.4% | 49.7% | 18.1% | 21.4% | 25.6% | 2.5% | 8.4% |
| GDP5年平均增速 | 10.7% | 7.9% | 11.8% | 8.7% | 9.9% | 11.4% | 7.9% | 5.7% |

图1-2　1980—2020年交通运输固定资产投资与GDP增速情况

资源来源：国家统计局。

二是交通运输对于改善区域区位条件和投资环境起到了重要的先导作用。交通运输能够改变和充分挖潜区域的区位优势，增强地区与地区之间的可达性与通达性，促进产业发展和外向型经济发展，将区域的资源优势转化为经济优势，发展潜力转化为现实生产力，潜在市场转化为现实市场，从而促进区域经济社会发展。改革开放以来，不断完善的交通基础设施网络和不断提升的运输效率，成为我国吸引外资和发展对外贸易的巨大优势条件。东部地区得以率先发展、成为外向型经济的高地，其重要优势之一就是具备更加完备的交通运输网络，尤其是港口条件优越的京津冀、长三角、珠三角地区，依托港口发展临港产业和外向型产业，对区域经济发展产生了巨大的带动作用。西部的成渝地区，在长江上游航道条件大大改善、铁路公路网络不断完善、中欧班列开行等有利因素推动下，区位竞争优势极大提高，外向型产业加快发展，城镇化进程快速推进，交通运输在成渝地区成为我国内陆对外开放高地和经济增长"第四极"方面发挥了举足轻重的推动作用。

三是交通运输在发展过程中不断提高运输效率、降低运输成本，有力支撑了经济持续快速增长。交通运输是连接生产和消费、供给和需求的桥梁，是流通环节的重要组成部分。经过持续建设，我国已建成了全球最大的高速铁路网、高速公路网、世界级港口群，综合交通网络总里程突破600万千米，其中，高速公路对20万人口以上城市覆盖率超过98%，具备条件的乡镇和建制村全部通硬化路，为现代流通体系建设提供了有力支撑。同时，通过大力发展多式联运，推动建设统一开放的交通运输市场、推进国际物流供应链体系建设，有力助推降低流通成本、提高流通效率、保障流通安全，交通运输在构建新发展格局，推动经济高质量发展中已经并将继续发挥重要的支撑保障作用。如图1-3所示，我国社会物流总费用与GDP的比率已由1991年的23.7%持续下降至2021年的14.6%，虽有产业结构变化等方面的原因，但也反映了物流降本增效取得了积极进展，物流业总体运行效率和现代化水平不断提升，对于从整体上提高国民经济运行质量和效益作出了积极贡献。

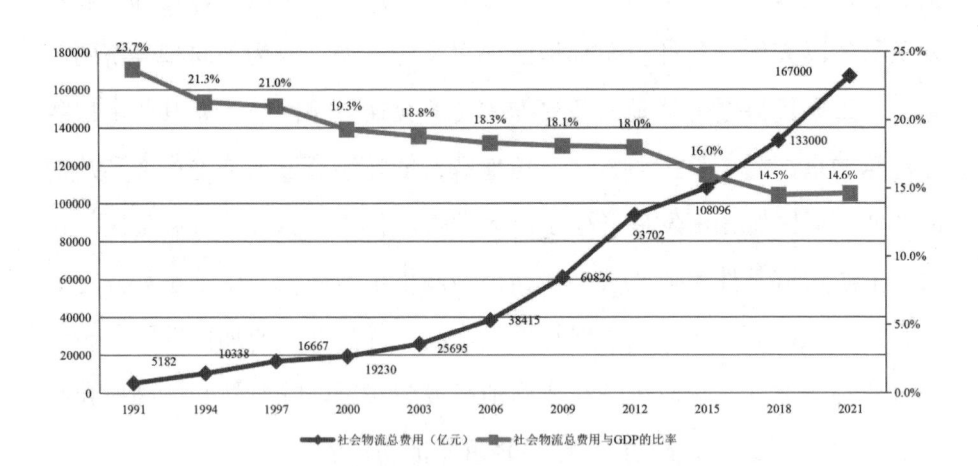

图1-3　1991—2021年社会物流总费用与GDP的比率变化情况

资源来源：《第三产业统计年鉴》。

2.交通运输在区域协调发展中发挥了重要的先导和支撑作用

交通运输通过增强区域间经济发展的空间联系，加快资源要素在区域间的顺畅流动，对缩小区域发展差距发挥了重要的先导和支撑作用。

一是陆续出台交通运输引导区域协调发展的各项规划政策措施，为强化区域发展总体战略提供交通支撑。2014—2020年，《长江经济带综合立体交通走廊规划（2014—2020年）》《京津冀协同发展交通一体化规划》《长江三角洲地区交通运输更高质量一体化发展规划》《粤港澳大湾区城际铁路建设规划》《海南现代综合交通运输体系规划》等规划政策陆续公布实施，为强化区域发展总体战略提供交通支撑。2021年12月9日，国务院印发《"十四五"现代综合交通运输体系发展规划》，指出要充分发挥交通运输对国土空间开发保护的支撑引领作用，增强对实施区域重大战略、推动区域协调发展、全面推进乡村振兴的服务保障能力。

二是逐步形成基本覆盖全国、引领区域协调发展的综合交通主骨架，有力支撑了构建连接东中西、贯通南北方的多中心、网络化、开放式区域开发格局，促进区域发展差距不断缩小。交通是区域协调发展的骨干系统和关键落脚点，便利的交通网络能够降低区域合作成本以及增加区域发展的机会，能有效促进区域间分工协作与协调联动，推动区域协调布局和协调质量的共同优化。经过改革开放40多年的建设发展，我国"五纵五横"综合运输大通道基本贯通，"十纵十横"综合运输大通道加快建设，横贯东西、纵贯南北、内畅外通的综合交通主骨架逐步形成。高速铁路、高速公路网覆盖范围进一步扩大，内河高等级航道加快建设，长江干线航运能力不断增强，普通铁路有序建设，沿边、沿海、重点战略地区、城市群拥堵地区等普通国道改造升级成效明显，"四好农村路"建设大力推进，农村公路实现通村畅乡，引领区域协调发展的综合交通主骨架基本形成。

三是加强交通运输布局服务区域重大战略，有力推动构建以城市群为主体，大中小城市和小城镇协调发展的城镇格局。服务京津冀协同发展、长江经济带发展、粤港澳大湾区建设等区域协调发展战略，加强交通运输布局，提供基础支撑。加快构建以首都为核心的多节点、网格状世界级城市群交通体系，加快建设雄安新区一流的综合交通运输体系。强化干线铁路、城际铁路、市域（郊）铁路、城市轨道交通的高效衔接，推动"四网融合"，着力打造"轨道上的京津冀"。全面推进干线航道系统化治理，提升长江黄金水道功能，疏解三峡运输"瓶颈"制约，建设长江经济带综合立体交通走廊。畅通大湾区经粤东西北至周边省份的综合运输通道，构建连接泛珠三角区域和东盟国家的陆路国际大通道，推动粤港澳大湾区现代化综合交通运输体系建设。以"海澄文（海口、澄迈、文昌）"一体化经济圈、大三亚旅游经济圈为重点，打造多节点、网格状、全覆盖的铁路、城际轨道和骨架公路网，全面支撑海南自由贸易港建设。以上海、南京、杭州、合肥、苏（州）（无）锡常（州）、宁波等为节点，构建对外高效联通、内部有机衔接的多层次综合交通网络，推进长三角区域交通运输更高质量一体化发展。契合全流域生态保护和国土空间开发，加快形成黄河流域"通道+枢纽+网络"联动发展格局。差异化完善区域各板块交通网络，增强了对区域战略的交通支撑。

3.交通运输是打赢脱贫攻坚战、实现乡村振兴的重要保障

城乡发展差距较大是当前我国发展不平衡不充分的重要体现和实现共同富裕道路上需要解决的首要问题。交通运输不仅是资金、消费等城市发展要素与农产品、旅游休闲等农村特色产品服务平等交换、双向流动的重要载体，还是城乡消费市场与消费品产地紧密对接的基础条件。通过交通运输的不断完善来不断提升公共服务均等化水平，是缩小城乡发展差距实现城乡均衡发展的坚实基础，更是实现共同富裕的关键环节。

一是强化规划政策引领，持续促进交通扶贫力度。为支持脱贫攻坚，中央和有关部门、地方出台了一系列政策举措，强度密度空前。2016年，国家发展改革委、交通运输部、国务院扶贫办联合印发《关于进一步发挥交通扶贫脱贫攻坚基础支撑作用的实施意见》，提出要以革命老区、民族地区、边疆地区和贫困地区为重点，加强交通基础设施，到2020年在贫困地区建设广覆盖、深通达、提品质的交通运输网络，基本消除贫困地区发展的交通瓶颈。交通运输部制定了交通扶贫规划，把贫困地区、革命老区、民族地区、边疆地区共1177个县（区、市）全部纳入支持范围，坚持"扶贫项目优先安排、扶贫资金优先保障、扶贫工作优先对接、扶贫措施优先落实"，以超常规的举措和力度，推进贫困地区加快建设"外通内联、通村畅乡、客车到村、安全便捷"的交通运输网

络,大力提升城乡客货运输服务水平,健全农村公路管养体制机制。

二是加强农村交通"软硬件"建设,为农民群众脱贫致富提供坚实保障。"硬件"方面,通过扎实推进"双百"工程,有效改善贫困地区发展环境。"百万公里农村公路工程"使贫困地区农村公路在规模和质量上逐步达到全国平均水平,强基础、补短板、提质量。"百项交通扶贫骨干通道工程"强化贫困地区骨干网络,包括32项高速公路项目、165项普通国道项目、16项铁路项目、14项机场项目,着力增强交通"造血"功能,畅通道、活流通、兴百业。"软件"方面,通过统筹设施建设与服务优化,不断提高客运服务质量水平,促进交通、物流、信息化融合发展,推进交通与产业联动发展。截至2020年,全国实现了具备条件的乡镇和建制村100%通硬化路和100%通客车的"两通"任务,城乡道路客运一体化发展水平持续提升,以县城为中心、乡镇为节点、建制村为网点的交通网络初步形成,乡村之间、城乡之间的连接更加紧密,为农民群众脱贫致富提供坚实保障。

三是交通扶贫模式不断创新发展,交通运输跨区域深度融合联动发展,对于改善贫困地区发展环境,强化自我造血功能,破解贫困地区经济社会发展"瓶颈"产生了重要的推动作用。截至2019年底,国家向14个集中连片特困地区、革命老区、少数民族地区、边疆地区累计投入3.3万亿元,占铁路基建总投资的78%。新投产铁路覆盖了274个国家级贫困县,助力融入"高铁经济圈"。"交通+'旅游''产业''扶贫'"等新模式快速发展,2012—2019年,贫困地区新改建资源路、旅游路、产业路约5.9万千米。"交通+快递"扶贫工程整合交通运输、供销、商贸、电商、邮政快递等资源,开展无人机物流配送应用试点,2018年全国邮政企业累计实现农村电商交易额1.4万亿元。"交通+特色农业+电商""交通+文化+旅游""交通+就业+公益岗"等扶贫模式不断创新发展。特色产业因路而起、因路而兴，为广大农民打开一扇扇脱贫致富的大门。

4.交通运输在科技创新中发挥了重要的牵引作用

交通运输既是我国先进科技的重要应用领域，也是孕育科技革命和产业变革的重要载体。交通科技发展水平是一个国家科技与产业发展综合实力的体现，也是国家现代化的重要标杆。改革开放以来尤其是党的十八大以来，我国交通运输装备、基础设施、交通管理和服务科技水平显著提升，有力推动了我国科技强国建设和高水平科技自立自强。

一是交通运输技术装备研发和制造水平不断提升，有力推动了我国装备科技水平迈上新台阶。我国交通运输技术装备发展瞄准科技发展前沿，不断取得了重大突破，取得了一批标志性的重大科技成果。以高速动车组、大功率机车、重载铁路货车、城市轨道车辆为代表的轨道交通装备系列产品，整体技术达到国际先进水平，部分指标国际领先，已形成全系列、谱系化产品设计制造能力。高速列车、C919大型客机、自动化港机、新能源汽车等一批自主研制的交通运输装备成为"中国制造"的新名片。具有自主知识产权"复兴号"全面运营，高性能铁路装备技术达到世界先进水平。国产大飞机C919完成取证试飞，支线客机ARJ21载客运营。交通运输技术装备极大提升了我国关键技术装备核心竞争力，形成了具有国际竞争优势的创新产业集群，有力推动了我国科技自立自强。

二是交通基础设施建设技术取得长足进步，推动我国工程建造科技在国际上处于领先位置。我国在交通基础设施设计、建设和养护等方面取得了重大成绩，相继突破了高寒高海拔高速铁路和高速公路建设、特大桥隧建设、桥梁智能建造、综合交通枢纽等一批交通运输建设技术难题，我国已拥有世界最长的跨海大桥、最快的高速铁路、最大的集装箱港口，建设完成了京沪高铁、港珠澳大桥、洋山港、大兴国际机场综合交通枢纽等一批超级交通工程。我国复杂的自然环境和丰富的交通建设场景需求推动土木工程建设技术的快速演进发展，与交通运输基础设施建设相关的机械、冶金、计算机、精密仪器等众多产业实现了质的飞跃，有力推动我国工程建造科技取得长足进步。当前，交通基础设施已经成为我国具有国际竞争优势重要行业，也是国际产能合作的重要领域。我国企业承建的克罗地亚佩列沙茨大桥、印度尼西亚雅万高铁、匈塞铁路等全面展示了"中国建造"的科技实力。

三是交通管理和服务技术快速迭代升级，推动形成了我国具有世界引领意义的先进技术应用市场。互联网、人工智能、区块链、大数据等技术在交通运输领域广泛应用，推动了我国交通运输管理和服务新业态、新模式、新产业层出不穷，共享交通等新业态蓬勃发展，交通数字经济规模不断扩大。网约出行、定制客运、"无纸化"客票、电子运单、无人配送、智慧城市交通管理等逐步推广，传统交通服务和管理模式发生重大变革。交通运输管理和服务领域已经成为我国科技创新应用最活跃、市场规模体量最大、风险资本竞相投入的重点领域之一，初步形成了具有世界影响力的超大规模先进技术应用市场。丰富的交通应用场景和海量的用户体量为我国科技创新提供了应用载体，人工智能、区块链、大数据等新兴技术也在交通管理和服务应用中不断迭代演进，与经济社会发展深度融合，显著改变了生产方式、生活方式和社会治理模式。

5.交通运输是我国对外开放的先行领域和重要保障

交通运输业是国民经济发展的先行官，也是我国最早对外开放的领域之一。尤其是改革开放以来，交通运输探索先行，有力地支撑了我国全面对外开放发展和社会主义现代化建设，其作用主要体现为如下三个方面。

一是海外节点"硬联通"与国际货运能力不断提升有效保障了我国

**交通运输当好中国现代化开路先锋
发展战略研究**

全球贸易及供应链的安全和发展。在海外节点建设方面,我国企业加快在全球,尤其是"一带一路"沿线布局建设。比如中信集团牵头的财团在缅甸皎漂港、广西北部湾国际港务集团在马来西亚关丹港、招商局集团在白俄罗斯明斯克,以及相关企业在肯尼亚蒙巴萨港、东非吉布提港等主要枢纽港口和铁路节点进行前瞻布局。在陆路通道建设方面,我国加快新亚欧大陆桥、中国–中亚–西亚经济走廊建设,进一步释放口岸、交通、物流合作潜力,中亚第一长隧道"安格连—帕普"铁路隧道成为连接中国和中亚交通走廊的新枢纽。"'一带一路'上的钢铁驼队"中欧班列已累计开行5.4万列,通达欧洲23个国家185个城市,成为沿线国家广泛认同的国际公共物流产品。在提升船队、机队运力方面,我国拥有海运船队运力规模达3.5亿载重吨,位居世界第二位。以中远海运集团、招商局集团为代表的国际航运企业实力大大增强。中远海运集团经营船队综合运力11346万载重吨/1408艘,排名世界第一。招商局集团航运业务船队总运力排名世界第二,同时拥有世界第一的超大型油轮(VLCC)船队和超大型矿砂船(VLOC)船队。航空机队规模也得到了长足发展,未来20年我国民航货机规模将增长近3.5倍。随着国际货运能力不断提升,我国已成为全球海运连接度最高、货物贸易额最大的经济体。尤其是新冠疫情期间,中欧班列、远洋货轮昼夜穿梭,全力保障了全球产业链供应链稳定,体现了中国担当。

二是交通企业"走出去"参与世界各国交通基础设施建设,扮演着我国对外交往的"先行官"角色。近年来,交通行业不断推进企业"走出去",高铁成为"走出去"新亮点,高速公路建设、深水筑港、轨道及港口装卸设备加快走出国门。在欧洲,通过中国企业和中国经验的助力,古老的希腊第一大港——比雷埃夫斯港重获新生。2010年中国企业正式接管整个港口运营后,该港的集装箱吞吐量从当年的88万标准箱增长至2019年的565万标准箱，全球排名从第93位跃升至第25位，成为地中海第一大港，对希腊的直接经济贡献超过6亿欧元。在非洲，中国企业通过积极参与地区道路、铁路、港口等建设，促进非洲"三网一化"跨越式建设发展和交通互联互通，也为我国企业在非洲的终端配送组织奠定网络基础。其中，蒙内铁路已安全运营1857天，累计发送旅客794.5万人次，发送集装箱181.7万标箱，发送货物2029.3万吨，该铁路还为肯尼亚累计培养了1700余名铁路专业技术和管理人员。依托于中国企业承建的坦赞铁路以及安哥拉本格拉铁路，坦桑尼亚、赞比亚、刚果（金）民主共和国、安哥拉等四国首次实现铁路互联互通，中国企业协助非洲人民打通了大西洋和印度洋经非洲大陆连接通道。在亚洲，2021年12月中老铁路正式建成通车。中企承建的雅万高铁2023年开通，这是"一带一路"倡议和中国、印度尼西亚两国务实合作的标志性项目，也是我国高铁首次全系统、全要素、全产业链在海外落地。近年来，中国交通建设企业从简单承包施工"走出去"，逐步转变为技术、标准和装备"走出去"；从单一的设施建设转向园区综合开发；从传统的劳务输出、工程承包转向投资、建设和运营一体化运作。这不仅为我国培养了一批具有全球竞争力的现代化交通运输企业，也深化了中国与其他国家的双边合作，让各国人民享受到了实实在在的便利实惠。

三是规则制度"软联通"，显著提升了中国交通标准的国际影响力，增强了我国交通运输产品在国际市场的竞争力。一方面，我国积极推进政策、规则、标准"三位一体"联通，为互联互通提供机制保障。以共建"一带一路"为合作平台，与19个国家签署22项国际道路运输便利化协定；与66个国家和地区签署70个双边和区域海运协定，海运服务覆盖沿线所有沿海国家；与26个国家（地区）签署单边或者双边承认船员证书协议；建立中欧班列国际铁路合作机制，与22个国家签署邮政合作文件，实现中欧班列出口运邮常态化运作；与100个国家签订双边政府间航空运输协定，与东盟、欧盟签订了区域性航空运输协定。日前，国际铁路联盟发布实施由我国主持制定的《高速铁路设计基础设施》标准和《高速铁路设计供电》标准，两项标准均是相关领域的首部国际标准，中国高铁正从打造国家名片迈向引领国际标准。另一方面，我国认真履行国际责任和义务，多渠道加强与国际交通组织的沟通协商，促进国际相关交通公约的规则统一，提升了在重要国际交通组织中的话语权和影响力。我国已加入近120项交通运输领域多边条约，积极参与联合国亚洲及太平洋经济社会委员会、铁路合作组织、国际铁路联盟、世界道路协会、国际运输论坛、国际海事组织、国际民航组织、万国邮政联盟等国际组织事务，多次当选或连任国际海事组织A类理事国、万国邮政联盟相关理事会理事国，积极主办世界交通运输大会等国际会议。[1]推动实现联合国2030年可持续发展议程框架下的交通领域可持续发展目标，携手其他发展中国家推动交通可持续发展全球治理改革，为发展中国家发展营造良好的国际环境。

### （二）中国交通运输先行发展的经验总结

1.坚持交通先行的思想，支撑国家现代化建设和重大区域战略实施，适度超前建设交通基础设施

在1949年新中国成立前夕，毛泽东同志提出"把南北通船通航通邮诸事当作一件大事去做""我们有可能并且应该很好地恢复铁路和发展铁路"。新中国成立后，在社会主义革命和建设时期，党和国家把快速恢复交通运输业作为首要任务，建立全国交通运输行政管理机构，在

---

[1] 吴文化，等.建党百年看中国交通运输发展（综合交通运输篇）[M].北京：经济科学出版社，2021.

经济极为困难的情况下，恢复和有重点地建设铁路、公路，有力地支撑了国民经济恢复和社会主义建设。在改革开放和社会主义现代化建设时期，把交通运输发展放在优先地位成为改革开放后历个五年规划国民经济和社会发展的思想，"要想富，先修路"成为共识和社会行动。"六五"计划是改革开放后编制的第一个五年计划，明确提出"集中力量搞好以能源、交通为中心的重点建设""这个问题不解决，国民经济的全局活不了，各个局部的发展也必然受到制约，想快也快不了"。党的十二大首次提出"按照适度超前原则，统筹各种运输方式发展"。在开创中国特色社会主义新时代，党中央、国务院进一步提出交通运输"是建设现代化经济体系的先行领域""是国民经济中基础性、先导性、战略性产业，是重要的服务性行业"。在社会主义现代化建设实践中，国家进行三线建设、推动沿海沿边开放、实施西部大开发和新时代"一带一路"倡议、区域协调发展战略等，以及应对亚洲金融危机、国际金融危机等经济风险，交通作为"先行官"作出了重要贡献。

2.坚持统一规划的体制，通过顶层设计、规划布局和重大项目推进，凝聚力量、有序建设

在我国实行经济计划管理的时期，交通运输建设和发展任务，作为国民经济和社会发展五年计划的重要组成部分由国家统一计划安排，宏观经济和投资管理部门与交通相关部门贯彻落实。进入21世纪，我国交通运输发展逐步建立和完善了"中长期发展规划–五年发展规划–三年或年度行动计划"的交通建设和发展规划体系。国家编制了铁路、高速公路、航道和港口、民用机场等中长期发展规划，并滚动调整，明确10年长远的发展目标和主要任务；落实中长期发展规划的部署，贯彻国民经济和社会发展五年规划，编制综合交通运输及各种运输方式的五年专项发展规划；规划执行期有关部门结合形势，制定交通基础设施重大工程建设

三年行动计划或者年度计划。在规划实施层面，依据规划发展目标、建设重点，铁路、公路、水运、民航、管道等有关部门之间、中央和地方之间，从项目可行性研究、建设资金筹措、建设施工和投产运营等环节，按照分工形成合力，有序推进实施，有效地保障了战略规划目标的实现。

3.坚持综合发展的原则，组合发挥各种运输方式的技术经济特征优势

欧美国家在交通运输大规模建设期，各种运输方式甚至企业各自为政、竞争发展，以至于出现大规模废弃甚至拆除交通基础设施。中国交通在新中国成立不久就树立了综合发展的思路，即无论是交通运输系统与经济社会大系统之间，还是交通运输系统内部的各种方式之间，基础设施、技术装备和运输服务等子系统之间，交通运输走廊的方式选择都要综合统筹、协调发展。实践中，国家根据社会主义现代化建设需要和资源能力，充分发挥各种运输方式优势，统筹各种方式的基础设施网络建设，发挥了有限资金资源的最大效能。随着基础设施网络完善、运输服务能力提升，建设现代综合运输体系日益成为国家、行业和社会各界的共识，并且从制度和体制上予以保障。从制度体系上，自"十五"开始编制综合交通运输体系五年发展规划，"十二五"开始综合交通运输体系发展规划由国务院发布，近年来党中央发布了《交通强国建设纲要》和《国家综合立体交通网规划纲要》；从体制机制上，逐步建立和完善综合交通运输行政管理机构和管理机制。

4.坚持齐抓共建的机制，发挥中央政府作用，调动地方政府和社会各方参与

新中国成立以后很长时期内，交通投资高度依赖政府（主要是中央政府）财政预算内资金。改革开放之初，国民经济比例严重失调，能源和交通是两个最为薄弱的部门。这两个部门的"改善和加强，这是使

整个国民经济转向主动的重要环节，是关系经济建设全局的大事"，但是，改善交通状况、加强交通建设面临着建设资金缺乏的巨大挑战。改革开放后，在保证中央政府财政投入的同时，出台了提高养路费收费标准、征收车辆购置附加费、贷款修路收费还贷的系列政策，破解了建设资金的瓶颈制约。此外，从投资主体上，改革交通建设主要由中央政府投入的局面，充分调动地方政府和企业等社会资本的投资建设积极性，推动投资建设主体由中央为主向属地化和企业化过渡。从20世纪80年代陆续开始地方政府建设公路、港口和机场属地化管理、铁路大规模推广省部共建模式，企业建设经营性收费公路、央地建设合资铁路，在交通领域开放外资进入，开展BOT（建设-运营-移交模式）、PPP（公私合营模式）、交通产业基金等投融资模式，鼓励和支持民营企业、外资等社会资本投资建设运营交通基础设施。2019年，国务院明确了交通运输领域中央与地方财政事权和支出责任划分。经过不断创新完善，目前基本形成了中央政府、地方政府、社会资本等共同投入、齐抓共建的机制，成为交通建设和发展成就的有力保障。改革开放初期，公水基本建设投资中央及有关单位占2/3，目前中央预算和专项资金仅占公水固定资产投资的1/6左右；铁路建设从改革开放初期国家大包大揽到目前的地方政府和企事业投资占据40%左右。

5.坚持创新引领的理念，以技术创新和制度创新持续破解发展难题，促进产业现代化和提升治理体系现代化

中国交通运输先行发展始终伴随着以创新攻坚克难、以创新驱动发展。从技术落后到高原铁路、高速铁路、跨海桥隧、大型机场、深水航道、自动化码头等成套现代工程技术水平跻身世界前列；从引进装备和技术到具有完全自主知识产权的全系列复兴号动车组上线运行、C919客机成功试飞、ARJ21支线客机规模化运营、新能源汽车占全球半壁；从传统交

通模式到网约车、共享单车、网络货运平台等新业态快速发展，中国交通运输技术自主创新能力不断增强，"也大幅度提升了中国的基础工业、制造业、新兴产业等领域创新能力和水平，加快了中国现代化进程"。改革开放以来，中国适应时代变化，破解交通运输建设资金难题、新业态挑战、技术瓶颈约束、运输管理模式变化等问题，抢抓新一轮科技革命和产业变革机遇，改革不适应交通运输发展要求的体制机制、法律法规，不断构建新的体制机制、法律法规，使各方面制度更加科学、更加完善。交通运输由独立发展转向综合发展，综合交通运输管理的体制不断完善，把各方面的制度优势转化为管理效能。制度创新在解放和增强了交通发展活力的同时，也推进了交通运输治理体系和治理能力现代化。

### （三）交通运输在发达国家现代化过程中发挥了重要支撑保障作用

回顾世界上主要发达国家现代化发展历程，交通运输行业作为国民经济体系中的流通部门，主要负责为其他领域的生产部门提供中间环节支撑，在现代产业体系、现代化的城市群都市圈，以及全球化的产业链供应链布局等培育形成进程中发挥着不可替代的作用。同时，交通运输基于自身的功能属性，一直是践行创新、可持续等现代社会发展理念的先行领域，在推动科学技术进步和绿色低碳社会建设方面同样发挥着重要作用。

1.交通运输领域的创新发展普遍推动了各国科学技术的发展进步

一是交通运输提供创新平台载体，牵引带动科学技术发展。纵观人类社会发展历史，科学技术创新是提升社会生产力、拉动经济持续增长的核心动力源。交通运输是牵引带动技术创新的重要载体，也是孕育科技革命和产业变革的前奏篇章和重要领域，能够依托自身领域技术的发展带动全社会创新能力和技术水平的提升。从世界上一些主要国家的现代化进程中可以看出,交通运输的提质升级和优化发展对科技创新的支撑和带动作用非常明显,在助力发达国家抢占科技革命和产业变革先机方面起到了至关重要的作用。例如,过去以大飞机、高速动车、大型舰艇等为代表的交通装备制造,均涉及较长的产业链条和复杂精深的系统集成技术,对以美国、德国、日本、法国为代表的发达国家综合提升科技创新水平,产生了明显的带动作用。又如,现阶段以新能源、自动驾驶汽车为代表的新一代装备制造,已成为全球各国抢占新一轮科技发展制高点的重要抓手领域。围绕新能源、自动驾驶汽车加大研发力度,能够在常规的机械制造等技术基础上,广泛推动新能源、人工智能、大数据、高精感知和识别、下一代通信等技术发展,对实现全链条、系统性的科学技术创新具有重要价值。参见图1-4所示。

**图1-4　梅赛德斯-奔驰公司"未来工厂"生产线效果图**

资源来源:环球网。

二是交通运输为新技术的推广应用提供市场和空间。回首过去，交通运输作为支撑商品交换和流通环节的行业部门，往往须借助科技创新提高供给质量和效益，不断匹配和满足经济社会生产力提升带来的以规模化、快速化为主要特征的运输需要，因此交通运输一直是全球历次工业革命中的重要依靠，是蒸汽动力、电力、电子信息等新技术最先实现推广应用的领域之一，为经济发展提供了良好的市场基础。时至今日，交通运输领域一些新型组织模式和业态的出现，也不断为新一代信息技术等的应用创造条件和土壤。例如，自芬兰和瑞典兴起，在欧洲众多城市开展试点应用的"出行即服务（MaaS）"组织模式，即有效带动了大数据、人工智能、物联网等技术的推广应用，并且依托其对未来可能引发城市交通颠覆性变革的积极预期和市场前景，进一步赋能和带动相关科技创新产业链的发展。

2.交通运输为发达国家推动产业体系现代化建设创造了有利条件

一是通过改变时效、成本等要素集聚条件，引导和优化制造业生产力布局。交通运输作为国民经济体系中重要的流通部门，其产出的时效和成本价值，是影响和决定生产力布局的重要因素。围绕交通运输通道和枢纽进行产业布局，有助于降低流通成本，提高企业经营效益。从通道经济的角度看（见图1-5），以日本的新干线为代表，新干线从大阪延伸到九州后，冈山、广岛、大分乃至福冈、熊本等沿线地带的工业布局迅速变化，汽车、机电、家用电器等加工产业和集成电路等尖端产业逐步取代传统的钢铁、石化产业。同时，新干线将京滨、中京、阪神、北九州等四大工商业地带与静冈、冈山、广岛等新兴工业地带连接起来，形成沿太平洋伸展的"太平洋工业带"。统计显示，1982年东北新干线开通后，沿线的企业及商业发展速度大大高于其他地区，自开通以后，沿线城市的企业增加了45%，人口增加30%，远超日本其他地区（其他地区增加为：企业15%，人口10%）。从枢纽经济的角度看，以美国的孟菲斯机场为代表，作为全球货运枢纽和物流中心，机场周边聚集了仓储物流、加工制造等众多规模化产业集群，以及大量对时效性运输要求较高的生物医药、信息技术等高附加值企业，借助便捷的航空物流服务，共同构成引领地区经济发展的重要引擎。

图1-5　日本本土沿太平洋沿岸工业带

资源来源：北斗地理。

二是立足派生性需求属性，为服务业发展做好支撑保障。一方面，交通运输是串联人与各类生活性服务业的纽带。发达国家经验表明，高效率的设施连通和高品质的运输服务在带动餐饮、旅游等服务行业发展方面具有极为显著的作用；反之，则会带来很大程度的制约。另一方面，交通运输自身也能够作为服务业发展的载体，有助于扩大服务业有效供给。例如，发达国家大多在交通枢纽"站城一体"开发上取得了令人瞩目的成绩，即通过发展开放式、立体化的交通枢纽，加强与商业配套设施的协同发展，为使用交通运输服务的旅行者搭建起了便捷化、高品质的消费服务平台，并且枢纽的布局选址也多处在城市中心的繁华地段，为商业区整体的规划设计与交通枢纽衔接适配创造了非常有利的条件。如图1-6所示。

图1-6 日本东京涩谷站"涩谷之光"站城一体开发项目

资源来源：产城瞭望。

三是创新传统交通运输发展模式，促进先进制造业与现代服务业深度融合。交通运输是重要的服务性行业，既能够为制造业发展提供基本的运输保障，又能够依托运输环节的流通服务基础，通过加强与信息、金融等其他形态、非线下实体流通服务的功能联动，全面提升供应链全过程组织能力。德国拥有众多世界一流的制造企业，以及与制造业高度适配的交通物流企业。例如，在汽车制造行业，奔驰、宝马、奥迪等车企布局在很多地区的生产线目前仅保留整车集成总装和前期研发等核心业务，其余的上下游产品采购、销售及加工装配等环节则大量外包给了提供这些增值服务的综合性物流供应链企业，推动资源配置效率提升至更高能级。创新传统交通运输发展模式，实现制造业与服务业更深层次的融合，有助于充分提升价值链水平，为产业现代化发展开辟新空间。

3.交通运输在发达国家城市群都市圈形成过程中发挥了重要的先导和支撑作用

一是连通区域内大中小城市的轨道交通网络，为城市群都市圈的发展形成、实现人员的高效流动创造了基本条件。轨道交通具有速度快、运量大、便捷舒适、准时性高等特点，是支撑大城市向更大空间尺度的城市群、都市圈范围扩展，加强区域内城市之间资源要素流动的坚实依托。发达国家城市群都市圈建设起步时间较早，世界上著名的城市群都市圈如东京都市圈、莱茵-鲁尔都市圈（见图1-7）、大伦敦和大巴黎地区等，普遍拥有满足区域内大城市与中小城市、中心城区与周边县域之间密集交通往来需要的高度发达的轨道交通网络。这种多网融合、干支协同、功能搭配合理的轨道交通网络，有效满足了当地居民常态化的跨市居住、工作、学习、休闲、消费需求，也构成了人口和产业由中心向周边疏解、导入，以及形成大中小城市和小城镇协调联动、特色化发展格局的基础支撑。

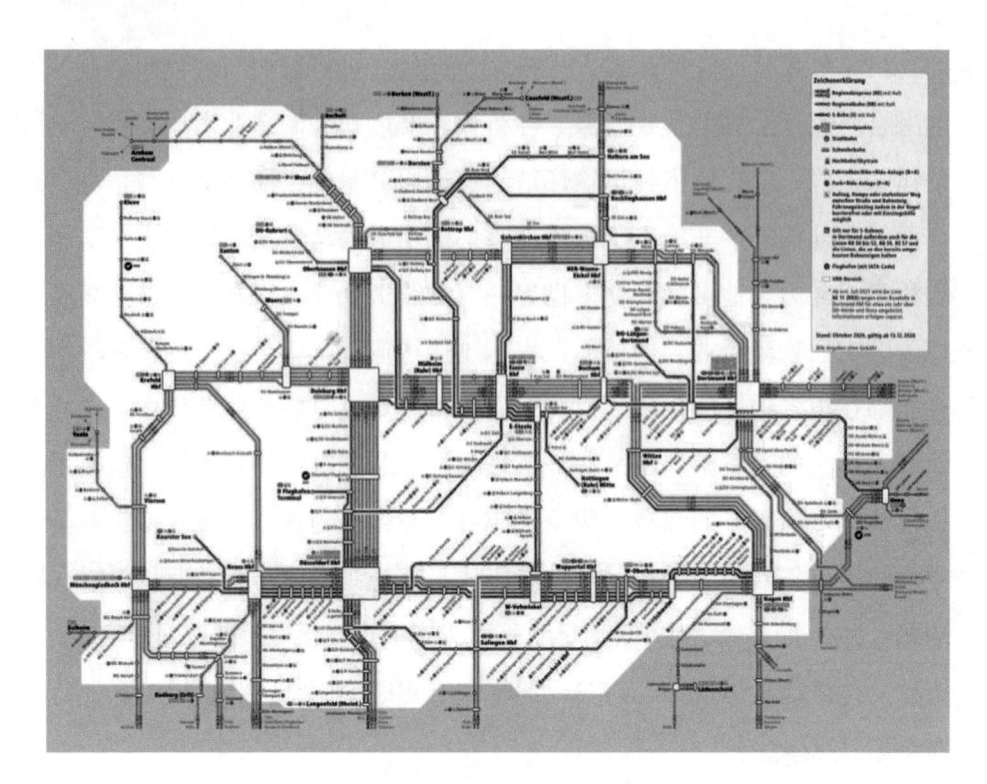

**图1-7　2021年德国莱茵-鲁尔都市圈公共交通网络示意图**

资源来源：Moovit VRR-Rail Offline Map。

二是区域内高水平一体化的交通运输服务，是稳固城市群都市圈形态、消除人员"由内向外"迁移顾虑的关键。在提升轨道交通干线连通能力的基础上，进一步保障周边小城镇居民到访中心城区或区域中心城市旅行需求的关键，则在于做好干线两端目的地内部的运输组织，实现交通出行服务内容、标准的高水平统一。以德国为例，作为大中小城市高水平协调发展的全球典范，主要致力于在两个维度实现"统一"，即：其一，是强化城市内部不同交通运输方式之间时刻表、运行模式、车票以及票价的衔接配套；其二，是支持区域内不同城市提供一体化的公共交通服务，实现"一卡通行"。通过协同提升这两方面的运输服务能力，德国实现了小城镇与中心城区或区域中心城市之间本地、异地交通出行服务的高水平统一，有效满足了被疏解人口从周边至中心的常态化旅行需求。

三是具有强大区域分拨功能的货运物流枢纽，在推动城市群都市圈内各城市产业协调布局方面发挥了重要作用。从发达国家，特别是作为制造业老牌强国的德国经验来看，其数量众多的工业企业，包括很多世界级企业，均分布在中小城市或小城镇，创造了大量就业岗位，对完善区域内产业分工协作体系、引导人口均衡分布起到了重要作用。为满足这种生产格局下大量涌现的城镇与城镇之间、依附产业链供应链的货运物流需求，德国主要通过布局建设具有强大区域分拨功能的货运枢纽，将一个城镇与城市群都市圈内处于产业链上下游的其他城镇的多点联系，转变为统一对接区域内的货运枢纽，以枢纽为中心进行再分拨，有力提升了供应链组织效率，为区域内产业协调布局和产业集群的形成提供了坚实支撑。

4.交通运输对发达国家绿色低碳社会建设作出了重要贡献

一是推动交通运输工具的动力变革，从源头上加强对碳排放的管控。随着近几年各国碳减排和"清零"时间表、路线图的接续出台，发达国家明显加快了对新能源运输装备的研发探索及推广应用力度。例如，以新能源汽车为代表，2021年全球电动汽车（纯电+混动）销量比2020年翻了一番，达到650万辆，占乘用车市场总量近10%。其中，我国作为最大的单一国家市场，占到销量的一半，欧美发达国家合计约占到另外一半，特别是欧洲国家新能源汽车能够占到新车销量的19%，高于我国的15%。同时，很多发达国家均已明确提出对燃油车退出市场的计划。从目前披露的情况看，挪威、德国、日本、美国、荷兰、英国、法国、葡萄牙等国家都宣布了燃油车禁售时间，其中挪威最为激进，时间节点为2025年，其余国家普遍集中在2030—2040年。

二是推动交通运输结构性节能减排，提高可持续运输方式分担比重。发达国家通过优化调整货物和旅客运输结构，鼓励和引导使用集约化绿色化的运输方式，极大加快了交通运输的碳减排进程。货运方面，对比我国在推动大宗货物和中长距离货物运输"公转铁""公转水"方面相对滞后的情况，发达国家无论在铁路总体承担的运输比重上，还是港口集装箱海铁联运比例、铁路集装箱运量与铁路货运总量之比等细分指标上，均远超出我国现阶段水平，是交通领域绿色发展的有力体现。客运方面，通过综合改善绿色交通出行环境和服务体系，以及制定政策加强对高能耗交通工具的管控和约束，比如全球目前有超过20个国家设置或规划有城市"低排放区"，仅欧洲范围就包括220多个大小城市，对绿色出行形成了强有力的引导和带动。

三是高度重视绿色交通基础设施建设，从多个维度支撑保障交通运输绿色化转型。发达国家推动交通基础设施绿色化低碳化发展的行动通常反映在多个维度。例如，第一，大力推动交通基础设施绿色化提升改造，打造了很多极具代表性和示范意义的绿色公路、绿色港口（见图1-8）、绿色机场、绿色交通枢纽场站等，有效降低了这些基础设施的全生命周期能耗和碳排放。第二，注重设施建设过程的绿色化，积极采用新材料、新技术、新工艺、新设备等，同时强化对工程过程中排放、噪声等的管控约束，最大程度减少对外部环境的影响。第三，配套建设新能源交通工具所需的充换电、加氢、加气等基础设施。根据国际能源署的统计，2015—2020年间全球电动汽车公共充电桩建设规模的年均复合增长率超过40%。

**图1-8　加快绿色化转型的荷兰鹿特丹港**

资源来源：Seatrade Maritime News。

5.交通运输有力支撑了发达国家全球产业链供应链布局

一是强大的国际交通物流基础设施掌控能力，为打造安全可靠的全球产业链供应链提供了根本保障。提高产业链供应链全球化布局水平，既是依托基于各国比较优势的分工协作模式，攫取经济发展效益和价值的重要途径，又是保障粮食、能源等战略资源获取，维护国家发展安全的必要方式。发达国家在参与全球经贸合作的历程中，高度重视对海外交通物流资源，特别是关键基础设施的掌控，为本国产业链供应链的全球化布局提供坚实支撑。从大航海时代起，海上通道以及港口、铁路等关键基础设施便成为了海上贸易强国依托军事力量抢占的目标。到了近现代，通过国际资本合作获得相关通道、枢纽的所有权或经营使用权成为一个明显趋势。放眼全球，日本在"二战"后由于存在经济快速发展与资源严重匮乏之间的突出矛盾，在这方面的战略布局极具代表性。为保障资源供给安全，日本制定了打造海外矿业帝国的明确战略，其中，来自海外的油气和煤炭权益产量分别接近国内消费量的30%和60%，铁矿石、锌矿、镍矿权益产量与国内消费量基本相当。为使这些海外权益顺利回归本土，日本加大对资源输出国重要港口、铁路等基础设施投资。比如日本在与澳大利亚、巴西等铁矿石生产国签订共同开发合约时，便同步规划建设了由矿石运输专用铁路和港口等交通基础设施、海上运输大型专用船和兼用船组成，与临海钢铁企业配套的巨大物流系统。

二是交通物流企业出海获取国际供应链控制能力并积累形成先发优势，为构建和稳固产业链供应链全球化布局增添了砝码。在发达国家大型跨国企业的全球化生产布局进程中，交通物流企业的同步出海，带来了供应链效益和安全的双重保障。以国际快递"三巨头"为例，从20世纪90年代中后期开始，在产业链供应链布局加速全球化的背景下和资本市场的支持下，UPS、Fedex、DHL开始向集物流、信息流、资金流于一体的综合物流服务商转型，并将业务逐步拓展到全球主要国家和地区。"三巨头"在国际供应链控制能力建设的初期主要采用代理、合资等形式，后期则以并购手段为主迅速拓展全球网络，与电子信息等新一代高技术企业的产业链供应链跨国布局形成协同。同时，这种先发布局优势，也帮助"三巨头"建立起了较高的市场竞争壁垒，对后发国家培育具有国际供应链自主控制能力的交通物流企业形成了制约。

三是通过主导国际运输规则话语权，进一步巩固了国际交通物流资源掌控优势。回顾全球贸易和运输发展历史，国际运输规则与强国争霸、资本逐利的规则体系向来是一脉相承。西方发达国家依靠军事和经济实力，抢占和主导了数百年来的国际运输规则制定，不断增强对交通物流资源的控制力，进一步稳固其话语权，形成一种正向循环。以国际海运为例，从18世纪的海洋霸主英国对货主强加各种不公平条件和不应承担的风险起，到19世纪美国依靠强大货主国地位单独免除英国等船东国强加给自身的不平等条件，再到20世纪"海牙规则""汉堡规则""鹿特丹规则"等陆续形成，传统发达国家在规则制定中长期占有绝对优势，例如更多反映发展中国家等多边利益的"汉堡规则""鹿特丹规则"皆因签署国家较少等原因，影响范围有限或未能实质生效。这种累积形成的优势地位，对西方国家牢牢掌控国际运输资源、支撑维护有利于自身发展的全球价值链体系起着巨大的作用。

## 二、社会主义现代化国家建设对交通运输的历史使命提出了新要求

### （一）开启全面建设社会主义现代化国家新征程

党的十九大对新时代中国特色社会主义发展作出了"两步走"战略安排。其基本内容是从2020年到21世纪中叶，即从实现第一个百年奋斗目标到实现第二个百年奋斗目标，分两个阶段来安排：第一个阶段，从2020年到2035年，在全面建成小康社会的基础上，再奋斗15年，基本实现社会主义现代化；第二个阶段，从2035年到21世纪中叶，在基本实现现代化的基础上，再奋斗15年，把我国建成富强民主文明和谐美丽的社会主义现代化强国。党的十九届五中全会提出，全面建成小康社会、实现第一个百年奋斗目标之后，我们要乘势而上开启全面建设社会主义现代化国家新征程、向第二个百年奋斗目标进军，这标志着我国进入了一个以"全面建设社会主义现代化国家"为战略目标的新发展阶段。

## 1. 全面建设社会主义现代化国家的总体目标和阶段目标

全面建设社会主义现代化国家是在全面建成小康社会的基础上开启的新发展阶段，对现代化建设的程度、标准有更高的要求。概括起来就是，要建设富强民主文明和谐美丽的社会主义现代化强国，要实现物质文明、政治文明、精神文明、社会文明、生态文明的全面提升，要实现国家治理体系和治理能力现代化，要促进人的全面发展，要基本实现全体人民共同富裕。

《中华人民共和国国民经济和社会发展第十四个五年规划和2035年远景目标纲要》具体提出了2035年基本实现社会主义现代化的远景目标。包括：经济实力、科技实力、综合国力将大幅跃升，经济总量和城乡居民人均收入将再迈上新的大台阶，关键核心技术实现重大突破，进入创新型国家前列。基本实现新型工业化、信息化、城镇化、农业现代化，建成现代化经济体系。基本实现国家治理体系和治理能力现代化，人民平等参与、平等发展权利得到充分保障，基本建成法治国家、法治政府、法治社会。建成文化强国、教育强国、人才强国、体育强国、健康中国，国民素质和社会文明程度达到新高度，国家文化软实力显著增强。广泛形成绿色生产生活方式，碳排放达峰后稳中有降，生态环境根本好转，美丽中国建设目标基本实现。形成对外开放新格局，参与国际经济合作和竞争新优势明显增强。人均国内生产总值达到中等发达国家水平，中等收入群体显著扩大，基本公共服务实现均等化，城乡区域发展差距和居民生活水平差距显著缩小。平安中国建设达到更高水平，基本实现国防和军队现代化。人民生活更加美好，人的全面发展、全体人民共同富裕取得更为明显的实质性进展。

## 2.中国式现代化的内涵特征

我国的现代化建设走的是立足中国国情的中国式现代化道路。中国式现代化既具有人类现代化的共同特征，又具有鲜明的中国特色。党的十九届五中全会指出，我国现代化是人口规模巨大的现代化，是全体人民共同富裕的现代化，是物质文明与精神文明相协调的现代化，是人与自然和谐共生的现代化，是走和平发展道路的现代化，从而揭示了中国式现代化的本质内涵特征。

（1）人口规模巨大的现代化。人口规模巨大是我国的基本国情，是中国式现代化的重要特征。1978年，我国贫困人口规模为7.7亿人，改革开放以来，我国经济社会持续快速发展，人均收入水平不断提高，减贫取得重大进展。中国特色社会主义进入新时代，我国脱贫攻坚取得全面胜利，2021年，现行标准下9899万农村贫困人口全部脱贫，832个贫困县全部摘帽，12.8万个贫困村全部出列，区域性整体贫困得到解决，完成了消除绝对贫困的艰巨任务，创造了人类减贫史上的奇迹。

基于人口规模巨大的基本国情，中国式现代化必须是以人为本的现代化。一方面，要推进人类史上规模最大、速度最快的城镇化，进一步提高城镇人口规模，推动大中小城市和小城镇协调发展，提升城市功能，创造更多就业，不断提高人民收入，让全体人民共享城镇化成果。另一方面，要不断推动社会进步，致力于实现人的全面发展，通过持续加大教育、医疗、社会保障等投入，促进人口素质显著提升，健康水平不断改善，不断增强人民群众的获得感幸福感安全感，让我国现代化更好造福人民。

（2）全体人民共同富裕的现代化。共同富裕是社会主义现代化的一个重要目标，也是中国式现代化的一个重要特征，实现共同富裕体现了以人民为中心的根本立场。邓小平同志指出："社会主义的本质，是解放生产力，发展生产力，消灭剥削，消除两极分化，最终达到共同富裕。"[1]打赢脱贫攻坚战、全面建成小康社会，是党团结带领人民向着实现共同富裕目标迈进的第一步。当前，我国发展不平衡不充分问题仍然突出，城乡区域发展和收入分配差距较大，促进全体人民共同富裕仍然任重道远。习近平总书记指出："在全面建设社会主义现代化国家新征程中，我们必须把促进全体人民共同富裕摆在更加重要的位置，脚踏实地、久久为功，向着这个目标更加积极有为地进行努力。"[2]这为我们在新征程中推动现代化建设指明了方向：应始终把满足人民对美好生活的新期待作为发展和现代化建设的出发点和落脚点，切实巩固脱贫攻坚成果，推进乡村振兴战略，解决好"三农"问题，解决好地区差距、城乡差距、收入差距问题，在发展中保障和改善民生，促进社会公平正义，让发展成果惠及全体人民，不断推动全体人民共同富裕取得更为实质性进展。

（3）物质文明和精神文明相协调的现代化。实现民族复兴，既需要强大的物质力量，也需要强大的精神力量。中国特色社会主义是物质文明和精神文明全面发展的社会主义，中国式现代化是物质文明和精神文明相协调的现代化。新中国成立后，我们党就高度重视物质文明和精神文明同步建设。改革开放后，党创造性地提出社会主义精神文明建设的战略任务，确定了"两手抓、两手都要硬"的战略方针。党的十八大以来，以习近平同志为核心的党中央高度重视物质文明和精神文明协调发展，把精神文明建设放在统筹推进"五位一体"总体布局的重要位置。习近平总书记强调"中国特色社会主义是全面发展、全面进步的伟大事

---

[1] 邓小平. 邓小平文选（第三卷）[M]. 北京：人民出版社，1993:373.
[2] 习近平. 在全国脱贫攻坚表彰大会上的讲话[M]. 北京：人民出版社，2021:21.

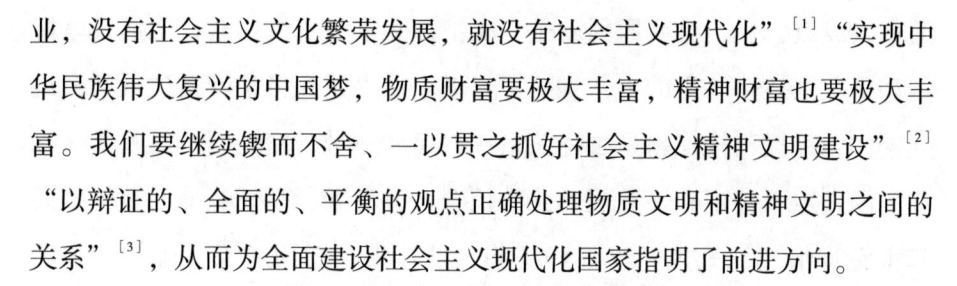

业，没有社会主义文化繁荣发展，就没有社会主义现代化"[1]"实现中华民族伟大复兴的中国梦，物质财富要极大丰富，精神财富也要极大丰富。我们要继续锲而不舍、一以贯之抓好社会主义精神文明建设"[2]"以辩证的、全面的、平衡的观点正确处理物质文明和精神文明之间的关系"[3]，从而为全面建设社会主义现代化国家指明了前进方向。

（4）人与自然和谐共生的现代化。中国式现代化坚持走生产发展、生活富裕、生态良好的文明发展道路，是人与自然和谐共生的现代化。2021年4月30日，习近平总书记在中央政治局第二十九次集体学习时指出："我国建设社会主义现代化具有许多重要特征，其中之一就是我国现代化是人与自然和谐共生的现代化，注重同步推进物质文明建设和生态文明建设。"现阶段我国生态环境质量改善总体上还属于中低水平的提升，与美丽中国建设目标还有不小差距，我国生态环境保护结构性、根源性、趋势性压力总体上尚未根本缓解，生产和生活方式向绿色低碳转型的压力仍然较大。中国式现代化绝不走先污染、后治理的老路，而是坚定不移走生态优先、绿色发展之路，将以经济社会发展全面绿色转型为统领，以减污降碳为主要抓手，加快形成资源节约和环境友好的产业结构、生产方式、生活方式，继续打好污染防治攻坚战，实现生态保护、绿色发展和民生改善相统一。

（5）走和平发展道路的现代化。习近平总书记在多个场合指出，中国将始终做世界和平的建设者、全球发展的贡献者、国际秩序的维护者。中国的现代化，是走和平发展道路的现代化，是既发展自身又造福世界的现代化。改革开放以来，中国仅用几十年时间就取得现代化建设

---

[1] 习近平.习近平重要讲话单行本（2020年合订本）[M].北京：人民出版社，2021:139.
[2] 近平习.习近平谈治国理政（第二卷）[M].北京：外文出版社，2017:323.
[3] 习近平.习近平谈治国理政（第二卷）[M].北京：外文出版社，2017:324.

的伟大成就，一个重要原因就是牢牢把握和平与发展的时代主题，坚持走和平发展道路。党的十八大后，习近平总书记提出推动构建人类命运共同体，并提出构建新型国际关系、共建"一带一路"等，反映了新时代中国坚定不移走和平发展道路的信念、决心和行动。当前，百年变局和世纪疫情交织叠加，世界经济陷入低迷期，单边主义、保护主义抬头，世界不稳定性和不确定性明显增强。然而，和平、发展、合作、共赢的时代潮流没有变。中国走和平发展之路，就是要融入世界、扩大开放，拥抱世界、促进合作，与世界各国良性互动、共同发展、合作共赢，在加快自身现代化建设的同时，不断为世界和平和发展注入强大正能量，作出更大贡献。

3.中国式现代化对交通运输的新要求

2020年12月党的十九届五中全会提出、2022年10月党的二十大重申并阐述中国式现代化的5个中国特色，既是对我国当前及未来现代化发展特征的阐述，更是反映了我国与西方国家现代化发展道路的本质差异，也对我国交通运输促进国家现代化发展提出了更高要求。

（1）人口规模巨大的现代化要求交通运输更加注重发展效率的提升。2021年中国有14.13亿人口，人口规模巨大对现代化的影响是多方面、全方位的，对交通运输而言，首先要满足巨大规模的客运服务需求，以及巨大人口规模产生的货物需求。人口规模巨大，特别是有4亿中等收入群体，这是我国发挥超大规模市场优势，加快构建以国内大循环为主体、国内国际双循环相互促进的新发展格局的重要基础，但如果按照当前西方的发展方式和消费方式，现有资源是无法满足需求的。对交通运输而言，就要推动交通发展由追求速度规模向更加注重质量效益转变，需要大力提升运输效率，在有限的资源供给和巨大的市场需求叠加形势下，以最小的要素投入换取最大的价值产出。

（2）全体人民共同富裕的现代化要求交通运输更加注重统筹发展与公平。共同富裕是中国特色社会主义的本质要求，在一个人口大国实现共同富裕，是前所未有的伟业。到"十四五"末，全体人民共同富裕迈出坚实步伐，居民收入和实际消费水平差距逐步缩小。到2035年，全体人民共同富裕取得更为明显的实质性进展，基本公共服务实现均等化[1]。我们既要做大蛋糕，又要分好蛋糕，扎实推进共同富裕，坚决防止两极分化，使全体人民共享现代化成果。对交通运输而言，需要在更高水平上统筹好发展与公平的关系，有效支撑引领区域和城乡协调发展，要使路网覆盖更加充分，基础设施通达深度大体相当，要基本实现运输服务水平均等化，提供能够更好满足不同群体需要的交通运输服务。

（3）物质文明和精神文明相协调的现代化要求更加注重文明交通建设。物质富足、精神富有是社会主义现代化的根本要求。物质贫困不是社会主义，精神贫乏也不是社会主义。发展社会主义先进文化，建设社会主义文化强国。坚持把社会效益放在首位、社会效益和经济效益相统一。对交通而言，首先，树立文明交通极其重要的理念。通过有序的交通降低运输成本、提升交通效率。其次，健全交通运输法规等正式制度，狠抓制度落地。形成一系列完备、科学和规范的体系体制，以严格执法促进有序出行，提高治理能力。最后，打造非正式制度，形成有序的交通出行文化。加强文明出行宣传引导，促进由文明出行习惯转化为文明出行文化。

（4）人与自然和谐共生的现代化要求交通运输更加注重统筹发展与环境。西方早期的现代化国家，有足够的生态空间容纳发展需要，用物理学上的话说就是"熵"可以充分增加。但地球作为一个系统，熵值不能无限增长下去，包括中国在内的后发国家，面临的生态环境"考卷"

---

[1] 习近平.扎实推动共同富裕[J].求是，2021(20).

越来越难，可以利用的生态空间越来越小。因此，我们必须注重同步推进经济建设和生态文明建设，走节约资源、保护环境、绿色低碳的新型发展道路。对交通运输而言，发展需要占用大量土地、环境等资源，要由依靠资源等传统要素驱动向更加注重创新驱动转变，需要在更高水平上统筹好发展与环境的关系，要强化土地、通道、岸线等资源要素的节约集约利用，要推动交通运输绿色低碳转型发展，通过结构、技术和管理等方面，严格落实碳达峰碳中和目标要求。

（5）走和平发展道路的现代化要求交通运输更加注重统筹发展与安全。与西方发达国家曾经走过的现代化道路完全不同，中国式现代化道路是一条立己达人的包容性发展之路，不输出殖民、不输出战争、不输出矛盾，既造福中国，又惠及世界，致力于构建人类命运共同体。随着国力的增强以及在全球利益的增多，我国已经站到国际竞争的前沿，在应对外部挑战的同时，我国努力处理好与世界的关系，夯实走和平发展道路的根基。对交通运输而言，需要在更高水平上统筹好发展与安全的关系，坚持总体国家安全观，将安全发展贯穿于综合交通运输各领域、各环节，牢牢守住安全运行底线，提升突发事件应急处置能力。

## （二）新发展阶段交通运输面临的新形势新要求

1.新一轮科技革命和产业变革将深刻影响生产生活方式

以新一代信息技术为先导和智能化技术为推动，交叉融合带动各领域技术取得突破，要求我国交通运输不断吸收科技创新成果，加快推动信息化智能化技术应用。随着信息技术、互联网技术的深度发展及其与生物、能源、材料等多学科、多技术领域相互渗透、交叉融合、群体突破，代表世界先进生产力发展方向的一批颠覆性技术将引领和带动新科技产业革命逐渐走向高潮，不断创造新产品、新业态、新产业、新模式，深度改变人类生产生活方式，引领人类社会由后工业化的信息社会进入以智能化、知识化、网络化为主要特征的后信息社会。

新的生产方式、组织形态和商业模式变革不断提高生产效率，要求交通运输发展重视业态创新。未来五到十年，将会有越来越多的产业链上下游在互联网平台上并联集聚，平台吸引来自全球的供应商，为用户提供自主设计、自主生产的可能性，创新会通过互联网平台迅速传播。本地生产就地销售，生产组织分散化渐成趋势。企业将以用户为核心以散点形式分布，以最快的速度呼应用户的诉求并完成生产，使生产效率大大提升，最终实现消费者与厂商之间的多赢。

制造业与服务业之间的深度融合将会引发全球产业链和价值链的重构，要求交通运输业深度融入链条式经济组织系统。大数据、云计算的发展，使信息能被低成本深度挖掘，制造企业以产品为中心，利用先进信息技术不断向服务端延伸、整合，向用户提供基于产品的一揽子解决方案，服务业与制造业日益融合将使产业重构，同时带来一些新的产业。例如，将信息技术、智能制造技术等全面嵌入制造业和服务业领域，新的颠覆性技术将打破传统的制造流程和服务业业态，促进制造业和服务业在产业链上的融合。

2.我国产业基础高级化和产业链现代化步伐加快

我国拥有较为完善的产业体系，在国际分工中的位势不断上升，交通运输开放发展空间更大，适应全球产业链供应链新变化，保障全球产业链供应链稳定运行。经过多年发展，我国建成了门类齐全、配套相对完整的现代产业体系，形成了各类齐头并进、竞相发展的格局。特别是在工业和制造业领域，我国拥有《国民经济行业分类》中所有41个工业大类、207个中类、666个小类，是全世界唯一拥有联合国产业分类中全部工业门类的国家。同时，我国建成了一批规模化、集群化的先进制造业基地，拥有全球最大的工业生产能力，在500余种主要工业品中，我国有220多种产量位居世界第一。随着产业技术水平和新一轮开放水平不断提升，我国产业全面融入全球产业链和供应链分工体系，在全球价值链中的位势不断提升，2017年我国全球价值链参与度超过60%，全球近200个经济体从我国进口的中间品占全部进口平均值达21.7%。

我国发展现代产业体系迎来重大机遇，产业基础高级化和产业链现代化步伐加快，要求交通运输加快转型发展，更好适应产业变革新方向。当前，新一轮科技革命和产业变革呈现多领域、跨学科、群体性突破新态势，新技术、新产品、新业态、新模式不断涌现，产业升级面临新机遇。信息革命进程持续快速演进，物联网、云计算、大数据、人工智能等技术广泛渗透于经济社会各个领域，5G等网联技术场景化应用全面拓展，5G交通运输产业生态圈逐步建立，自动化载运装备设施趋向实用。清洁生产技术应用规模持续拓展，新能源革命正在改变现有国际资源能源版图。增材制造（3D打印）、机器人与智能制造、超材料与纳米材料等领域技术不断取得重大突破，推动传统工业体系分化变革。尤其是随着数字化引领作用不断增强，"数字红利"有望加速释放，极大地提高现代产业体系发展质量和效率，不断催生新产业、新业态、新模式，为我国加快推动传统产业数字化、网络化、智能化转型，促进新兴产业培育壮大提供了有利条件。

3.城市群和都市圈成为我国新型城镇化的主体形态

我国城镇化速度整体呈放缓态势，但是仍然有较大增长空间，要求重视城镇化地区交通运输现代化。根据对世界各国城镇化进程研究，大多数城镇化先发国家在城镇化水平达到60%之后呈现稳中放缓趋势。与城镇化规律和国际经验一致，我国城镇化率在达到60%后，也将整体呈现稳重趋缓态势。2019年，我国城镇化率达到60.6%，迈入城镇化快速发展中后期，受经济增速放缓、人口老龄化等因素影响，新增城镇人口主要来源的农民工规模增速呈下降趋势，导致城镇化整体速度面临放缓。特别是，随着2014年我国农村16~19岁的人口达到峰值，我国新增农民工的规模，已从2010年的1245万人减少到2016年的424万人，意味着从农村向城镇转移的劳动力后备大军绝对规模开始下降，对未来一段时间我国城镇化速度产生显著抑制效果。相关研究表明，"十四五"时期，我国城镇化年均增长可以维持在0.9个百分点左右，到2030年我国城镇化率将超过70%，并将在2035年前后趋于成熟，达到75%以上，是世界最大规模的城市社会[1]。

人口向产业发达地区流动，城市群和都市圈成为城镇化主要空间载体，交通运输是推动城市群和都市圈形成的重要力量。从国际经验看，城市发展的一般规律是从单中心城市到多中心大都市区，再到城市群以及大都市带，最后到城市网络。未来我国新增城镇人口将主要集中在城市群与都市圈，城市群是支撑我国经济高质量发展的主要平台，都市圈是城市群的"硬核"，我国逐渐走向以大城市为核心的都市圈城市群化。目前，我国已有19个国家级城市群，其中，超过10万平方千米的城市群有长江中游城市群、长江三角洲城市群、成渝城市群等。未来，人口继续向大城市群集聚，预计2020—2040年长三角、珠三角人口年均增量合计超过百万，成为人口集聚高地；预计2020—2040年十大城市群（长三角、珠三角、成渝、京津冀、中原、山东半岛、粤闽浙沿海、北部湾、关中平原、长江中游）人口占比将从74%升至77.1%，占比逐渐提升。未来20年，超八成新增城镇人口分布在都市圈内部，预计2020—2040年上海、重庆、广州都市圈年均城镇人口增量超30万。

---

[1] 范毅.我国城镇化发展趋势和新特征[J].中国发展观察，2020(Z5).

城乡融合发展成为共同富裕核心内容，县城是重要载体，要求城乡交通加快融合，充分发挥县城交通的城乡衔接作用。促进共同富裕，当前最艰巨最繁重的任务仍然在农村。促进城乡一体发展、缩小城乡差距，改变长期以来我国农村以源源不断向城市简单输出农业原材料、农村劳动力、农民储蓄资金等要素为主的状况，加快转向形成城乡要素双向流动、经济畅通循环和功能互补的分工协作关系。县城作为一个基本行政单元和空间单元，上承大中城市，下接广袤乡村。据统计数据显示，2021年末全国常住人口城镇化率达64.72%，然而我国近1900个县城的平均城镇化率却只有24.2%，这一数值甚至不到全国的一半。其中，1472个县城的常住人口合计为1.6亿人左右，394个县级市的城区常住人口合计为0.9亿人左右，县城及县级市城区人口占全国城镇常住人口的近30%，县及县级市数量占县级行政区划数量的约65%。为了更好适应农民日益增加的到县城就业安家的需求，辐射带动乡村发展和农业农村现代化，县城不但会强化与邻近城市衔接配合，而且产业发展、人居环境和公共服务等面临改善新机遇。2022年5月，中共中央办公厅、国务院办公厅印发了《关于推进以县城为重要载体的城镇化建设的意见》，高度重视县城的建设与发展。

4.我国人口规模和结构变化进入新阶段，人口老龄化进一步加深

我国人口进入结构性转折期，交通运输现代化要更加注重老年人等群体交通需求。从我国人口规模和结构来看，2021年我国人口自然增长率已经接近零增长，2022年有可能达到人口峰值，60岁及以上老年人口平稳增长，2021—2030年增长速度将明显加快，到2030年占比将达到25%左右[1]，人口老龄化已经成为一个不可逆转而且还在加速发展的现

---

[1]《国家人口发展规划（2016—2030年）》。

实。2012年，我国劳动年龄人口的总量已经达到峰值9.22亿人，随后呈下降趋势，预计到2035年劳动年龄人口仍将保持在8亿人左右[1]。人口受教育程度呈现升高态势，在未来这一指标将持续提高，劳动力人口素质的持续提升将带来"人才红利"，正在成为经济社会持续健康发展的坚强后盾。

5.全球经济持续低速增长且分化态势延续

全球经济增长呈现先降后升的长周期转换趋势，要求交通运输更好发挥促进经济发展作用。"康德拉季耶夫"长周期理论认为，世界经济大约50年为一个周期，周期的上升期一般为20多年，下降期为30年左右。当前我们所处的第五个长周期始于20世纪80年代信息产业革命，经历了长达20多年的上行后，随2008年国际金融危机爆发而进入下行阶段，经济增长新动力的培育并没有大规格产业技术更新的支持，新兴经济体普遍存在传统比较优势衰减，要素驱动型增长模式面临创新转型的问题。基于这一判断，2030年之前，全球经济总体处于周期下降阶段，尽管不一定意味着经济停滞倒退，但总体表现平庸、多有波折；而2030年至2050年，全球经济可能出现新一轮繁荣。

发达国家增长低迷和发展中国家增长较快的分化态势延续，要求交通运输现代化更好结合各国家的发展需求，体现国别特点。国际货币基金组织最新预测表明，发达经济体2019—2024年整体增长速度平均为1.66%；其他一些机构预测也认为，中期来看，发达经济体的平均增速不超过2%，低于过去50多年的平均增速。同时，人口红利、更快的技术追赶、较高的储蓄率以及资源要素的流入，使得发展中国家经济增长面临的有利条件较多。相关预测表明，到2025年，发展中国家GDP平均增速

---

[1] 人力资源和社会保障部党组. 如何看待我国就业形势[J]. 求是，2020(1).

为5%，到2035年平均增速也将保持在4%以上。

6.国际力量对比深刻调整，逆全球化和保护主义势力进一步抬头

世界经济力量天平正在向亚洲、新兴市场和发展中国家倾斜，要求我国交通运输现代化适应全球格局变化，加强与新生力量地区的交通联系。世界正经历百年未有之大变局，经济力量格局变化是变局产生的总根源，突出表现为世界经济力量的天平向亚洲、新兴市场和发展中国家等倾斜。一方面，亚洲经济加速崛起。以中国、印度、东盟为代表的亚洲新兴经济体日益成为推动世界经济发展、维护世界经济稳定的重要力量。2020年，世界中等收入群体将超过32亿人口，2030年将增加至49亿人左右，其中近85%的增长将来自亚洲，预计2/3的中等收入人口集中在亚洲国家和地区。另一方面，新兴市场国家和发展中国家群体性崛起，新兴市场国家和发展中国家的经济总量占世界的比重接近40%。国际货币基金组织2019年预计，2024年发达经济体GDP占全球比重将降至56.2%，新兴市场和发展中国家GDP占全球比重将升至43.8%。[1]根据相关预测，2030年左右，中国GDP将超过美国，到2035年，发展中国家GDP规模将超过发达经济体。

世界大国之间的战略竞争加剧，科技和规则等成为竞争焦点，要求我国交通运输现代化更好利用科技与规则等竞争机遇，提升国际影响力和竞争力。一直以来，大国之间既有合作也有竞争，战略层面的竞争从未停歇。世界经济力量格局调整进入新阶段，美国全球霸权地位面临实质性削弱，正试图调整战略布局维持其唯一超级大国地位，全球战略再次向"冷战"回摆，其他大国或被迫回应，或从中渔利，全球地缘政治格局空前复杂，大国在经贸、科技、安全、规则与秩序、地区与多边外交领域的博弈空前激烈。中美战略竞争在特朗普执政后得到了充分体

---

[1] 杨长湧，张一婷.世界经济版图的中长期变化特征[OL/EB].国宏高端智库，2020-03-13.

现，在经济、政治、科技、外交、人文交流以及国际秩序等领域快速展开，其涉及面之广、力度之大前所未见，在贸易领域、高科技领域、金融领域等不仅在直接对攻，而且不断升级。

逆全球化和保护主义势力进一步抬头，要求交通运输发展更好统筹安全与发展关系。尽管全球化是大势所趋，但呈现明显的周期性。在2008年金融危机之后，"逆全球化"的担忧就开始显现，但基本处于边缘位置。然而，2016年特朗普上台之后，宣扬"美国优先"理论，"逆全球化"魅影再现。疫情对全球供应链的冲击，让各国更加重视本土供应商，但短期内受到各种因素的"掣肘"，"逆全球化"的呼声再起，而中国作为目前全球制造业的中枢，不可能独善其身。2020年9月17日，波士顿咨询公司和汇丰集团联合报告显示，如果全球各国政府不采取行动取消或降低各种阻碍全球贸易活动的关税或非关税性壁垒，那么预计在2025年全球经济因贸易保护主义造成的损失可高达10万亿美元。

7. "双碳"目标提出倒逼经济社会绿色低碳转型

"实现碳达峰、碳中和是一场广泛而深刻的经济社会系统性变革"，要求交通运输领域加快实施"双碳"发展战略，加强对交通运输碳排放的管控。实现"双碳"目标涉及经济、社会、科技、环境、观念等方面，将对现有经济运行基础和人们生产生活方式产生巨大影响和改变。2020年9月22日，习近平主席在联合国大会一般性辩论上向全世界宣布，"中国将提高国家自主贡献力度，采取更加有力的政策和措施，二氧化碳排放力争于2030年前达到峰值，努力争取2060年前实现碳中和"。我国是拥有14亿多人口的最大发展中国家，面临着发展经济、改善民生、污染治理、生态保护等一系列艰巨任务。相比发达国家，我国目前工业化、城镇化等进程远未结束，将近一半以上的城市第二产业占比超过50%，且主要以高耗能高碳排放的建材、钢铁、石化、化工、有色金属冶炼等产业为主。因此,"双碳"目标不是轻轻松松就能实现的,而是一场广泛而深刻的变革,需要从生产、流通、分配、消费和再生产全过程来促进发展方式和消费模式转变,长期坚持生态优先、绿色发展为导向的高质量发展新路子。

经济社会系统性绿色低碳转型发展成为必然,要求交通运输加快绿色低碳转型,加快建设绿色低碳交通运输体系。立足我国能源资源禀赋,煤炭消费增长得到合理控制,有序减量替代,保障煤炭供应安全,保持原油、天然气产能稳定增长,新能源和清洁能源发展放在更加突出的位置,能源革命势在必行。钢铁、有色金属、石化、化工、建材等传统产业加快优化升级,抓住新一轮科技革命和产业变革的机遇,新兴技术与绿色低碳产业深度融合,建设绿色制造体系和服务体系,绿色低碳产业在经济总量中的比重不断提高。交通方面,交通运输结构加快优化,建设绿色交通基础设施,完善绿色物流体系,推广新能源汽车,引导绿色交通出行。2021年10月24日,国务院发布《2030年前碳达峰行动方案》,此外还制定出台能源、工业、建筑、交通等重点领域和电力、钢铁、水泥、石化、化工等重点行业的实施方案,以及科技、财税、金融等保障措施,共同形成我国碳达峰碳中和的"1+N"政策体系和时间表、路线图、施工图。

## 三、交通运输当好中国现代化开路先锋的基本内涵和主要特征

2021年10月,习近平主席在第二届联合国全球可持续交通大会开幕式发表主旨讲话,明确指出:"新中国成立以来,几代人逢山开路、

遇水架桥，建成了交通大国，正在加快建设交通强国。我们坚持交通先行，建成了全球最大的高速铁路网、高速公路网、世界级港口群，航空航海通达全球，综合交通网突破600万公里。我们坚持创新引领，高铁、大飞机等装备制造实现重大突破，新能源汽车占全球总量一半以上，港珠澳大桥、北京大兴国际机场等超大型交通工程建成投运，交通成为中国现代化的开路先锋。""交通成为中国现代化的开路先锋"，赋予了交通运输新的战略定位、时代内涵和历史使命，指明了新发展阶段交通运输的发展方向和使命任务。

### （一）交通运输当好中国现代化开路先锋的基本内涵

交通运输是国民经济中基础性、先导性、战略性产业，交通运输现代化既是经济体系现代化的重要内容和前提，又对工业化、城镇化、农业现代化、信息化等具有重要的支撑先导作用。交通运输当好中国现代化开路先锋，是指交通运输要在中国式现代化道路中扮演好排头兵、先遣队、探路者角色，为国家现代化建设提供更加有力的支撑、更加坚强的保障、更加有益的探索。这种排头兵、先遣队、探路者角色具体体现为两个方面：一方面，交通运输作为经济社会发展所必需的经济性基础设施和社会先行资本，应率先实现现代化；另一方面，交通运输在自身现代化的同时，应在推进科技创新、促进区域城乡协调发展、实现绿色发展、建设现代产业体系、推动共同富裕、推进更高水平对外开放等方面发挥出更加突出的先导、支撑、保障、牵引作用，为工业化、城镇化、农业现代化等提供先行条件，以自身现代化更好地推动和促进国家现代化。

## 交通运输当好中国现代化开路先锋发展战略研究

**1. 从战略定位看,"中国现代化开路先锋"是交通先行思想在新发展阶段的体现,是对"先行官"定位的历史传承和发扬提升**

经济社会发展,交通运输先行。改革开放以来,交通运输在经济社会发展中的"先行官"定位和作用已得到社会各界认可。党的十八大以来,党中央高度重视交通运输工作,多次围绕"交通先行"作出一系列重要论述,指出"交通基础设施建设具有很强的先导作用""'要想富,先修路'不过时";经济要发展,国家要强大,交通特别是海运首先要强起来;城市现代化,交通要先行;等等。《"十三五"现代综合交通运输体系发展规划》将交通运输的属性和战略定位明确表述为"交通运输是国民经济中基础性、先导性、战略性产业,是重要的服务性行业"。2019年9月,中共中央、国务院印发了《交通强国建设纲要》,明确提出"牢牢把握交通'先行官'定位……建成人民满意、保障有力、世界前列的交通强国,为全面建成社会主义现代化强国、实现中华民族伟大复兴中国梦提供坚强支撑"。在实现第一个百年奋斗目标——全面建成小康社会的过程中,交通运输发挥了重要作用,作出了积极贡献。

当前,我国已进入建设富强民主文明和谐美丽的社会主义现代化强国的新发展阶段,同时也开启了建设交通强国的新篇章。与前一发展阶段相比,交通运输发展的基础条件、外部环境形势和要求均发生了很大的变化。在全面建设小康社会阶段,我们主要解决的是量的问题[1],交通运输在全面建成小康社会中当好先行,主要是解决"从无到有"的问题,即交通运输能力不足、供求之间总量矛盾突出的问题,通过增加交通运输供给总量来消除交通瓶颈制约,满足经济社会发展需要;在全面

---

[1] 刘鹤. 必须实现高质量发展[N]. 人民日报,2021-11-24.

建设社会主义现代化国家阶段，必须解决好质的问题，在质的大幅提升中实现量的持续增长[1]，交通运输当好中国现代化开路先锋，则是需要解决"从有到好"的问题，即加快形成"安全、便捷、高效、绿色、经济的综合交通体系"[2]，提高交通运输发展的质量和效益，更好发挥交通运输在现代化国家建设中的先导、支撑、保障、牵引作用，服务国家现代化建设大局。

从本质上看，"中国现代化开路先锋"这一战略定位与"先行官"定位一脉相承，是对"先行官"定位的历史传承，是交通先行思想在新发展阶段的体现。同时，与全面建成小康社会相比，由于建设现代化强国这一战略目标的内涵更为丰富，对于交通运输在其中发挥的作用也提出了更高的战略要求，因此当好"中国现代化开路先锋"又是对"先行官"定位的进一步发扬和提升。

2.从时代内涵看，"中国现代化开路先锋"将交通运输发展与建设现代化国家之间的关系提升到一个新高度，更加凸显了交通运输在建设社会主义现代化国家中的先导、支撑、保障、牵引作用

交通运输发展与我国现代化化建设之间休戚相关，交通运输在不同时期的社会主义现代化建设中均发挥了重要作用。

新中国成立后到改革开放前的社会主义革命和建设时期，交通运输逐步发展，从自主到自立，有力支撑了工业体系建设和中华民族"站起来"[3]。这一时期，我们党第一次提出建设"现代化的工业、现代化的农业、现代化的交通运输业和现代化的国防"，将交通运输业现代化作

---

[1] 刘鹤. 必须实现高质量发展[N]. 人民日报，2021-11-24.
[2] 2014年2月25日，习近平总书记在北京市考察时指出，"要加快形成安全、便捷、高效、绿色、经济的综合交通体系"。《交通强国建设纲要》也提出，"构建安全、便捷、高效、绿色、经济的现代化综合交通运输体系"。
[3] 吴文化. 建党百年刊交通运输发展——综合交通运输篇[M]. 北京：经济科学出版社，2021.

为推进社会主义建设的重要内容[1]。到1978年，铁路营业总里程达到4.6万千米，公路达到78.36万千米，全国主要港口泊位数达到735个，民航国际航线8条，国内航线123条，国家交通大动脉逐步打通，有力支撑了社会主义现代化建设。

改革开放和社会主义现代化建设新时期，在党的领导下，交通市场化改革深入推进，交通投资持续增长，交通运输从自立走向自足，实现了从"瓶颈制约"到"初步缓解"再到"总体缓解"的历史性突破，有效解决了"够不够"的问题，基本建成交通大国，有力支撑了中华民族从"站起来"到"富起来"。到2012年底，我国高铁营业里程达0.94万千米，居世界第一；高速公路通车里程达9.6万千米，超越了美国，居世界第一；基本形成干支衔接的水运网，民航机场体系基本成型，乡设所、村通邮总体实现，交通在现代化建设中发挥了很大的先行、支撑作用。

党的十八大以来，中国特色社会主义进入新时代，交通运输发展的重心从解决"有没有""够不够"的问题，转向解决"好不好""强不强"的问题，交通运输从"自足"迈向"自强"。在以习近平同志为核心的党中央领导下，交通运输在"基本适应"的基础上向"适度超前"迈进了一大步，开启了建设交通强国的新征程，有力支撑了实现党的第一个百年奋斗目标，并为实现党的第二个百年奋斗目标、支撑中华民族"强起来"而不懈奋斗。目前，我国已建成了全球最大的高速铁路网、高速公路网、世界级港口群，航空航海通达全球，综合交通网突破600万千米，截至2021年底，高速铁路营业里程超过4万千米，高速公路覆盖98%的20万以上人口城市，城市轨道交通运营里程8708千米，超特大城

---

[1] 1954年，周恩来同志在第一届全国人民代表大会上所作的《政府工作报告》中明确提出，"如果我们不建设起强大的现代化的工业、现代化的农业、现代化的交通运输业和现代化的国防，我们就不能摆脱落后和贫困，我们的革命就不能达到目的"。

市轨道交通加快成网，现代化综合立体交通网日趋完善；加快推动运输服务业向现代服务业转型，现代运输服务业蓬勃发展，交通运输成为人民群众获得感最强的领域之一；坚持创新引领，交通运输科技现代化水平大幅提升，高铁、桥梁建造等部分领域的交通运输科技水平跻身世界先进行列；坚持深化改革与健全法治相结合、优化供给和扩大需求相结合，不断增强交通运输发展动力活力，交通运输治理现代化水平显著提高；建成了世界级港口群，港口货物吞吐量和集装箱吞吐量位居全球第一，我国已经成为全球海运连接度最高、货物贸易额最大的经济体，交通运输对外开放合作持续深化。

当前，我国现代化建设和交通运输发展均站在新的历史起点上，在新的发展基础、发展环境和发展要求下，交通运输应该也能够在全面建设社会主义现代化国家中发挥更大的作用，作出更大的贡献。交通运输当好"中国现代化开路先锋"的战略定位，将交通运输与国家现代化建设的关系提升到一个新高度，更加强调交通运输在建设社会主义现代化国家中发挥好先导、支撑、保障、牵引作用，从而赋予了"交通运输先行"思想新的时代内涵。

**3. 从历史使命看，当好"中国现代化开路先锋"是从现代化的角度去理解和贯彻落实交通强国战略**

2019年，中共中央、国务院印发了《交通强国建设纲要》，指出建设交通强国是以习近平同志为核心的党中央立足国情、着眼全局、面向未来作出的重大战略决策，是建设现代化经济体系的先行领域，是全面建成社会主义现代化强国的重要支撑，是新时代做好交通工作的总抓手。从二者关系上看，交通强国是社会主义现代化强国的重要组成部分，是先行领域和战略支撑。从内涵上看，交通强国包括两层涵义——自身强、强国家，即通过建设综合实力世界领先的现代化综合交通运输

**交通运输当好中国现代化开路先锋**
**发展战略研究**

体系,有效支撑国富民强。

交通运输当好"中国现代化开路先锋"是从现代化的角度看待交通运输发展与国家现代化建设问题,也是从现代化的角度去理解和贯彻落实交通强国战略。交通运输当好"中国现代化开路先锋",本质上是通过推进交通运输现代化来推动、引领国家现代化建设,其内涵也包含两方面的涵义——自身现代化、推动国家现代化,与交通强国的内涵相近。因此,交通运输当好"中国现代化开路先锋"不是要另起炉灶再搞一套,而是建设交通强国的必然要求和题中之义。

## (二)交通运输当好中国现代化开路先锋的主要特征

基于交通运输当好中国现代化开路先锋的内涵,从发展目标和结果的角度,交通运输当好中国现代化开路先锋应具有以下主要特征。

### 1.先行先导,率先突破

交通运输现代化是建设社会主义现代化国家的重要组成部分,更是重点先行领域。全面建设社会主义现代化国家,不等于平均用力、齐头并进,而是要注重抓"牵一发而动全身"的重点领域,需要抓"一子落而满盘活"的关键环节[1]。交通运输现代化可以为现代化经济体系建设、畅通国内大循环提供更优的商品流通条件和更低的流通成本,为产业集聚和产业升级创造良好条件,为对外贸易和在全球范围内配置资源提供强大的运输供应链支撑,进而为我国建设制造强国、质量强国、科技强国、贸易强国、网络强国提供支撑保障。

交通运输当好中国现代化开路先锋,必须率先实现现代化,加快建成安全、便捷、高效、绿色、经济的现代化综合交通运输体系,为其他

---

[1] 正确认识交通强国与社会主义现代化强国的关系[N]. 中国水运报,2017-11-13(001).

领域的现代化提供先行条件，以点带面，对全面建成社会主义现代化国家起到先导和带动作用。

2.先锋示范，行动在前

交通运输当好中国现代化开路先锋，应该成为科技现代化的排头兵、产业升级的先锋队和重大科技创新的应用场景，在创新发展、融合发展、绿色发展等方面发挥先锋示范作用。

交通运输是重大科技创新的孕育平台，也为新兴科学技术提供了重要应用场景。从机械化时代的蒸汽机车、内燃机车、螺旋桨飞机，到自动化时代的动车组、喷气式飞机，再到信息化智能化阶段的智能高铁、无人驾驶汽车、智慧港口、无人机、无人仓，交通运输以运输工具、交通装备、运输管理组织技术等的迭代革新为牵引，承载和实现了装备制造、基础设施建设、新材料、新能源等领域的科技创新，有力推动了科技现代化进程。交通运输当好中国现代化开路先锋，必须勇当科技现代化的排头兵，推动交通运输领域前沿科技实现重大创新，在加快自身现代化的同时不断推动我国科技现代化进程。

交通运输是沟通生产与消费的桥梁，支撑经济社会长期发展的社会先行资本和构建现代产业体系的重要支撑条件。交通运输在实现现代化过程中，通过不断完善交通基础设施网络、提升运输服务品质、降低经济发展成本为产业结构高级化、产业发展聚集化、产业竞争力高端化创造了条件。交通运输当好中国现代化开路先锋，就是要勇当产业升级的先锋队，通过大力发展"现代交通+"，促进交通运输与其他产业深度融合，加快推动实现产业链现代化和产业体系现代化。

交通运输是节能减排的重要领域，交通运输绿色发展对实现"双碳"目标具有重要的意义。交通运输是能源消耗和污染排放大户，发达国家交通运输领域（含私人小汽车）的碳排放约占全部碳排放总量的

30%，我国目前这一比重约为10%。随着机动化水平和私人小汽车保有量持续提高，加快交通运输绿色转型发展的紧迫性日益提高。同时，新能源汽车等技术不断完善和推广应用，也为交通运输尽快实现碳达峰提供了有力的技术保障。交通运输当好中国现代化开路先锋，就是要当好节能减排新技术新模式新业态的应用场景，通过加快推广新能源和清洁能源运输工具，优化调整交通运输结构，提高交通运输能效水平，推动绿色出行等，加快实现绿色转型发展，在实现"双碳"目标、经济社会全面绿色转型中当好先锋示范。

3.协调均衡，保障有力

协调既是发展手段又是发展目标，同时还是评价发展的标准和尺度[1]。全面建设社会主义现代化国家，必须着力推动区域协调发展、城乡协调发展，不断缩小区域和城乡发展差距。交通运输当好中国现代化开路先锋，就是要合理、因地制宜布局交通基础设施网络，为不同区域、城乡之间提供均衡、安全、经济的交通基本公共服务，实现对国土空间的有效覆盖和均衡开发，增强区域城乡之间的联系互动，促进生产力布局优化，有力支撑和保障区域协调发展战略、区域重大战略、新型城镇化战略、乡村振兴战略等国家战略实施，促进区域城乡协调发展，全面实现现代化。

4.先遣探路，开放合作

交通运输是国际交流合作的重要领域，是对外开放的重要先行领域，是构建国内国际双循环新发展格局的重要保障。发达国家在现代化过程中通过建立和完善国际运输网络，提高国际运输竞争力，不仅创造了巨额服务贸易顺差，还有力支撑了本国制造业"走出去"和全球产业

---

[1] 习近平. 论把握新发展阶段、贯彻新发展理念、构建新发展格局[M]. 北京：中央文献出版社，2021:85.

链布局，为发达国家在国际贸易、国际供应链产业链中占据优势地位提供了重要的支撑条件。我国已经是世界第一大货物贸易国，其中90%以上的货物贸易是通过海运来完成的，建设贸易强国需要建设海运强国进行有力支撑。促进基础设施建设和互联互通作为"一带一路"建设的优先领域，已探索出新的区域合作新模式，新的发展形势下，我国加强全球供应链产业链布局，构建全方位对外开放新格局，也对交通运输保障能力提出了新要求。

交通运输当好中国现代化开路先锋，就是要在全方位对外开放中扮演好先遣探路者角色，持续推动交通扩大对外开放和合作，加强交通基础设施互联互通和强化政策标准规则"软联通"，切实提高国际运输和国际物流竞争力，更好发挥交通运输对于推动我国产业走出去、提高全球供应链产业链稳定可控的基础性先导性作用，有力推动更高水平对外开放。

5.人民满意，成果共享

中国式现代化是以人民为中心的现代化。交通运输当好中国现代化开路先锋，就是要以人民满意为发展导向，为不同区域、不同群体提供多样化交通运输服务和普惠均等的基本交通公共服务，在促进共同富裕和人的全面发展中发挥好基础性保障作用，使交通运输发展的成果为全体人民共享。通过向全体社会成员尤其是弱势群体、落后地区提供安全、负担得起、易于利用、可持续的交通运输系统，助力消除贫困，缩小城乡发展差距，提高社会福祉。通过交通基础设施人性化和精细化配套建设，强化交通基础设施"以人为核心"的社会属性，加强无障碍公共交通基础设施建设，提升弱势群体交通出行服务品质。通过提高国土全境的可达性和交通公平性，在完善欠发达地区交通基础设施建设的基础上，进一步畅通城乡运输服务网络，推动城市交通公共服务向市郊、农村延伸，提升城市群、都市圈交通承载能力，提高农村和边境地区交通通达深度，让欠发达地区人民也能享受到高质量的交通服务。

## 四、交通运输当好中国现代化开路先锋的总体思路和实现路径

### （一）交通运输当好中国现代化开路先锋的总体思路

**1.完整准确全面贯彻新发展理念，推动交通运输高质量发展**

进入全面建设社会主义国家新阶段，交通运输发展目标从解决"有没有""够不够"的问题转向解决"好不好""强不强"的问题，即交通运输高质量发展的问题。推动交通运输高质量发展，既是交通运输率先实现现代化的必然要求，也是交通运输当好中国现代化开路先锋的必由之路。

党中央提出的"创新、协调、绿色、开放、共享"新发展理念是管全局、管根本、管长远的导向，具有战略性、纲领性、引领性。交通运输当好中国现代化开路先锋，在建设社会主义现代化国家中充分发挥好先导、支撑、保障、牵引作用，首先应完整准确全面贯彻新发展理念，推动交通运输高质量发展，实现交通运输由追求速度规模向更加注重质量效益转变，由各种交通方式相对独立发展向更加注重一体化融合发展转变，由依靠传统要素驱动向更加注重创新驱动转变，以更高的运输质量、更高的运输效率和更低的运输成本更好满足人民日益增长的美好生活需要，更好服务国家现代化建设大局。

对标新发展理念，交通运输高质量发展是创新成为交通运输发展的第一动力、交通运输发展不平衡问题得到解决、交通与自然和谐共生、

交通运输开放合作得到深化、共享成为交通运输发展根本目的的发展。其主要特征是：一是创新驱动。在资源环境等外部约束趋紧，运输需求更加多层次、个性化、精细化发展的形势下，主要依靠科技创新、管理创新、组织创新等来提高交通运输发展的质量、效率和效益，使创新成为引领交通运输发展的第一动力。二是协调均衡。交通运输发展中的不平衡不协调问题得到较好解决，可根据经济社会发展的形势变化实现供需动态平衡，为经济社会可持续发展提供可达性强、空间布局均衡、技术结构合理的交通基础设施，以及安全、高效、经济的运输服务，及时有效满足各类客货运输需求，为区域城乡协调发展提供有力支撑。三是绿色低碳。交通运输与资源环境和谐发展，能够以较低的资源消耗水平和排放水平来满足合理运输需求，通过技术革新实现高燃料效率、低二氧化碳排放，减少有害污染物排放，帮助实现全球控温1.5摄氏度目标，同时达到噪音标准，创造安静的运行环境。四是开放包容。通过加强交通基础设施互联互通和强化政策标准规则"软联通"，加强交通运输国际合作，提升我国交通运输国际竞争力，更好服务我国在全球范围内优化配置供应链产业链的需要。五是普惠共享。坚持以人民为中心、以人民满意为发展导向，以普惠共享为重要发展目标之一，致力于为不同区域、不同群体提供普惠均等的交通运输服务，使交通发展成果为全体社会成员共享，以交通公平促进社会进步和人的全面发展。

2.贯彻落实交通强国战略，加快建成安全、便捷、高效、绿色、经济的现代化综合交通运输体系，率先实现现代化

交通运输当好中国现代化开路先锋是建设交通强国的必然要求和题中之义。2019年9月，党中央、国务院印发了《交通强国建设纲要》，2021年2月，党中央、国务院又印发了《国家综合立体交通网规划纲要》。"两个纲要"共同构成了指导加快建设交通强国的纲领性文件，

其印发标志着交通强国从战略谋划转换到加快建设阶段。贯彻落实交通强国建设战略，加快建成安全、便捷、高效、绿色、经济的现代化综合交通运输体系，能够支撑交通运输率先实现现代化，在全面建设社会主义现代化国家中扮演好开路先锋角色。

---

**专栏1 《交通强国建设纲要》提出的阶段目标和重点任务**

2019年9月，中共中央、国务院印发了《交通强国建设纲要》（以下简称《强国纲要》）。建设交通强国是以习近平同志为核心的党中央立足国情、着眼全局、面向未来作出的重大战略决策，是建设现代化经济体系的先行领域，是全面建成社会主义现代化强国的重要支撑，是新时代做好交通工作的总抓手。

《强国纲要》提出从2021年到本世纪中叶，分两个阶段推进交通强国建设。到2035年，基本建成交通强国。现代化综合交通体系基本形成，人民满意度明显提高，支撑国家现代化建设能力显著增强；拥有发达的快速网、完善的干线网、广泛的基础网，城乡区域交通协调发展达到新高度；基本形成"全国123出行交通圈"（即都市区1小时通勤、城市群2小时通达、全国主要城市3小时覆盖）和"全球123快货物流圈"（即国内1天送达、周边国家2天送达、全球主要城市3天送达），旅客联程运输便捷顺畅，货物多式联运高效经济；智能、平安、绿色、共享交通发展水平明显提高，城市交通拥堵基本缓解，无障碍出行服务体系基本完善；交通科技创新体系基本建成，交通关键装备先进安全，人才队伍精良，市场环境优良；基本实现交通治理体系和治理能力现代化；交通国际竞争力和影响力显著提升。到本世纪中叶，全面建成人民满意、保障有力、世界前列的交通强国。基础设施规模质量、技术装备、科技创新能力、智能化与绿色化水平位居世界前列，交通安全水平、治理能力、文明程度、国际竞争力及影响力达到国际先进水平，全面服务和保障社会主义现代化强国建设，人民享有美好交通服务。

《强国纲要》确定了推进交通强国建设的九大重点任务。一是基础设施布局完善、立体互联。提出建设现代化高质量综合立体交通网络，构建便捷顺畅的城市（群）交通网，形成广覆盖的农村交通基础设施网，构筑多层级、一体化的综合交通枢纽体系。二是交通装备先进适用、完备可控。提出加强新型载运工具研发和特种装备研发，推进装备技术升级。三是运输服务便捷舒适、经济高效。提出推进出行服务快速化、便捷化，打造绿色高效的现代物流系统，加速新业态新模式发展。四是科技创新富有活力、智慧引领。提出强化前沿关键科技研发，大力发展智慧交通，推动新技术与交通行业深度融合，完善科技创新机制。五是安全保障完善可靠、反应快速。强调提升本质安全水平，推进精品建造和精细管理，完善交通安全生产体系，强化交通应急救援能力。六是绿色发展节约集约、低碳环保。强调促进资源节约集约利用，强化节能减排和污染防治，强化交通生态环境保护修复。七是开放合作面向全球、互利共赢。提出构建互联互通、面向全球的交通网络，加大对外开放力度，深化交通国际合作，积极推动全球交通治理体系建设与变革。八是人才队伍精良专业、创新奉献。提出培育高水平交通科技人才，打造素质优良的交通劳动者大军，建设高素质专业化交通干部队伍。九是完善治理体系，提升治理能力。强调深化行业改革，优化营商环境，健全市场治理规则，健全公共决策机制等。

专栏2 《国家综合立体交通网规划纲要》
提出的阶段目标和主要任务

2021年2月,中共中央、国务院印发了《国家综合立体交通网规划纲要》(以下简称《规划纲要》),《规划纲要》立足向第二个百年奋斗目标进军的新发展阶段,深入贯彻"创新、协调、绿色、开放、共享"的新发展理念,按照服务构建以国内大循环为主体、国内国际双循环相互促进的新发展格局要求,描绘了未来一个时期我国综合立体交通网建设的蓝图和方向。

《规划纲要》将未来我国综合立体交通网发展目标分为两个阶段。到2035年,基本建成便捷顺畅、经济高效、绿色集约、智能先进、安全可靠的现代化高质量国家综合立体交通网,实现国际国内互联互通、全国主要城市立体畅达、县级节点有效覆盖,有力支撑"全国123出行交通圈"(即都市区1小时通勤、城市群2小时通达、全国主要城市3小时覆盖)和"全球123快货物流圈"(即国内1天送达、周边国家2天送达、全球主要城市3天送达)。交通基础设施质量、智能化与绿色化水平居世界前列。交通运输全面适应人民日益增长的美好生活需要,有力保障国家安全,支撑我国基本实现社会主义现代化。到本世纪中叶,全面建成现代化高质量国家综合立体交通网,拥有世界一流的交通基础设施体系,交通运输供需有效平衡、服务优质均等、安全有力保障。新技术广泛应用,实现数字化、网络化、智能化、绿色化。出行安全便捷舒适,物流高效经济可靠,实现"人享其行、物优其流",全面建成交通强国,为全面建成社会主义现代化强国当好先行。

《规划纲要》从便捷顺畅、经济高效、绿色集约、智能先进、安全可靠等5个维度提出了9个大的发展指标,这9个指标都是相对值指标,同时都是综合性指标,体现了中长期发展规划的战略性、指导性特征。如下表所示。

表　国家综合立体交通网2035年主要指标

| 序号 | 指标 | | 目标值 |
|---|---|---|---|
| 1 | 便捷顺畅 | 享受1小时内快速交通服务的人口占比 | 80%以上 |
| 2 | | 中心城区至综合客运枢纽半小时可达率 | 90%以上 |
| 3 | 经济高效 | 多式联运换装1小时完成率 | 90%以上 |
| 4 | | 国家综合立体交通网主骨架能力利用率 | 60%~85% |
| 5 | 绿色集约 | 主要通道新增交通基础设施多方式国土空间综合利用率提高比例 | 80% |
| 6 | | 交通基础设施绿色化建设比例 | 95% |
| 7 | 智能先进 | 交通基础设施数字化率 | 90% |
| 8 | 安全可靠 | 重点区域多路径连接比率 | 95%以上 |
| 9 | | 国家综合立体交通网安全设施完好率 | 95%以上 |

《规划纲要》从优化国家综合立体交通布局、推进综合交通统筹融合发展、推进综合交通高质量发展三个大的方面,提出了12项主要任务。这些任务既是对交通强国建设目标的细化和落实,又是未来综合交通运输发展的重点方向,决定了未来我国交通运输供给的水平和质量。

3.集中优势领域重点发力，使交通运输在推进科技创新、实现绿色发展、促进区域城乡协调发展、推动共同富裕、建设现代产业体系、推进更高水平对外开放等方面发挥出更加突出的先导、支撑、保障、牵引作用

现代化是全方位的变革过程，包括观念变革、经济变革、社会变革、文化变革等，本质上就是现代国家制度建设与体制改革。建设社会主义现代化强国内涵极其丰富。从领域来看，包括经济现代化、社会现代化、政治现代化、文化现代化、国防和军队现代化、人的现代化等；从区域来看，包括城市现代化与农村现代化、沿海地区现代化与中西部地区现代化、少数民族地区现代化等。

强调交通运输当好"中国现代化开路先锋"，一方面，是要在新的历史条件下继续充分发挥交通运输在现代化建设中的先行作用；另一方面，也应客观看待交通运输在现代化建设中的作用，在交通运输能够发挥开路先锋作用的优势领域集中重点发力，避免过分夸大、泛化交通运输的作用。在全面建设社会主义现代化国家战略目标下，交通运输当好现代化开路先锋应主要在以下五个方面重点发力，发挥更加突出的先导、支撑、保障、引领作用。

一是在科技创新与绿色发展方面发挥推动引领作用。创新发展、绿色发展是我国经济社会发展的两大趋势和方向。应发挥好交通运输作为重大科技创新承载平台和应用场景的优势，通过交通新装备新技术研发应用、大力发展智慧交通和智慧物流、大力发展绿色交通等，在增强交通自身发展动能的同时，推动引领我国科技创新和绿色发展。

二是在促进区域城乡协调发展和实现共同富裕方面发挥支撑保障作用。促进区域城乡协调发展和实现共同富裕是建设社会主义现代化国家

的必要要求和题中之义。发挥好交通运输在连接区域、沟通城乡中的桥梁纽带作用，通过加快区域交通网络化、一体化发展，推进城乡交通一体化发展、加快补齐农村交通发展短板等，在实现交通运输协调发展的同时，大力缩小区域和城乡发展差距，有力支撑和保障我国区域城乡协调发展，促进实现共同富裕。

三是在现代化城市群都市圈建设中发挥支撑引领作用。现代化城市群都市圈是我国新型城镇化建设的主体，应充分发挥交通运输对于优化城市群都市圈空间布局、推动产业优化升级、促进中心城市功能提升等方面的积极作用，通过加快城市群都市圈交通一体化发展、推广TOD（transit oriented development）开发模式，发展枢纽经济和通道经济等，重塑区域经济地理新格局，形成区域竞争新优势，更好发挥交通运输对现代化城市群都市圈建设的支撑引领作用。

四是在建设现代化产业体系中发挥支撑引领作用。构建现代产业体系是形成以国内大循环为主体、国内国际双循环相互促进的新发展格局的关键支撑。构建现代产业体系，需要加强产业基础能力建设，提升面向未来的产业链供应链现代化水平，构建起传统产业优化升级和具有核心竞争力的战略性新兴产业群，打造起系统完备、高效实用、智能绿色、安全可靠的现代化基础设施体系。通过加快交通运输现代化，以及大力发展"现代交通+"，促进交通运输与其他产业深度融合，能够使交通运输为产业结构高级化、产业发展聚集化、产业竞争力高端化创造条件，形成产业竞争新优势，培育发展新动能。

五是在国际供应链产业链建设上发挥支撑保障作用。产业链供应链稳定安全是构建新发展格局的基础。应充分发挥交通运输在重要战略物资供应链中的重要保障作用，以及对我国产业"走出去"的支撑作用，通过提升国际运输通道安全可靠性、加大对关键物流节点的控制力、与重点货主企业协同推进国际供应链建设等方面，加快布局"以我为主"的区域产业链供应链体系，提升产业全球影响力和实现产业链供应链自主可控、安全可靠。

## （二）交通运输当好中国现代化开路先锋的实现路径

交通运输当好中国现代化开路先锋，应贯彻落实新发展理念，按照建设交通强国的总体部署，围绕建成安全、便捷、高效、绿色、经济的现代化综合交通运输体系，以推进交通运输智慧化、绿色化、一体化、融合化、人本化、全球化为重要路径，推动交通运输率先实现现代化，在建设社会主义现代化国家过程中发挥更加突出的先导、支撑、保障、引领作用。

### 1. 智慧化：加快交通科技创新，促进交通智慧发展

当前，全球新一轮科技革命和产业变革加速推进，正在重构全球科技版图、重塑全球经济结构，以人工智能、移动通信、物联网、区块链为代表的新一代信息技术加速突破应用，以清洁高效可持续为目标的能源技术发展将引发全球能源变革。科技革命和产业变革，给交通运输发展带来了机遇和挑战，也为交通运输现代化提供了保障和驱动力。当前，尽管我国交通科技创新取得重大进展，高速铁路、桥梁建造等重要领域跻身世界先进行列，但仍存在着交通科技创新能力不强、基础技术水平不高、关键零部件缺失等亟待破解的难题，必须着力强基础、补短板、优创新、促转型，全面提升交通运输科技实力，促进交通运输智慧化发展，为交通强国和科技强国建设提供有力支撑。

一是强化基础研究，围绕交通运输领域未来发展重大需求，瞄准新一代信息技术、物联网、人工智能、增材制造、先进材料、新能源等国际科技前沿，促进交通运输领域前沿学科交叉研究，加强对可能引发交

通运输产业变革的前瞻性、颠覆性技术研究。

二是着力突破短板，针对新能源汽车与智能网联汽车、新一代轨道交通装备、高技术船舶、航空装备等领域，开展关键核心技术、基础技术和共性技术研究，着力支持智能网联汽车、航空装备、大中型邮轮等重点项目持续研究及产业化，突破关键零部件瓶颈，全面提升交通装备产业链、价值链和供应链水平。

三是实施交通重大科技创新工程，聚焦超常寿命、智能、绿色、协同交通基础设施，聚焦智能、绿色、超高速、全天候载运工具，聚焦空、天、地高效协同无人驾驶与运行优化技术，加强技术研发创新，构建核心技术自主可控、总体程度世界前列的现代交通技术体系。

四是深化智能转型，推动数据资源赋能交通发展，加速交通基础设施网、运输服务网、能源网与信息网络融合发展，构建先进泛在的交通信息基础设施。加快推动智能网联汽车、智能高铁、智能船舶、自动化码头等智能化交通运载工具和装备，形成多网合一、人机交互、天地一体的交通控制系统。

2.绿色化：促进交通运输节能减排，打造绿色交通体系

我国交通运输是实现碳达峰、碳中和目标的重点领域之一，也是碳达峰难度较大的行业。目前我国交通运输领域（含私人小汽车）的碳排放约占全部碳排放总量的10%，随着汽车保有量以及出行需求持续提高，交通运输领域碳排放还将有较大增长空间。绿色低碳发展是交通运输高质量发展的重要特征之一，打造绿色交通体系既是推动交通运输高质量发展、建设交通强国的主要发展目标和重要内容，也是实现"双碳"目标、推动经济社会全面绿色转型的重要途径。应以推动交通运输节能降碳为重点，完善交通供给侧，加强需求侧管理，供需两侧共同发力，协同推进交通运输高质量发展和生态环境高水平保护，加快形成绿

色低碳运输方式，促进交通与自然和谐发展，为加快建设交通强国、实现"双碳"目标、推动经济社会全面绿色转型提供有力支撑。

从供给侧看，以运输结构调整、运输管理优化和技术创新着力推动交通节能减排。进一步提高铁路、水运、管道等绿色运输方式的比重，构建绿色交通主导的综合交通体系，构建公共交通为主导的绿色城市群和城市交通体系，进一步提升轨道交通在枢纽集疏运体系中的作用，以结构优化促进交通运输节能减排。提高交通运输信息化智能化水平，大力发展先进运输组织方式，提高运输组织化程度和运输效率，加强运输工具能效排放监测管理，建立先进交通节能减排技术研发、产业化和市场化激励机制，以管理优化促进交通运输节能减排。大力推动创新型节能减排技术应用，提高交通工具能效水平，加大力度推广清洁能源和新能源交通工具，推进交通工具电动化、新能源化，加速淘汰老旧交通工具，研究燃油车退出时间表，以技术创新促进交通运输节能减排。

从需求侧看，加强交通规划与土地利用、产业和人口布局的衔接，引导产业和人口合理布局，强化财税政策引导运输需求合理增长或转移，从需求侧降低交通运输碳排放总量。

3.一体化：推动各种运输方式统筹发展，完善一体化综合交通运输体系

我国综合交通运输体系不断完善，但各种运输方式间以及区域间、城乡间交通发展不协调不平衡问题依然突出。开启全面建设社会主义现代化国家新征程，由交通大国向交通强国迈进，综合交通也进入联网贯通和互联互通的关键阶段，必须抓住各种运输方式成网贯通、综合交通加速融合、重大交通设施布局落地的战略机遇期，促进各种运输方式高效衔接，推动区域、城乡交通协调发展，加快完善一体化综合交通运输体系，提高交通发展的质量和效益，为国家重大战略实施和区域城乡协

调发展提供更加有力的支撑。

一是加快推进各种运输方式一体化发展。统筹综合交通通道规划建设，以通道综合效益最大化为导向，做好通道内各方式布局方案和线位协调共享。以综合交通枢纽为抓手，按照统一规划、统一设计、统一建设、协同管理原则，实现综合交通枢纽高效衔接和一体化运营管理。促进城市内外交通有效衔接，推动轨道网融合，加强干线公路与城市道路衔接，城际干线运输与城市末端配送有机衔接，提高综合交通网络效率，方便群众出行，降低物流成本。

二是推进区域交通运输协调一体发展。推进重点区域以及四大板块交通运输协调发展，促进各类要素跨区域合理流动和高效集聚，有力支撑区域重大战略和区域协调发展战略实施。推进城市群都市圈交通运输一体化，进一步强化轨道交通的主导作用，加快形成城际快速运输走廊和高效衔接枢纽体系，为增强中心城市和城市群等经济发展优势区域的产业、人口承载能力提供交通运输支撑。

三是推进城乡交通运输协调一体化发展。加快改变农村地区交通基础设施和运输服务相对落后的状况，推动城镇化发展和农村发展形成良性互动，为农业农村现代化和群众出行提供更加便捷、经济的交通运输保障。

4.融合化：推进交通基础设施网与信息网、能源网融合发展，推进交通与相关产业融合发展

随着我国现代化经济体系加快建设，行业之间的关联越来越密切，作为基础性、先导性、战略性行业，交通运输也将突破传统意义上的行业内"小综合"，呈现出越来越明显的行业外"大融合"趋势。加快推进交通基础设施网与信息网、能源网融合发展，推进交通与相关产业融合发展，是提高交通基础设施效能、延长综合交通产业链、增强交通运

输发展动能的重要举措，也是加快交通运输现代化、促消费扩内需、推进现代化产业体系建设的重要路径。

一是推进交通基础设施网与信息网、能源网融合发展。以新一代信息技术为牵引，加强交通基础设施与信息基础设施统筹布局、协同建设。推进交通基础设施与能源设施统筹布局规划建设，促进交通基础设施网与智能电网融合，适应新能源发展要求。

二是推进交通与相关产业融合发展。推进交通与邮政快递、现代物流、旅游、装备制造、现代农业、商贸等相关产业融合发展，大力发展交通运输平台经济、枢纽经济、通道经济，鼓励组织模式和业态创新，丰富综合交通运输服务功能，提升发展效能，增强发展动能。

### 5.人本化：坚持人本化发展导向，促进交通发展成果普惠共享

推动交通运输现代化、建设交通强国的根本目的是服务于人民对美好生活的期待，服务于人的全面发展。不断增强人民群众的获得感、满足感、幸福感是交通运输发展的初衷和根本目标。交通运输当好中国现代化开路先锋，必须坚持以人民为中心，以普惠共享为宗旨，全面提升交通发展和运输服务质量，确保交通运输发展为了人民、依靠人民，发展成果由人民共享。

一是推动交通运输公共服务均等化。着力平衡地域差异，大力推进西部地区尤其是集中连片特困地区和"老少边穷"地区交通网络覆盖范围，提高经济欠发达地区的交通运输服务水平。着力平衡城乡差异，密切城市与周边乡、镇、村之间的交通联系，丰富交通服务方式，提高城乡客运一体化发展水平，满足农民群众基本出行需要。着力平衡群体差异，不断完善无障碍交通基础设施建设布局，改善老、弱、病、残、孕、幼和低收入等人群的出行条件，增强对特殊群体交通权益的保障。

二是扩大交通运输多样化有效供给。精准供需匹配，着力丰富运输

服务体系，根据运输需求变化，提供差异化、多样化、个性化、专业化运输服务，增强运输服务对需求变化的适应性和灵活性，更好满足旅客出行需要和货物运输需求。

三是引导交通运输新业态新模式健康发展。捕捉和激发新需求、新消费，加快业态和模式创新，创新服务美好出行的客运业态模式，培育服务品质生活的物流业态模式，积极推动适应新需求的共享交通发展，探索打造充满未来感的体验式服务，形成推动经济社会发展的新动力源。

6.全球化：提升全球化国际化水平，构建交通对外开放新格局

面临百年未有之大变局，交通运输必须进一步对外开放，构建对外开放新格局，才能更好服务于构建国内大循环为主体、国内国际双循环相互促进的新发展格局，才能更好支撑高质量共建"一带一路"，实现更高水平对外开放。

一是加快构建互联互通、面向全球的交通网络。围绕"六廊六路多国多港"总体布局，聚焦重点地区、重点国家和重点项目，推进与周边国家基础设施互联互通。推进"21世纪海上丝绸之路"建设，拓展国际航运物流，优化全球物流网络，深化海运和港口对外开放，建设世界一流的国际航运中心，维护国际海运重要通道的安全通畅。

二是加大交通对外开放力度。全面落实准入前国民待遇加负面清单管理，吸引外资进入交通领域。协同推进自贸区、自由贸易港建设，进一步释放活力。鼓励企业积极参与"一带一路"沿线交通基础设施建设和国际运输市场合作，推动其从工程承包向资本输出、技术输出、管理输出、标准输出转变，打造一批具有全球竞争力的世界一流交通企业。

三是深化交通国际合作。完善双边和区域合作平台，提升国际合作的深度与广度，形成国家、社会、企业多层次合作渠道。深入参与全球交通治理，积极推动全球交通治理体系建设与变革，深度参与国际海事

组织等交通国际组织事务框架下的规则、标准制修订。拓展国际合作平台，积极打造新平台，吸引重要交通国际组织来华落驻。

## 五、交通运输当好中国现代化开路先锋的重点任务

### （一）加快交通运输科技创新，引领科技现代化和绿色转型发展

以关键核心技术创新为突破点，以高质量发展智能交通为着力点，以提升产业基础能力和产业链水平为落脚点，以强化绿色交通科技创新为切入点，推动交通运输科技创新，引领科技现代化和绿色转型发展。

1.强化创新驱动，突破交通运输的关键核心技术

瞄准新一代信息技术、智能制造、新材料、新能源等世界科技前沿，加强对可能引发交通产业变革的前瞻性、颠覆性技术研究。强化车用芯片、控制操作系统、基础行业软件等研发攻关和国产化应用。强化汽车、民用飞行器、船舶等装备动力传动系统研发，突破高效率、大推力/大功率发动机装备设备关键技术。加快航空发动机及燃气轮机技术研发、先进航空发动机关键材料等技术研发验证，推进民用大涵道比涡扇发动机——长江发动机CJ1000产品、1000千万级民用涡轴发动机研制，突破宽体客机发动机关键技术，实现先进民用涡轴发动机产业化。突破新能源汽车高安全动力电池、高效驱动电机、高性能动力系统等关键技术，加快研发智能（网联）汽车基础技术平台及软硬件系统、线控底盘和智能终端等关键部件。开展新能源汽车技术攻关工程。加快新材料、新技术和新工艺的应用，重点突破体系化安全保障、节能环保、数字化智能化网络化技术，研制先进可靠适用的产品和轻量化、模块化、谱系

化产品。

**2.深化智能转型，高质量发展智能交通**

推动大数据、互联网、人工智能、区块链、超级计算等新技术与交通行业深度融合。推进数据资源赋能交通发展，加速交通基础设施网、运输服务网、能源网与信息网络融合发展，构建泛在先进的交通信息基础设施。构建综合交通大数据中心体系，深化交通公共服务和电子政务发展。推进先进信息技术深度赋能交通基础设施，使得精准感知、精确分析、精细管理和精心服务能力全面提升。促进先进信息技术与交通运输深度融合，以"数据链"为主线，构建数字化的采集体系、网络化的传输体系和智能化的应用体系，加快交通运输信息化向数字化、网络化、智能化发展，为交通强国建设提供支撑。发展自动驾驶和车路协同的出行服务。推广公路智能管理、交通信号联动、公交优先通行控制。建设智能铁路、智慧港口、数字航道、智慧停车场。

**3.着力突破短板，提升产业基础能力和产业链水平**

统筹利用现有政策资源，针对新能源汽车与智能（网联）汽车、新一代轨道交通装备、高技术船舶、航空装备等领域，开展基础技术和共性技术研究，着力支持智能（网联）汽车、大中型邮轮、航空装备等重点项目持续研发及产业化，构建自主可控产业链条，突破设计研发、动力系统、软件以及高端轴承、高端液压件等关键零部件瓶颈。打造一批技术先进、质量优良、信誉度高的交通装备品牌，全面提升交通装备产业链、价值链和供应链水平。鼓励优势企业整合交通科技产业链资源，通过数据、平台、场景的开放，培育交通科技产业生态圈，建设交通科技产业孵化基地，强化行业重点科研平台建设。

**4.加快发展新能源、节能环保交通装备和生态环保技术工艺**

大力提升新能源汽车和绿色节能交通工具的技术经济性，有力支撑交通能源结构调整。积极推广新能源、清洁能源、轻量化交通装备。有序推动汽车领域存量汽车电动化替代，大力提升新能源汽车在新销售汽车中的比重。推动开展氢燃料电池汽车示范运行，推动汽车智能化、信息化融合发展，协同推进新能源汽车产业创新发展。促进轨道交通装备新型车体材料、节能牵引船等绿色技术发展。加强节能环保船型及关键配套设备研发，推进绿色船舶、船舶岸电等成果应用和产业化。完善生态保护工程技术，合理选用降低生态影响的工程结构、建筑材料和施工工艺，尽量少填少挖，追求取弃平衡，推动基础设施建设运营能耗水平有效控制。强化绿色交通科技联合攻关，在新能源和清洁能源应用、特长隧道节能、车船尾气防治、低噪声船舶、公路发电等领域尽快取得一批突破性科研成果。

## （二）加快区域城乡交通协调发展、人本化发展，建设人民满意交通

深度契合区域重大战略、区域协调发展战略、主体功能区战略、新型城镇化战略和乡村振兴战略等要求，通过增强优势区域交通承载能力、持续推动城乡交通一体化发展、合理补齐农村交通发展短板以及加快提升交通运输服务品质等重点任务实施，不断提升交通基础设施公共服务保障能力和均等化水平，加快实现区域及城乡基础设施相对均衡发展，更好满足人民群众日益增长的美好生活需求。

### 1.增强优势区域交通承载能力

以促进区域协调和均衡发展为导向，以降低要素流动成本、加速要素流动进程为目标，以城市群、都市圈等发展优势地区为重点，加快区域交通网络化、一体化发展，有序增强优势区域综合承载能力、人口吸纳能力和就业能力，促进要素合理流动和有效配置。一是以加强城市

群、都市圈之间的区际联系为重点，尽快打通跨区域综合运输通道，畅通要素流动载体。二是加快推进城市群、都市圈交通基础设施网络化建设，有序推进城际铁路、市郊铁路等骨干设施建设，持续提升公路网络通达通畅水平，加快推进不同区域、不同方式、不同制式交通基础设施有效衔接与互联互通。三是显著提升跨区域、跨方式交通服务一体化水平，加快建立完善票制票价、运营补贴、成本分担等相关机制，推动相关法律法规修订，支持市郊列车、城市公共交通等运输服务线路跨区域延伸，提升不同运输方式之间的便捷化换乘水平。

2.持续推动城乡交通一体化发展

以缩小城乡发展差距为导向，立足以城带乡、以城促乡，加快推进城乡交通一体化发展，便捷城乡交流、加速城乡发展要素间双向流动，促进城乡融合发展。一是持续推进城乡交通运输基础设施一体化建设，统筹城乡交通基础设施布局规划，加强城乡交通基础设施衔接，打通阻碍城乡一体化衔接的"断头路"，提高城乡交通设施网络互联互通水平。二是促进城乡客运服务一体化，加大城市公共交通服务网络向周边农村地区的延伸力度，强化城乡接合部公交服务与干线公交网络衔接，持续推进镇村客运公交化改造，鼓励定制化客运发展，加快形成层次合理、协调互补的城区、城乡、镇村三级公交网络。三是加快城乡物流网络一体化，按照"多点合一、资源共享"模式，加快集客运、货运、邮政于一体的乡镇综合客运服务站点建设，构建覆盖县乡村三级农村物流网络。

3.合理补齐农村交通发展短板

以助力乡村产业振兴、建设美丽宜居乡村为导向，统筹考虑不同地区、不同类型农村发展实际，合理补齐农村交通发展短板。一是围绕休闲农业、乡村旅游、民宿经济等特色产业发展，紧密结合地理特征、旅游资源、文化传承、电商发展等优势，加快完善资源路、产业路、旅游路、生产路等支撑性交通网络，加强农产品仓储保鲜和冷链物流设施建设，促进乡村经济业态丰富，引导农村二三产业集聚发展。二是围绕美丽宜居乡村建设，统筹考虑村庄布局规划，因地制宜、分类推进村庄交通基础设施建设，中东部地区农村应持续加强村内主干道建设，加快补齐停车等设施短板，西部地区农村应有序实施较大人口规模自然村道路硬化，合理提升交通设施保障水平。三是要完善农村地区交通基础设施建管养一体化长效体制机制，充分调动各方积极性，推动农村交通设施养护高水平、多样化、全覆盖。

**4.加快提升交通运输服务品质**

以建设人民满意交通为出发点和落脚点，以深化供给侧结构性改革为主线，坚持问题导向，突出市场作用，优化交通运输服务供给，提升交通运输服务品质。一是加快推进关键行业市场化改革，打破铁路运输市场垄断经营局面，提高城市公共交通市场化运营水平，充分借助市场竞争机制提高运输服务供给效率，提升供给品质。二是鼓励支持新业态新模式发展，在持续完善反垄断、数据安全等相关措施的基础上，积极鼓励交通运输新业态新模式发展，不断丰富交通运输服务产品供给体系，灵活适应不断变化的运输需求。三是从用户角度出发，从运输服务全链条、全流程视角着手，直面运输服务痛点、堵点、难点，实施运输服务品质提升工程，着力破除制约交通运输服务品质提升的制度性障碍、"软环境"约束，更好满足人民日益增长的美好生活需要。四是要关注重点区域、重点人员出行需求，加快制定特殊类型地区、特殊人群基本交通服务发展规划，制定差异化出行保障策略和措施，满足基本出行需要。

## （三）加快城市群都市圈交通一体化，支撑引领现代化城市群都市圈建设

我国经济发展空间结构发生深刻变化，产业和人口向优势区域集中，城市群都市圈成为承载发展要素的主要空间形式与经济增长动力源。应健全城市群都市圈交通基础设施，提升客运服务质量，推动物流服务降本增效，发挥交通运输对城镇化进程推进、产业布局与空间布局调整优化的支撑引领作用，提升人流、物流、资金流、信息流等资源要素的流通效率，提高现代化城市群都市圈的经济社会发展水平与综合竞争力。

1.健全交通物流通道等基础设施，发挥对城镇建设、空间布局的支撑引领作用

交通作为保障要素流通的重要载体，需要以良好的基础设施为基础，为经济社会发展提供支撑作用。一是结合城镇空间发展布局规划，优化交通通道布局，加强支撑引领作用。加快构建多中心网络型国土开发格局，建立以中心城市引领城市群发展、城市群带动区域发展新模式，加快提升京津冀、粤港澳大湾区、长三角等城市群都市圈一体化水平，构建更加协同高效的一体化交通网络，发挥辐射带动作用，适应城际间及城市群之间的运输需求不断扩大，城市内部运输需求显著增加等发展趋势。二是补齐城际交通短板，打通公路"断头路"。着力打通城际公路"断头路"，增加城市群城际公路通道，密切城际公路联系，加快构建高速公路、国省干线、县乡公路等多层次公路网络。三是提升城际交通效率，着力打造轨道上的都市圈。因地制宜发展多制式轨道交通系统，积极推动都市圈干线铁路、城际铁路、市域（郊）铁路、城市轨

道交通等"多网融合",提升城市群路网联通程度,循序渐进、高质量推进城际轨道交通建设与运营。四是加强综合交通枢纽建设,有效支撑城市群都市圈综合交通高质量发展。结合城市群都市圈国土空间规划,推进区域枢纽、城际枢纽、市域枢纽和城市枢纽等不同层次综合交通枢纽"多级协同"发展,促进城市群都市圈各种运输方式高效衔接。

2.提升客运服务质量,打造适配现代化城市圈都市圈发展的客运出行体系

我国居民消费正在由生存型消费向发展型消费升级、由物质型消费向服务型消费升级,更注重出行安全性、便捷性、舒适性,追求高品质的出行体验。一是打造城市群都市群综合客运服务体系。推动多种运输方式间统筹协调,加快推动旅客联程运输发展,提升铁路、公路运输跨城际、跨市域出行的互通程度,提升旅客出行全链条、各环节的服务效率和服务品质。二是提升枢纽服务水平。以旅客舒适出行、便捷换乘为目标,完善枢纽站场联运服务功能,鼓励共建共享联运设施设备,积极引导立体换乘、同台换乘,统筹运输方式间运力、班次对接,鼓励开展联程运输服务。三是提升信息化、智能化水平。加快推进不同运输方式票源互通开放、出行需求信息共享、结算平台互认,推行城市群都市圈跨方式异地候机候车、行李联程托运等服务,实现旅客出行"一票到底、行李直运、无缝衔接、全程服务"。四是提升城际交通出行效率。推动轨道交通建设与城市融合,鼓励运输组织创新,推动轨道交通开展大站快车、跨线互通等提升乘客出行效率的组织模式,实现主要城区市域(郊)1小时通达,城市群内主要城市间2小时通达,相邻城市群及省会城市间3小时通达。提升道路交通出行效率,鼓励先进交通技术研发和应用,创新服务产品和服务模式,加大智能化、信息化应用,推动人-车-路协同,因地制宜开展无人驾驶试点,积极发展定制公交、网约车、

自动驾驶等新业态、新模式。

3.推动交通物流降本增效，发挥对产业聚集、流通能力提升的支撑引领作用

城市群都市圈是重要的产业承载地，对交通物流的需求更加精细化、多元化，高效的交通物流是促进产业聚集、资源要素自由流通的重要支撑。一是打造城市群都市圈多式联运服务体系。加强城市群都市圈多种运输方式间合作，优化客货运枢纽布局，形成多层级枢纽体系，加密城市群都市圈与周边港口、机场、铁路和公路重要枢纽间衔接，提升现代化城市群都市圈的资源聚集能力。二是提升交通供给的精准度。注重工业品物流发展，围绕全产业体系生产资料、半成品及产成品流动，打造专业化物流体系，提升城市群都市圈货运双向服务通达度，结合产业转型发展趋势，构建从原材料供应、生产组织到产品营销流通的全供应链物流解决方案。促进农产品物流发展，结合粮食、油料、蔬菜、肉食等农产品保供稳价对交通物流的需求，推动大宗农产品物流、冷链物流发展，加强城市群都市圈与周边重要农产品产地、交易地间联系，建立应急保供机制与配套的仓储、分拨、运输服务体系。三是鼓励载运工具快速化发展。加快设施设备创新应用，以集装箱、半挂列车为标准运载单元的多式联运为重点，推动构建集装箱运输多式联运体系，鼓励研发新车型，提升货物运输服务效率。

## （四）加快交通运输产业升级和"现代交通+"发展，支撑引领现代产业体系建设

交通运输支撑引领现代产业体系建设，要立足交通运输自身发展，着力提高客运服务品质，大力发展现代物流，充分发挥交通运输产业关联特性，推动传统交通装备制造业优化升级，培育相关战略新兴产业，

推动与关联产业融合发展。

**1. 着力提高客运服务品质**

开发沿海、环山等观光铁路与公路，发展商务快线、旅游专线、大站快车、社区接驳公交和需求响应交通等特色公共交通服务，完善邮轮、房车、私人游艇与飞机等领域配套设施，并提供出行定制服务。着重提升旅客跨方式出行的全程体验，以"一票到底、行李直运、无缝换乘、便捷舒适"为目标，优化出行服务运营组织水平，加强民航、铁路、城市交通等出行方式在票制、安检、托运、换乘等方面的合作，丰富空铁联运、空公联运等出行产品。加强对城市公共交通服务与农村交通服务等公益性较强出行领域的政策资金支持，提升公共交通覆盖半径、服务频率。增强对运载工具与线路的安全性检查，尤其是重视山区、多雾地区等特殊条件下的安全性保障，加强行业监督，提升旅客出行安全性。在客运枢纽增加医疗设施、轮椅、母婴室、第三卫生间、优待群体候车区或专属座椅等设施供给，重点提升老年人、婴幼儿童、孕妇、残障人士等交通出行品质。

**2. 大力发展现代物流**

推进铁路运输服务模式创新发展，大力发展多式联运，培育铁路班列运输、公路无车承运人、"轴辐式"航空物流、冷链、危化品等专业物流新服务。加快推进各运输方式间协调联动，形成满足"供应链上下游企业联盟运作、物流供需精准对接、物流服务组织智能化网络化、多方式联运一体管控、枢纽设施及装备无缝衔接智能协同"要求的一体化高效组织协调体系。开展物流领域能源革命，重点以电池利用为核心，加快物流用能技术研发创新，推广节能低碳技术。拓展物流信息平台功能，优化车、船、仓等分散物流资源供需对接，提升物流规模化组织水平。打造国家物流枢纽运营平台，集成储、运、仓、配等物流服务，创新一体化物流组织模式。

3.推动传统交通装备制造业优化升级

提升汽车发动机等核心零部件研制能力，鼓励现有传统整车产线柔性化升级，加快产品升级换代，拓展轻量化材料、先进电子部件、智能化部件在整车领域的应用。大力发展"技术先进、安全可靠、经济适用、节能环保"的轨道交通装备及其关键系统，建立健全研发设计、生产制造、试验验证平台和产品标准、认证认可、知识产权保护体系，提升关键系统及装备研制能力。统筹航空技术研究、产品研发、产业化、市场开发与服务发展，加快推进大型客机、支线飞机、通用飞机和航空配套装备市场推广运用。

4.大力培育交通装备战略新兴产业

加快新一代轨道交通、新能源与智能网联汽车、高技术船舶、航空装备、现代物流装备等自主研发及产业化。研制新一代时速600千米高速磁悬浮列车，搭建悬浮导向、车载供电等关键技术研发试验调试平台。加快研制超大型集装箱船舶等高技术、绿色船舶，提升自主设计、系统集成和总承包能力，开展关键配套设备和系统的示范应用。突破智能汽车关键共性技术，加快建设覆盖全国的智能汽车典型场景库和大数据基础系统，大力发展智能汽车。发挥龙头企业带动作用，加快突破核心工艺、专用材料、关键零部件、制造装备等短板弱项，优化产业发展环境，推动新能源汽车产业高质量可持续发展。

5.推进交通运输与相关产业融合发展

在铁路、机场、城市轨道等交通场站建设邮政快递专用处理场所、运输通道、装卸设施，推进交通与邮政快递融合发展。支持物流企业与生产制造、商贸流通企业深度协作，创新供应链协同运营模式，拓展冷链物流、线边物流、电商快递等物流业态。加快国家旅游风景道、旅游交通体系等规划建设，加强交通干线与重要旅游景区衔接，完善公路沿线、服务区、客运枢纽、邮轮游轮游艇码头等旅游服务设施功能，推进交通与旅游融合发展。加强物流基础设施与工业园区、商品交易市场等统筹布局、联动发展，培育壮大枢纽经济。

**（五）加强对外通道建设，提升国际物流竞争力和控制力，有力保障我国国际供应链安全和产业"走出去"**

着力形成陆海空统筹的国际运输网络，加强供需对接和运力协调，集中国家资源与力量维护重要国际通道安全畅通，走一条有中国特色的国际物流竞争力和控制力提升之路，有力保障我国国际供应链安全和产业"走出去"。

1.服务国家战略探索国际贸易运输新方向

目前的国际物流控制体系主要以海上为主，而陆上由于通道的特殊性，一直未能形成有效的国际物流控制力。我国作为大陆国家，党的十九大报告明确了双向开放的基本策略，共建"一带一路"倡议也提出了六条陆上经济走廊的发展方向，陆上方向的开放已经成为我国国际化发展的重要方向，并且经过近些年的推进，已经取得了一定的控制力发展成果。因此，陆上国际物流控制力的提升，既契合了国家战略，同时也是既有国际物流控制力的薄弱环节和我国的优势环节，可以作为重要突破方向。由于陆上方向的国际物流控制较之海上具有较强的复杂性，国际通道穿越国家越多，控制力的提升越困难，可以选择与我国经济利益关联紧密的周边国家，先行探索国际物流控制力提升发展。在陆上国际物流控制力的提升基础上，形成模式，并逐步向海运、空运等领域拓展。

在现有国际贸易运输通道的基础上，打造全方位、多层次、复合型的"一带一路"基础设施网络，积极推动与周边国家铁路、公路、航道、油气管道等基础设施互联互通，推进口岸铁路、口岸公路、界河航道建设。强化面向俄蒙、东南亚、南亚、中亚等重点方向的陆路运输大通道建设。进一步完善海上战略通道，谋划建设亚欧陆海贸易通道、东北陆海贸易通道。稳固东南亚、东北亚等周边航空运输市场，有序拓展欧洲、北美洲、大洋洲等洲际航线网络，建设"空中丝绸之路"。

2.依托国家力量维护重要国际通道安全

中国–巴基斯坦和沿海港口经中国南海进入印度洋是我国国际物流大通道的重点方向，在这两大方向上，需要集中国家资源与力量，维护通道的长期安全与畅通。中巴运输大通道，由中巴铁路通道、中巴公路通道和瓜达尔港共同构成，未来西延与伊朗铁路接轨，并可能伴生新的伊–巴–中油气管线建设。中巴边境的红其拉甫口岸为中巴交通通道的过境控制节点，经瓦罕走廊借道阿富汗进入巴基斯坦为另一可选方案。印度洋航线大通道，由沿海各主要枢纽港穿越中国南海，进入印度洋，通往欧洲方向，通过推进南海岛礁建设和瓜达尔、吉布提等阿拉伯海、红海港口、希腊比雷埃夫斯港经营合作建设，形成印度洋沿岸港口支撑点。对于中巴运输通道上的中巴铁路、瓜达尔港，印度洋航线大通道上的南海岛礁、吉布提港等关键物流设施，必须依托军事后盾实施强力控制，确保时刻为我所用。

3.借助优势产业控制国际物流关键环节

全球现代经济体系下，标准和规范是产业链条的关键环节，掌控制定行业规范、规则、标准的话语权可以说是牵住了提升我国国际物流控制力的"牛鼻子"。在掌控和输出国际物流的行业规范、规则和标准方面，必须借助我国目前在跨境电商和中欧班列中形成的突出优势，将物流与其融为一体携手出海。一是推行跨境电商的"电商+快递+仓配一体"发展模式,以跨境电商这一先进的交易模式为切入口,运用大数据、云计算等智能服务,在全球范围内合理布局快递基础设施节点、设施布局以及末端配送网络,并逐渐从输出快递基础设施升级为输出国际快递行业规则、规范和标准。二是做优中欧班列品牌,推广国际货协/国际货约运单,完善中国国际货运代理协会提单,逐步扩大应用范围。三是打造西部陆海新通道班列运输品牌,制定班列高质量发展指标体系,推进国际铁路运单物权化和海铁联运"一单制"。

4. 利用大国优势提升供应链自主可控能力

经济大国、制造大国、消费大国和贸易大国带来的世界第一物流需求大国是我国参与国际物流竞争的优势。应充分发挥这一最大优势提升我国在国际物流市场的话语权,谋求国际物流分工中的供应链主体地位,提升我国在全球价值链分工中的价值获取能力。比如,可在工业品出口贸易中实行到岸规则,在能源、资源商品的进口贸易中实行离岸规则,途中则优先选择中国企业开展运输、物流、金融、保险、信息等相关业务,最大限度地获取国际贸易中的价值环节。同时,以新型举国体制为手段,培育一批具有全球竞争力的物流供应链龙头企业,引导企业优化境内外物流节点布局,逐步构建安全可靠的国际物流设施网络,实现与生产制造、国际贸易等企业协同发展。

## 六、政策保障措施

### （一）加强党的领导

坚持党对交通运输事业发展的全面领导，充分发挥党总揽全局、协调各方的作用，始终把党的领导贯穿到加快建设交通强国全过程，充分发挥各级党组织在推进国家综合立体交通网建设发展中的作用。全面调动各级干部干事创业的积极性、主动性和创造性，不断提高贯彻新发展理念、构建新发展格局、推动高质量发展的能力和水平，加快推动交通运输率先实现现代化，当好中国现代化开路先锋。

### （二）加强交通投入要素保障

1.完善资金保障体系

完善政府主导、分级负责、多元筹资、风险可控的资金保障和运行管理体制，分区域、分行业建立与发展特征相适应的资金保障制度，优化资金使用结构，健全公益性基础设施建设运营支持政策体系，加大对欠发达地区和边境地区及绿色集约运输方式的支持力度。防范化解债务风险，构建效益增长与风险防控并重的投资机制，增强可持续发展能力。

2.深化交通投融资机制改革

落实中央与地方在交通运输领域的财政事权和支出责任，鼓励多元化市场融资方式拓宽融资渠道，优化交通基础设施产业基金，引导和鼓励社会资本参与交通运输基础设施建设、运营和管理。创新交通基础设施资产管理模式，研究盘活交通基础设施存量资产的政策体系，增强存量资产的流动性，用存量换增量；做优增量，适当允许基础设施与配套商业同步综合开发的政策保障体系和融资模式，建立盈利性交通基础设施收益反哺支持交通运输可持续发展的机制。

3.健全要素支撑保障体系

建立交通运输与国土空间开发、产业发展、自然环境、设施廊道等的协同发展政策，完善相关政策法规与技术标准，推动形成交通与自然资源、金融、产业、贸易、国土等领域规划建设的动态调整管理机制。加强交通项目土地资源供给和利用能力，在用地计划、供地方式等方面适当给予政策倾斜，完善交通用地及站场毗邻区域土地综合开发的相关政策。

4.推进新技术在交通领域应用

鼓励行业利用现代信息技术和先进装备整合交通运输资源、匹配供需、规划线路、开展运输组织等，加强各种运输方式的信息、时刻、运力等对接，提高换乘和衔接效率，助力优化交通运输资源配置。抓紧制订、修订适用于新业态、新模式、新设备的法律法规、行业规范，明确车辆、驾驶员等生产要素的市场准入标准，明确交通互联网服务企业及相关方在交通运输安全、信息安全、纠纷处置等方面的权利、责任和义务，规范引导行业发展，同步增强对行业的事前事中事后监管能力。

5.完善交通行业人才培养体系

完善干部教育培训、轮岗、挂职等机制，提高交通运输干部队伍政治素质，增强专业能力和综合本领，健全以德为先、任人唯贤、人事相宜的选拔任用体系，建设忠诚干净担当的高素质干部队伍。弘扬劳模精神、工匠精神，完善人才培养、使用、评价、流动、激励体制机制，加强创新型、应用型、技能型人才培养，以职业院校为基础、行业企业为主体，健全校企合作、产教融合的现代交通运输职业教育体系，完善人才培养使用机制，持续提升交通行业的人才队伍素质。

### （三）推进交通体制机制改革

1.持续深化综合交通运输管理体制改革

完善综合运输管理体制和运行机制，建立健全国家层面的综合交通运输发展协调机制，理顺各运输方式管理部门之间的职责，鼓励和支持各地加大综合交通运输改革探索。着力解决现行管理体制中的权责交叉、机构重叠的问题，合理划分交通运输主管部门与相关部门在具体管理事务或管辖范围上的事权。逐步厘清中央和地方各级政府间的事权与支出责任，建立中央政府与各级政府综合交通运输分类投资、建设和运行管理的制度设计，明确与各级政府事权相匹配的财政资金来源。

2.以市场化为导向加快建立有效市场机制

正确处理好政府和市场关系，坚持政府引导、市场主导。加强市场创新激励机制建设，加快推进铁路等重点行业市场化改革，破除妨碍交通运输公平竞争和市场化的体制机制障碍。研究准公益性和公益性运输服务政府购买机制，适时统筹交通运输领域的专项税收和基金。强化事中事后监管，完善管理制度与环境。

3.建立激发微观主体创新活力的体制机制

建立公平的市场竞争环境，完善各类企业参与交通运输建设、运营的准入和退出机制、利益分配机制和监督管理机制。发挥企业在服务创新和融合发展中的主体作用，按照鼓励创新、包容审慎原则，激发各类市场主体活力，鼓励企业以市场需求为导向开展交通运输领域技术、业态、模式等各类创新。

## （四）持续提升行业治理能力

### 1. 提升交通治理法治化水平

完善行业法律法规、标准规范，加快形成科学完备的交通运输法规制度体系、严格规范的行政执法体系、完善严密的法治监督体系、保障有力的法治保障体系、先进和谐的法治文化体系。全面提升交通运输依法治理能力，大力加强交通运输依法行政能力建设，深化交通运输综合行政执法体制改革，提升综合执法能力。

### 2. 完善交通运输政府治理体系

围绕法治政府、服务型政府建设，构建中央、省、市（县）三级政府间科学规范的交通运输职责体系。加快转变政府职能，厘清政府与市场、社会的边界，全面落实权力清单、责任清单、负面清单管理制度，规范权力运行。创新行政管理方式，完善交通运输重大行政决策程序、督察督办相关管理制度，提升各级交通运输部门决策民主化、法治化和科学化水平。

### 3. 推进治理主体多元化

在交通运输治理现代化过程中，行业治理逐步从自上而下管理，迈向自上而下引导与自下而上参与的多元化、多中心的共建共治共享治理格局。建立健全公众参与交通运输治理的制度机制，畅通公众参与渠道，鼓励交通运输行业协会等社会组织积极参与行业治理，健全交通运输志愿者服务体系。紧紧围绕充分发挥市场在资源配置中的决定性作用和更好发挥政府作用，加大"放管服"改革力度，营造公平竞争、规范有序的市场环境，充分激发市场主体活力。

（完成人：课题组；统稿：李连成、樊桦）

# 参考文献

卞雪航,费文鹏,杨雪英,等,2019.交通运输科技创新驱动发展关键制约及发展策略研究[J].交通运输研究(4):55-63.

本书编写组,2020.交通强国建设纲要学习读本[M].北京:人民交通出版社股份有限公司.

本书编写组,2021.国家综合立体交通网规划纲要学习读本[M].北京:人民交通出版社股份有限公司.

邓小平,1993.邓小平文选(第三卷)[M].北京:人民出版社.

丁金学,樊桦,2014.城市群地区交通运输服务发展对策[J].宏观经济管理(5):34-37.

丁俊发,2020.构建供应链模式下的经济命运共同体[J].供应链管理,1(01):11-17.

郭洪太,2019.我国交通运输实践的发展历程与交通强国建设展望[J].交通运输部管理干部学院学报,29(04):5-8.

贾大山,2013.海洋强国战略[M].上海:上海交通大学出版社.

贾利民,严新平,王艳辉,等,2020,交通运输领域前沿技术及其展望[M].北京:人民交通出版社.

蒋中铭,2021.都市圈轨道交通规划编制思路和重大问题研究[R].国家发展和改革委员会综合运输研究所.

刘鹤,2021-11-24.必须实现高质量发展[N].人民日报.

刘芳,杨雪英,周紫君,谭君崇,2021.交通运输现代化的内涵、特征及发展路径[J].交通运输部管理干部学院学报,31(04):16-20.

李晔,张红军,2005.美国交通发展政策评析与借鉴[J].国外城市规划(3):46-49.

李晓易,谭晓雨,吴睿,徐洪磊,钟志华,李悦,郑超蕙,王人洁,乔英俊,2021.交通运输领域碳达峰、碳中和路径研究[J].中国工程科学,23(6):15-21.

李连成,2016.交通现代化的内涵和特征[J].综合运输,38(09):43-49.

李作敏,樊东方,杨雪英,王先进, 2013. 关于中国交通运输现代化路线图的思考[J]. 交通建设与管理(12): 40-43.

罗萍, 2007. 日本交通运输发展的政策理念及启示[J]. 综合运输(12): 71-73.

陆化普,张永波, 2021.可持续发展视角下我国交通强国建设成就、变化与展望[J]. 可持续发展经济导刊(Z2):41-44.

彭清辉,曾令华, 2009.基础设施投资对中国经济增长贡献的实证研究:1953~2007[J]. 系统工程(11):120-122.

史育龙, 2017. 构建现代综合交通运输体系,塑造区域发展战略格局[J]. 综合运输(6).

盛朝迅, 2021.多措并举保障产业链供应链安全[J].中国发展观察(24):8-10.

魏广奇,黄志刚, 2007.交通基础设施投资与经济增长的实证分析[J].山西科技(3):15-16.

王济钧,田芳,刘玥彤, 2019. 美国、欧盟、日本和俄罗斯交通发展变迁规律研究[J]. 中国市场(13): 4-12+29.

王庆云,毛保华, 2020.科技进步对交通运输系统发展的影响[J],20(6):1-9.

吴楠君, 2018. 交通基础设施对我国城乡收入差距的影响研究[D].西安:长安大学.

吴文化等, 2021. 建党百年看中国交通运输发展(综合交通运输篇)[M].北京:经济科学出版社.

许云飞,金小平,曹更永, 2013. 现代化和交通现代化研究[J]. 理论与现代化(3): 16-23.

习近平, 2021. 在全国脱贫攻坚表彰大会上的讲话[M].北京:人民出版社.

习近平, 2021.习近平重要讲话单行本(2020年合订本)[M].北京:人民出版社.

习近平, 2017. 习近平谈治国理政(第二卷)[M].北京:外文出版社.

习近平, 2021. 论把握新发展阶段、贯彻新发展理念、构建新发展格局[M].北京:中央文献出版社.

正确认识交通强国与社会主义现代化强国的关系[N].中国水运报,2017-11-13.

郑雄彬,李毅明,陈真钰, 2019(9). 重大交通基础设施引领城市新发展路径研究[J]. 生产力研究.

张丽娜, 2010.我国现代物流业国际竞争力研究[D].太原:山西财经大学.

张志森, 2020.交通投资对中国区域经济增长的影响研究[D].济南:山东大学硕士毕业论文.

张广厚, 2022.充分发挥交通运输对共同富裕的促进作用[J].中国发展观察(1): 70-72+97.

张帅,陈志杰, 2022. 推进交通运输物流促进城乡融合发展[J].农业经济(2): 131-132.

# 第三篇 专题报告一

## 交通运输对于促进发达国家现代化的重要作用和启示研究

**内容提要**：交通运输既是国民经济体系里的生产部门，也是重要的流通部门，负责为其他领域的生产部门和开展社会活动提供中间环节支撑，能够在国家现代化建设中发挥先行、先导、支撑、保障的重要作用。纵观世界上主要发达国家的现代化建设进程，交通运输在其中发挥的作用重点体现在推动产业体系现代化建设、引导形成现代化城市群都市圈、支撑全球产业链供应链布局、推动科学技术发展进步以及响应绿色低碳社会建设等领域。为我国站在新的历史关口推动社会主义现代化强国建设带来重要启示，主要包括要注重与经济社会全方位深度融合发展、新技术对流通功能深度赋能、推进更高质量的交通运输服务普及化、主动引导生态产品价值实现、满足防范化解全社会重大风险需要等方面。

## 一、交通运输促进国家现代化建设的作用机制

交通运输是国民经济的基础性、先导性、战略性产业和重要的服务性行业。交通运输行业立足自身技术和功能属性，对经济社会发展具有先行、先导、支撑、保障的重要作用。其中，一方面，交通运输作为国民经济体系里的生产部门之一，行业自身的建设投资、制造配套、经营

生产便能够产出价值,是经济发展的直接组成部分,同时交通运输业也能够为创新、绿色发展的应用赋能提供载体;另一方面,交通运输也是重要的流通部门,负责为其他领域的生产部门和开展社会生活活动提供中间环节支撑,交通是否能够连通以及连通水平的高低决定着经济社会发展所需资源要素的流通能力和质量。

## (一)交通运输作为生产部门的直接推动作用

### 1.交通建设投资拉动经济增长

长期以来,铁路、水运、公路、民航等领域的交通基础设施建设投资是全社会固定资产投资的重要组成部分,也是稳定经济增长的有力抓手。从国内看,21世纪以来我国交通运输、仓储和邮政业固定资产投资在全社会固定资产投资中所占比重基本稳定在10%左右,尤其是在1997年、2008年两次金融危机爆发后,我国均明显加大了以交通领域为重点的基础设施投资,对稳增长、扩大内需起到了积极作用。从国际看,在第二次世界大战后,很多西方国家均加大了交通基础设施建设力度以带动经济复苏。以美国为例,在20世纪50年代美国经济恢复增长初期,启动了以州际高速公路为代表的大规模基础设施建设,按可比价格计算,1950—1970年之间交通基础设施建设投资年化增速达到4.9%,为美国历史上最高。此后,与从中东石油危机以及布雷顿森林体系解体引发的"滞涨"状态中走出同步,美国交通基础设施建设投资在80年代又迎来了新一轮高速增长。如图1-1所示。

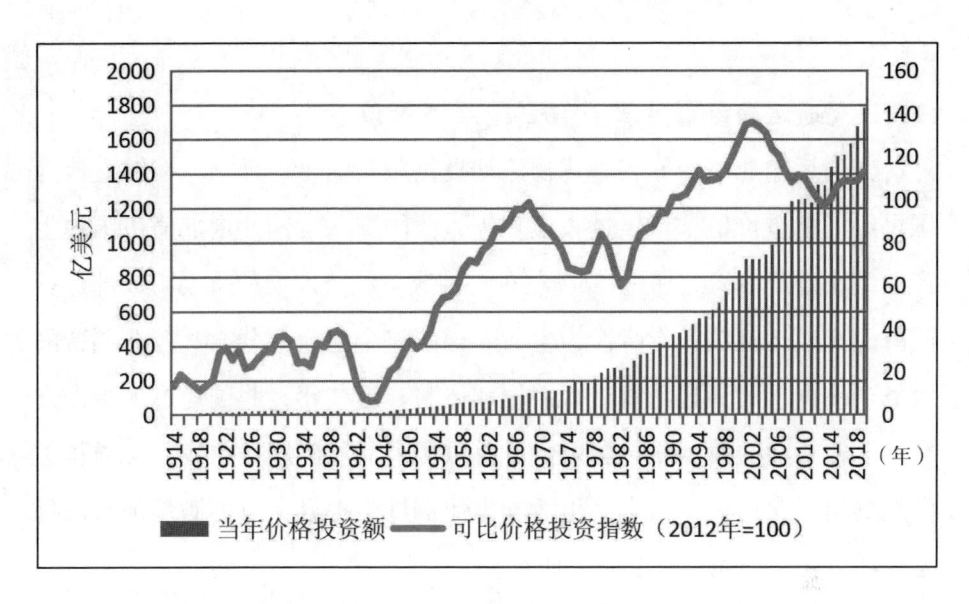

**图1-1　美国交通基础设施（公铁水空+管道+邮政）年投资额
（1914—2019年）**

注：可比价格指数经严格二次计算得出，且仅含政府投资部分（民间投资部分不可得）。

资源来源：美国商务部经济分析局（BEA）。

### 2.交通设施和装备制造带动产业发展

以我国为例，近些年，我国综合交通网络规模和质量大幅跃升，覆盖广度和通达深度不断提升，高速铁路、重载铁路、深水筑港、大型飞机、北斗工程、海工设备等技术装备研发制造不断取得新突破，大型船舶和汽车装备制造能力显著增强，特大桥隧建造技术达到世界先进水平，离岸深水港建设关键技术、长河段航道系统治理技术以及大型机场工程建设技术世界领先，形成了一系列"大国交通重器"，涌现了一大批国家级重大工程。这些既见证了我国综合国力的飞跃，又为我国交通设施和装备制造业的高质量发展提供了坚实支撑，有力带动了上下游关联产业的提速升级发展。

3.交通运输经营生产直接创造经济价值

交通运输业是为旅客、货物流动提供服务的生产部门，能够直接为国民经济创造价值增量。过去十多年，我国交通运输业增加值占国内生产总值比重基本稳定保持在5%左右，构成了经济发展的重要组成部分。同时，交通运输服务本身作为生活需求的一个组成部分，其行业创造的服务产品由人民通过消费进行使用和体验。近些年，我国通过大力提升交通运输行业的发展质量和效益，提供更高品质的服务内容，交通相关消费支出（含通信）占全部生活支出比例逐步提升，有力满足了人民日常生活需要。如表1-1、表1-2所示。

表1-1　2005—2022年交通运输业增加值占国内生产总值比重（%）

| 年度 | 比重 |
| --- | --- |
| 2005 | 5.7 |
| 2006 | 5.6 |
| 2007 | 5.4 |
| 2008 | 5.1 |
| 2009 | 4.7 |
| 2010 | 4.6 |
| 2011 | 4.5 |
| 2012 | 4.4 |
| 2013 | 4.4 |
| 2014 | 4.4 |
| 2015 | 4.4 |
| 2016 | 4.4 |
| 2017 | 4.5 |
| 2018 | 4.4 |
| 2019 | 4.3 |
| 2020 | 4.0 |

（续表）

| 年度 | 比重 |
|---|---|
| 2021 | 4.2 |
| 2022 | 4.2 |

资源来源：国家统计局。

表1-2 2005—2022年交通相关消费支出（含通信）占全社会消费支出比重（%）

| 年度 | 比重 |
|---|---|
| 2005 | 10.9 |
| 2006 | 11.4 |
| 2007 | 11.6 |
| 2008 | 10.7 |
| 2009 | 11.4 |
| 2010 | 12.0 |
| 2011 | 11.6 |
| 2012 | 12.0 |
| 2013 | 12.3 |
| 2014 | 12.9 |
| 2015 | 13.3 |
| 2016 | 13.7 |
| 2017 | 13.6 |
| 2018 | 13.5 |
| 2019 | 13.3 |
| 2020 | 13.0 |
| 2021 | 13.1 |
| 2022 | 13.0 |

资源来源：国家统计局。

4.交通运输行业搭载创新绿色发展业态

交通运输行业基于自身的技术属性、功能属性，是承载科学技术发展创新和绿色低碳可持续发展模式应用的重要领域。回顾人类近代发展历史，科学技术进步往往最先会引发交通工具和运输方式的改变，进而促进交通管理和服务方式改良创新，以满足新型交通工具的运行需要，并逐步带动前期投资大、折旧周期长的交通基础设施发展变革。整体来看，交通运输既为科技创新提供平台载体，又为新技术的推广应用提供市场和空间。在绿色低碳发展方面，发达国家交通运输领域产生的碳排放量相比我国占到全社会总量的水平更高，很多能够达到20%~30%的水平，因此高度重视推动交通运输的减排降碳。随着我国"双碳"目标的确定，交通运输业也正在积极推动绿色低碳转型发展，以期更好支撑全社会如期完成碳排放控制目标。

## （二）交通运输作为流通部门的间接推动作用

### 1.提供满足覆盖通达条件的功能支撑

"通不通"是交通运输发挥流通作用的基本条件。依托基础设施建设，推动交通运输服务网络的广覆盖、深通达，能够为经济生产所依赖的资源要素流动创造必要条件，也是满足人民社会活动需要的重要依托。从国内外发展历程看，交通网络的连通水平与一个国家的经济社会发展水平密切相关。经济体量最大的美国拥有全球最长的铁路和公路通车里程，以及最高水平的铁路网密度（人均）、公路网密度（人均）和高速公路网密度（人均）。我国作为最大的发展中国家，拥有全球规模最大的高速铁路网和高速公路网，经过数十年的发展建设，交通网络已由对经济社会发展存在制约转变为基本能够适应经济社会发展要求，为取得脱贫攻坚全面胜利、实现第一个百年奋斗目标提供了重要的基础保障。

### 2.提供具有速度效率优势的功能支撑

在"硬连通"的基础上实现快速畅达，是人类为克服空间阻碍、压缩时空距离、扩大活动范围的不懈追求，提升运输效率也是提升经济社会资源配置效率的重要条件。从历史上交通工具的迭代升级，到运输组织模式的改良优化，始终是以实现交通运输的快速化变革为主要出发点。从国内外发展历程看，以蒸汽、电气为动力的交通工具诞生即刻改变了资源要素流动和配置条件，支撑并推动了第一次和第二次工业革命的发展，而后航空器和高速公路、高速铁路等新一代交通工具的出现，以及在各种运输方式比较优势基础上多式联运等组织模式的发展等，又带动了过去数十年社会生产力的进一步跃升。

3.提供具有经济成本效益的功能支撑

与时间成本相对应，经济成本是决定是否能够获得高效率运输服务，实现"人畅其行、货畅其流"的基本因素，降低运输成本有助于消除资源要素流动的阻碍。人类历史上运河的开挖、轮船的出现、铁路的发展、公路的兴起，无不是在竞争中显现出明显的运输成本相对优势而获得的生命力。从国内外发展历程看，交通运输成本在全社会经济活动中所占的比重均呈逐步下降的趋势，比如过去30年间我国社会物流总费用与GDP的比率累计下降了约10%，达到目前的14.6%；发达国家由于发展起步较早，目前的比率普遍降到了10%以下，为经济活动的开展提供了极大便利。

4.提供满足服务品质需要的功能支撑

交通运输是重要的服务性行业。随着经济生产水平的持续提高以及人民生活需求的不断升级，旅客和货物的移动都对交通运输提出了越来越高的要求，需要同步提升运输服务品质。从国内外发展历程看，全球旅客运输总体是朝着更加便捷、更加舒适、更加安全的方向不断发展提升，新的交通工具、新的运输产品在需求的牵引带动下迭代出现；货物运输则越来越多体现专业化、精细化等方面的服务内容，以充分满足工业产品更加多样趋势下细分货类的流通保障需求。

## 二、交通运输推动发达国家现代化进程的重点领域

尽管对西方国家开启现代化建设的时间社会各界存在不同的认识,不同国家之间也存在发展阶段上的差异,但主流观点一般认为,西方国家的现代化建设总体上是随着18世纪中叶发生在英国的工业革命而拉开大幕,并在此后的200多年伴随历次工业革命对社会生产力的拉升,带动约全球1/4的人口迈入了现代社会。回顾这些发达国家的现代化建设历程,交通运输行业作为国民经济体系中的流通部门,主要负责为其他领域的生产部门提供中间环节支撑,在现代产业体系、现代化的城市群都市圈,以及全球化的产业链供应链布局等培育形成进程中发挥着不可替代的作用。同时,交通运输基于自身的技术和功能属性,一直是践行创新、可持续等现代社会发展理念的先行领域,在推动科学技术进步和绿色低碳社会建设方面同样发挥着重要作用。

### (一)交通运输为发达国家推动产业体系现代化建设创造了有利条件

构建现代产业体系是我国全面推进社会主义现代化国家建设的重要篇章,也是世界上主要发达国家形成高水平生产力的依托和保证。构建现代产业体系需要促进先进制造业和现代服务业深度融合,推动形成实体经济、科技创新、现代金融、人力资源等领域高度协同的发展形态。交通运输"连不连得上、连得好不好"决定着产业发展所需的资源要素流通水平的高低,在推动发达国家产业体系现代化进程中起着不可替代

专题报告一
交通运输对于促进发达国家现代化的重要作用和启示研究

的作用。

1.通过改变时效、成本等要素集聚条件，引导和优化制造业生产力布局

交通运输产出的时效和成本价值，是影响和决定生产力布局的重要因素。围绕交通运输通道和枢纽进行产业布局，有助于降低流通成本，提高企业经营效益。从通道经济的角度看，以日本的新干线为代表，新干线从大阪延伸到九州后，冈山、广岛、大分乃至福冈、熊本等沿线地带工业布局迅速变化，汽车、机电、家用电器等加工产业和集成电路等尖端产业逐步取代传统的钢铁、石化产业。同时，新干线将京滨、中京、阪神、北九州等四大工商业地带与静冈、冈山、广岛等新兴工业地

图1-2　日本本土沿太平洋沿岸工业带

资源来源：北斗地理。

带连接起来，形成沿太平洋伸展的"太平洋工业带"（见图1–2）。统计显示，1982年东北新干线开通后，沿线的企业及商业发展速度大大高于其他地区。自开通以后沿线城市的企业增加了45%，人口增加30%，远超日本其他地区（其他地区增加比例为企业15%，人口10%）。从枢纽经济的角度看，以美国的孟菲斯机场为代表，作为全球货运枢纽和物流中心，机场周边聚集了仓储物流、加工制造等众多规模化产业集群，以及大量对时效性运输要求较高的生物医药、信息技术等高附加值企业，借助便捷的航空物流服务，共同构成引领地区经济发展的重要引擎。

2.立足派生性需求属性，为服务业发展做好支撑保障

一方面，交通运输是串联人与各类生活性服务业的纽带。发达国家经验表明，高效率的设施连通和高品质的运输服务在带动餐饮、旅游等服务行业发展方面具有极为显著的作用；反之，则会带来很大程度的制约。另一方面，交通运输自身也能够作为服务业发展的载体，有助于扩大服务业有效供给。例如，发达国家大多在交通枢纽"站城一体"开发上取得了令人瞩目的成绩，即通过发展开放式、立体化的交通枢纽，加强与商业配套设施的协同发展，为使用交通运输服务的旅行者搭建起了便捷化、高品质的消费服务平台，并且枢纽的布局选址也多处在城市中心的繁华地段，为商业区整体的规划设计与交通枢纽衔接适配创造了非常有利的条件。如图1–3所示。

专题报告一
交通运输对于促进发达国家现代化的重要作用和启示研究

图1-3　日本东京涩谷站"涩谷之光"站城一体开发项目

资源来源：产城瞭望。

**3.创新传统交通运输发展模式，促进先进制造业与现代服务业深度融合**

交通运输是重要的服务性行业，既能够为制造业发展提供基本的运输保障，又能够依托运输环节的流通服务基础，通过加强与信息、金融等其他形态、非线下实体流通服务的功能联动，全面提升供应链全过程组织能力。德国拥有众多世界一流的制造企业，以及与制造业高度适配的交通物流企业。例如，在汽车制造行业，奔驰、宝马、奥迪等车企布局在很多地区的生产线目前仅保留整车集成总装和前期研发等核心业务，其余的上下游产品采购、销售及加工装配等环节则大量外包给了提供这些增值服务的综合性物流供应链企业，推动资源配置效率提升至更高能级。创新传统交通运输发展模式，实现制造业与服务业更深层次的融合，有助于充分提升价值链水平，为产业现代化发展开辟新空间。

## （二）交通运输在发达国家城市群都市圈形成过程中发挥了重要引导作用

我国正深入推进以人为核心的新型城镇化战略，致力于以城市群、都市圈为依托促进大中小城市和小城镇协调联动、特色化发展。发达国家城市群都市圈建设起步时间较早，从其成功经验来看，交通运输在现代化城市群都市圈的发展形成中发挥了重要作用。通过构建便捷的城际和市域（郊）轨道交通网络，提供区域一体化的运输服务，以及加强区域内物流组织协同，有效满足了大中小城市之间的人员、货物往来需要，在人口和产业由中心向周边的疏解、导入方面起到了至关重要的作用。

1.连通区域内大中小城市的轨道交通网络，为城市群都市圈的发展形成、实现人员的高效流动创造了基本条件

轨道交通具有速度快、运量大、便捷舒适、准时性高等特点，是支撑大城市向更大空间尺度的城市群、都市圈范围扩展，加强区域内城市之间资源要素流动的坚实依托。发达国家城市群都市圈建设起步时间较早，世界上著名的城市群都市圈如东京都市圈、莱茵-鲁尔都市圈（如图1-4所示）、大伦敦和大巴黎地区等，普遍拥有满足区域内大城市与中小城市、中心城区与周边县域之间密集交通往来需要的高度发达的轨道交通网络。这种多网融合、干支协同、功能搭配合理的轨道交通网络，有效满足了当地居民常态化的跨市居住、工作、学习、休闲、消费需求，也构成了人口和产业由中心向周边疏解、导入，以及形成大中小城市和小城镇协调联动、特色化发展格局的基础支撑。

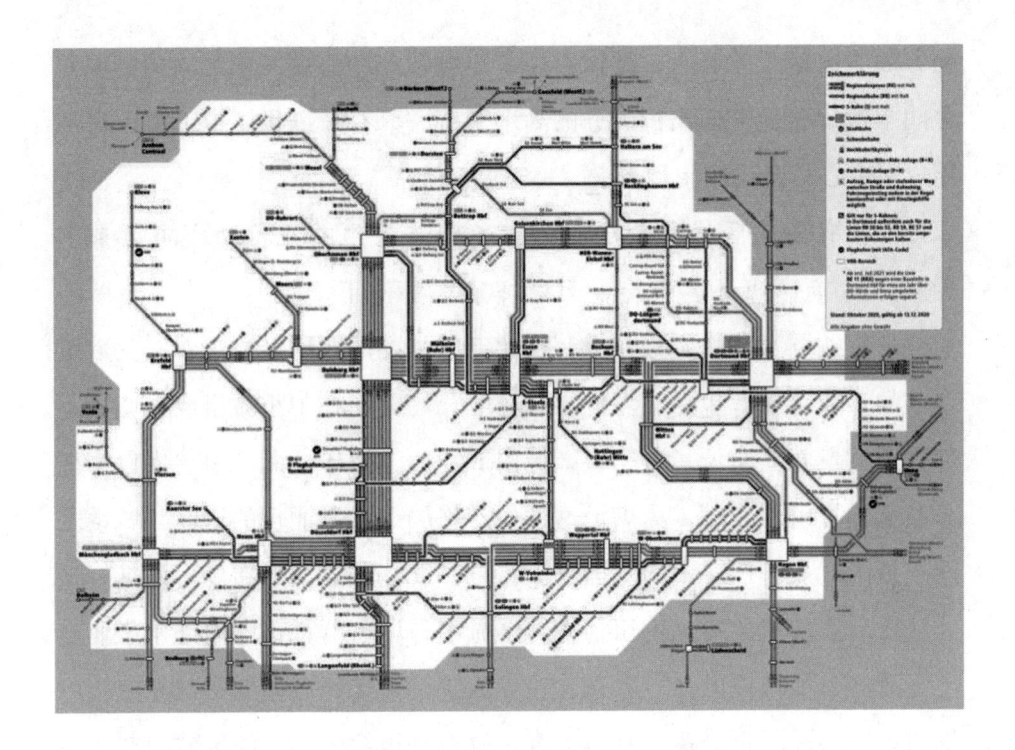

**专题报告一**
**交通运输对于促进发达国家现代化的重要作用和启示研究**

**图1-4　2021年莱茵–鲁尔都市圈公共交通网络示意图**

资源来源：Moovit VRR-Rail Offline Map。

**2. 区域内高水平一体化的交通运输服务，是稳固城市群都市圈形态、消除人员"由内向外"迁移顾虑的关键**

在提升轨道交通干线连通能力的基础上，进一步保障周边小城镇居民到访中心城区或区域中心城市旅行需求的关键，则在于做好干线两端目的地内部的运输组织，实现交通出行服务内容、标准的高水平统一。以德国为例，作为大中小城市高水平协调发展的全球典范，主要致力于在两个维度实现"统一"，即：一是强化城市内部不同交通运输方式之间时刻表、运行模式、车票以及票价的衔接配套；二是支持区域内不同城市提供一体化的公共交通服务，实现"一卡通行"。通过协同提升这两方面的运输服务能力，德国实现了小城镇与中心城区或区域中心城市之间本地、异地交通出行服务的高水平统一，有效满足了被疏解人口从周边至中心常态化的旅行需求。

3.具有强大区域分拨功能的货运物流枢纽，在推动城市群都市圈内各城市产业协调布局方面发挥了重要作用

从发达国家，特别是作为制造业老牌强国的德国经验来看，其数量众多的工业企业，包括很多世界级企业，均分布在中小城市或小城镇，创造了大量就业岗位，对完善区域内产业分工协作体系、引导人口均衡分布起到了重要作用。为满足这种生产格局下大量涌现的城镇与城镇之间、依附产业链供应链的货运物流需求，德国主要通过布局建设具有强大区域分拨功能的货运枢纽，将一个城镇与城市群都市圈内处于产业链上下游的其他城镇的多点联系，转变为统一对接区域内的货运枢纽，以枢纽为中心进行再分拨，有力提升了供应链组织效率，为区域内产业协调布局和产业集群的形成提供了坚实支撑。

## （三）交通运输有力支撑了发达国家全球产业链供应链布局

提高产业链供应链全球化布局水平，既是依托基于各国比较优势的分工协作模式，攫取经济发展效益和价值的重要途径，又是保障粮食、能源等战略资源获取，维护国家发展安全的必要方式。发达国家依靠培育强大的国际交通物流基础设施掌控能力，鼓励交通物流企业与跨国制造企业协同出海，抢占交通运输国际规则标准制定先机等手段，为本国产业链供应链的全球化布局提供了坚实支撑。

1.强大的国际交通物流基础设施掌控能力，为打造安全可靠的全球产业链供应链提供了根本保障

发达国家在参与全球经贸合作的历程中，高度重视对海外交通物流

资源，特别是关键基础设施的掌控，为本国产业链供应链的全球化布局提供坚实支撑。从大航海时代起，海上通道以及港口、铁路等关键基础设施便成为了海上贸易强国依托军事力量抢占的目标。到了近现代，通过国际资本合作获得相关通道、枢纽的所有权或经营使用权成为一个明显趋势。放眼全球，日本在"二战"后由于存在经济快速发展与资源严重匮乏之间的突出矛盾，在这方面的战略布局极具代表性。为保障资源供给安全，日本制定了打造海外矿业帝国的明确战略，其中，来自海外的油气和煤炭权益产量分别接近国内消费量的30%和60%，铁矿石、锌矿、镍矿权益产量与国内消费量基本相当。为使这些海外权益顺利回归本土，日本加大对资源输出国重要港口、铁路等基础设施投资，比如日本在与澳大利亚、巴西等铁矿石生产国签订共同开发合约时，便同步规划建设了由矿石运输专用铁路和港口等交通基础设施、海上运输大型专用船和兼用船组成，与临海钢铁企业配套的巨大物流系统。

2.交通物流企业出海获取国际供应链控制能力并积累形成先发优势，为构建和稳固产业链供应链全球化布局增添了砝码

在发达国家大型跨国企业的全球化生产布局进程中，交通物流企业的同步出海，带来了供应链效益和安全的双重保障。以国际快递"三巨头"为例，从20世纪90年代中后期开始，在产业链供应链布局加速全球化的背景下和资本市场的支持下，UPS、Fedex、DHL开始向集物流、信息流、资金流于一体的综合物流服务商转型，并将业务逐步拓展到全球主要国家和地区。"三巨头"在国际供应链控制能力建设的初期主要采用代理、合资等形式，后期则以并购手段为主迅速拓展全球网络，与电子信息等新一代高技术企业的产业链供应链跨国布局形成协同。同时，这种先发布局优势，也帮助"三巨头"建立起了较高的市场竞争壁垒，对后发国家培育具有国际供应链自主控制能力的交通物流企业形成

了制约。

3.通过主导国际运输规则话语权，进一步巩固了国际交通物流资源掌控优势

回顾全球贸易和运输发展历史，国际运输规则与强国争霸、资本逐利的规则体系向来是一脉相承的。西方发达国家依靠军事和经济实力，抢占和主导了数百年来的国际运输规则制定，不断增强对交通物流资源的控制力，进一步稳固其话语权，形成一种正向循环。以国际海运为例，从18世纪的海洋霸主英国对货主强加各种不公平条件和不应承担的风险起，到19世纪美国依靠强大货主国地位单独免除英国等船东国强加给自身的不平等条件，再到20世纪"海牙规则""汉堡规则""鹿特丹规则"等陆续形成，传统发达国家在规则制定中长期占有绝对优势，例如更多反映发展中国家等多边利益的"汉堡规则""鹿特丹规则"皆因签署国家较少等原因，影响范围有限或未能实质生效。这种累积形成的优势地位，对西方国家牢牢掌控国际运输资源、支撑维护有利于自身发展的全球价值链体系起着巨大的作用。

**（四）交通运输领域的创新发展普遍推动了各国科学技术的发展进步**

纵观人类社会发展历史，科学技术创新是提升社会生产力、拉动经济持续增长的核心动力源。交通运输作为国民经济中的一个重要行业部门，在全社会科技发展进程中发挥着重要作用。一方面，交通运输能够为科技发展提供平台载体，即依托自身领域技术的发展带动全社会创新能力和技术水平的提升。另一方面，交通运输能够为新技术的推广应用提供市场和空间，即随着经济社会发展对交通运输行业提出的支撑保障要求不断升级，交通运输须借助科技创新提高供给质量和效益，以匹配

经济社会生产力发展需要。

1.交通运输提供创新平台载体，牵引带动科学技术发展

交通运输是牵引带动技术创新的重要载体，也是孕育科技革命和产业变革的前奏篇章和重要领域。从世界上一些主要国家的现代化进程中可以看出，交通运输的提质升级和优化发展对科技创新的支撑和带动作用非常明显，在助力发达国家抢占科技革命和产业变革先机方面起到了至关重要的作用。例如，过去以大飞机、高速动车、大型舰艇等为代表的交通装备制造，均涉及较长的产业链条和复杂精深的系统集成技术，对以美国、德国、日本、法国为代表的发达国家综合提升科技创新水平，产生了明显的带动作用。又如，现阶段以新能源、自动驾驶汽车为代表的新一代装备制造，已成为全球各国抢占新一轮科技发展制高点的重要抓手领域。围绕新能源、自动驾驶汽车加大研发力度，能够在常规的机械制造等技术基础上，广泛推动新能源、人工智能、大数据、高精感知和识别、下一代通信等技术发展，对实现全链条、系统性的科学技术创新具有重要价值。参见图1-5所示。

图1-5　梅赛德斯-奔驰公司"未来工厂"生产线效果图

资源来源：环球网。

2.交通运输为新技术的推广应用提供市场和空间

回首过去,交通运输作为支撑商品交换和流通环节的行业部门,往往须借助科技创新提高供给质量和效益,不断匹配和满足经济社会生产力提升带来的以规模化、快速化为主要特征的运输需要,因此一直是全球历次工业革命中,诸如蒸汽动力、电力、电子信息等新技术最先实现推广应用的领域之一,交通运输为这些新技术提供了良好的市场基础。时至今日,交通运输领域一些新型组织模式和业态的出现,也不断为新一代信息技术等的应用创造条件和土壤。例如,自芬兰和瑞典兴起,在欧洲众多城市开展试点应用的"出行即服务(MaaS)"组织模式,即有效带动了大数据、人工智能、物联网等技术的推广应用,并且依托其对未来可能引发城市交通颠覆性变革的积极预期和市场前景,进一步赋能和带动相关科技创新产业链的发展。

## (五)交通运输对发达国家绿色低碳社会建设作出了重要贡献

从全球来看,近些年交通运输领域产生的碳排放量占到全社会总量的20%～30%。发达国家高度重视推动交通运输的减排降碳,主要依托推动交通运输工具动力变革,优化调整运输结构,以及加强绿色交通基础设施建设等途径,打造绿色低碳可持续的交通运输体系。

1.推动交通运输工具的动力变革,从源头上加强对碳排放的管控

随着近几年各国碳减排和"清零"时间表、路线图的接续出台,发达国家明显加快了对新能源运输装备的研发探索及推广应用力度。例如,以新能源汽车为代表,2021年全球电动汽车(纯电+混动)销量比2020年翻了一番,达到650万辆,占乘用车市场总量近10%。其中,我国作为最大的单一国家市场,占到销量的一半,欧美发达国家合计约占到

另外一半，特别是欧洲国家新能源汽车能够占到新车销量的19%，高于我国的15%。同时，很多发达国家均已明确提出对燃油车退出市场的计划。从目前披露的情况看，挪威、德国、日本、美国、荷兰、英国、法国、葡萄牙等国家都宣布了燃油车禁售时间，其中，挪威最为激进，时间节点为2025年，其余国家普遍集中在2030—2040年。

2.推动交通运输结构性节能减排，提高可持续运输方式分担比重

发达国家通过优化调整货物和旅客运输结构，鼓励和引导使用集约化绿色化的运输方式，极大加快了交通运输的碳减排进程。货运方面，对比我国在推动大宗货物和中长距离货物运输"公转铁""公转水"方面相对滞后的情况，发达国家无论在铁路总体承担的运输比重上，还是港口集装箱海铁联运比例、铁路集装箱运量与铁路货运总量之比等细分指标上，均远超出我国现阶段水平，是交通领域绿色发展的有力体现。客运方面，通过综合改善绿色交通出行环境和服务体系，以及制定政策加强对高能耗交通工具的管控和约束，如全球目前有超过20个国家设置或规划有城市"低排放区"，仅欧洲范围就包括220多个大小城市，对绿色出行形成了强有力的引导和带动。

3.高度重视绿色交通基础设施建设，从多个维度支撑保障交通运输绿色化转型

发达国家推动交通基础设施绿色化低碳化发展的行动通常反映在多个维度。例如，第一，大力推动交通基础设施绿色化提升改造，打造了很多极具代表性和示范意义的绿色公路、绿色港口、绿色机场、绿色交通枢纽场站等，有效降低了这些基础设施的全生命周期能耗和碳排放。第二，注重设施建设过程的绿色化，积极采用新材料、新技术、新工艺、新设备等，同时强化对工程过程中排放、噪声等的管控约束，最大程度减少对外部环境的影响。第三，配套建设新能源交通工具所需的充

换电、加氢、加气等基础设施。根据国际能源署的统计，2015—2020年间全球电动汽车公共充电桩建设规模的年均复合增长率超过40%。参见图1-6所示。

图1-6　加快绿色化转型的荷兰鹿特丹港

资源来源：Seatrade Maritime News。

# 三、对我国交通运输推动社会主义现代化强国建设的启示

发达国家现代化建设起步较早、时间更长，通过分析交通运输在发达国家现代化进程中发挥的关键作用，能够为我国交通运输促进国家现代化建设带来启示。但同时也要认识到，我国的现代化路径与发达国家仍然存在一些本质上的差异，对新时期交通运输推动社会主义现代化强国建设也会提出新的更高要求。

## （一）发达国家交通运输促进国家现代化建设的经验借鉴

回顾发达国家交通运输促进现代化建设的漫长历程，期间很多发展思路和变革方向对我国站在新的历史关口上推进现代化建设均有参考和借鉴意义，主要归纳为以下五个方面。

1.注重从"就交通论交通"式发展向与经济社会全方位深度融合发展迈进

虽然根据国内外长期以来的实践，交通建设投资一直是拉动经济增长的重要力量，但随着我国交通网络的日益完善，交通设施能力已总体满足经济社会发展需要，在近些年投资带来的边际效益持续递减的形势下，亟须跳出"就交通论交通"的发展路径，转变传统交通运输与经济社会粗放式被动式供给需求关联逻辑。从发达国家的现代化历程上看，由单纯的低成本要素吸引升级到以运输链、物流链和供应链的组织优化来引导生产力布局调整，实现与经济社会全方位深度融合，是交通运输业提升发展质量和效益的必然取向。我国推进现代化建设的过程中也需要更加精准识别和对接经济发展各领域对交通运输的现实需求，高水平发挥好交通运输作为流通部门的功能，全面深化与制造业、服务业生产部门发展联动，实现"流通+生产""流通+消费"环节资源要素配置效率的协同提升，进一步拔高交通运输对经济社会发展的促进作用能级。

2.注重从作为生产部门搭载科技创新为主向新技术对流通功能的深度赋能迈进

历史上，交通运输一直为科学技术发展提供重要的平台支撑，技术的创新进步也在不断推动着交通运输升级发展。当前，以互联网、大数据、人工智能、区块链等为代表的新一代技术的高速发展演进，为交通运输行业大幅提升发展效率带来了新的更高层级的赋能机遇。近年来，发达国家高度重视新科技的深度赋能应用，致力于实现交通运输供给与市场需求之间更高水平的动态精准匹配，以进一步提升资源配置效率（见图1-7）。我国推进现代化建设的过程中也需要更加注重提升交通运输数字化智能化发展水平，着力构建泛在互联、柔性协同、具有全球竞争力的智能交通系统，促进行业的系统性结构整体优化，提升基础设施、运输服务、技术装备、组织管理、市场主体等模块间匹配衔接的精准度。

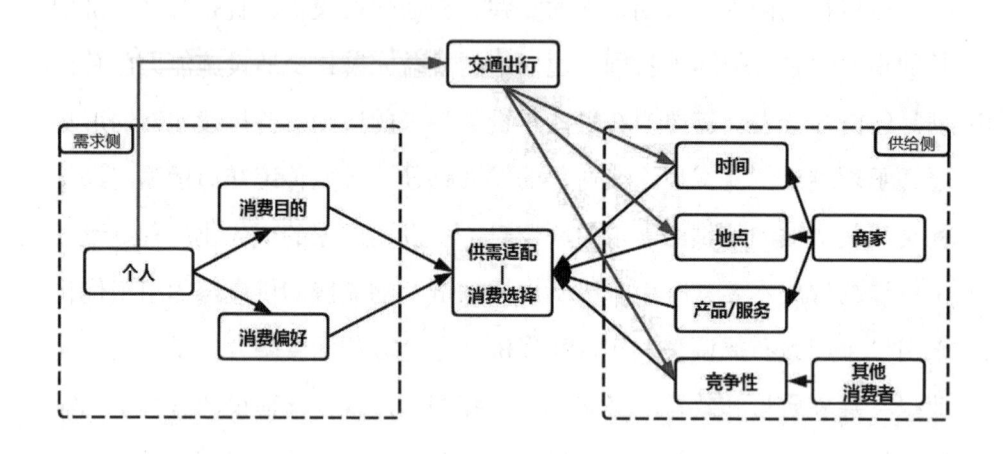

图1-7　部分发达国家依托"MaaS"等信息化平台提升出行与消费服务相互匹配的机制示意

资源来源：中国宏观经济研究院2021年基本科研业务费专项资金课题《"出行即服务"与消费融合联动的新业态发展前景研究》。

3.注重从实现基本公共服务均等化向推进更高质量的交通运输服务普及化迈进

在取得脱贫攻坚全面胜利、实现第一个百年奋斗目标的基础上，扎实推进共同富裕为我国交通运输发展提出了更高要求。交通运输是重要的服务性行业，是满足人民美好生活需要的基础性行业。发达国家高度重视对大众不断升级的个性化、多样化运输需求的适配，在推动基本公共服务均等化，满足交通出行兜底保障需要的基础上，逐步加强更高质量交通运输服务的普及。我国推进现代化建设的过程中也需要持续深化交通运输供给侧结构性改革，丰富完善交通运输产品供给体系，着力提升交通运输服务品质，更好满足人民对更高质量、更具品位、更有层次美好生活的向往和需求。

4.注重从被动适应生态环境约束条件向主动引导生态产品价值实现迈进

多年来，随着生态环境和耕地保护日益严格，我国及发达国家的交通建设活动普遍受到生态红线及用地、用海等方面的约束限制。尤其是立足新发展阶段需要在更高水平上统筹好发展与环境关系的要求下，亟须破解这种长期累积的矛盾，真正践行绿水青山就是金山银山的发展理念。发达国家虽然在一定程度上经历了"先污染、后治理"的现代化进程，但通过加强对交通运输自身价值贡献与衍生生态价值的评估与挖掘，有力提升了交通可持续发展水平。我国推进现代化建设的过程中也需要更加注重以"交通+旅游"等新业态新模式为牵引载体，促进绿色交通发展价值实现和交通支撑生态产品价值实现，真正构建形成交通运输可持续发展的长效机制。

5.注重从维护行业运行安全向满足防范化解全社会重大风险的需要迈进

交通运输的本质安全建设一直是国内外共同关注的焦点领域，同时过往经验也表明，交通运输在维护全球化经贸格局下产业链供应链稳定运行方面发挥了重要作用。但相比发达国家，我国对于全球产业链供应链的控制和主导能力仍然偏弱。面对百年未有之大变局与世纪疫情叠加的局面，现阶段我国发展面临的传统安全威胁和非传统安全威胁相互交织，不确定不稳定因素显著增多，在推进现代化建设的过程中需要交通运输进一步推动高质量发展和高水平安全动态平衡，精准研判、妥善应对经济社会关联领域可能出现的重大风险挑战，完善风险防范化解机制，全面提升对粮食安全、能源资源安全、产业链供应链安全的保障水平。

### （二）中国式现代化道路下我国交通运输促进现代化建设面临更高要求

在借鉴发达国家经验的基础上，同时也要认识到中国式现代化道路下我国交通运输促进国家现代化建设面临更高要求。习近平总书记明确指出，"我国现代化是人口规模巨大的现代化，是全体人民共同富裕的现代化，是物质文明和精神文明相协调的现代化，是人与自然和谐共生的现代化，是走和平发展道路的现代化"。这五方面内容，既是对我国当前及未来现代化发展特征的阐述，更是反映了我国与西方国家现代化发展道路的本质差异，也对我国交通运输促进国家现代化发展提出了更高要求。从这些主要特征来看，除推动物质文明和精神文明相协调的要求与交通运输行业的技术和功能属性并无直接相交外，其他方面的特征均对新时期我国交通运输的发展提出了新要求。

**1.人口规模巨大的现代化要求交通运输更加注重发展效率的提升**

中国人口规模约占全球总人口的18%，相当于当前高收入国家人口的总和。人口规模巨大对现代化的影响是多方面、全方位的，比如现在全国有4亿多人口达到中等收入水平，还有很多人生活水平有待进一步提高。这是我国发挥超大规模市场优势，加快构建以国内大循环为主体、国内国际双循环相互促进的新发展格局的重要基础，但如果按照当前西方的发展方式和消费方式，现有资源是无法满足需求的，也因此决定了我们必须转变发展方式，走具有更高效率的发展之路。对交通运输而言，未来需要大力提升发展效率，在有限的资源供给和巨大的市场需求叠加形势下，以最小的要素投入换取最大的价值产出。

2.全体人民共同富裕的现代化要求交通运输更加注重统筹发展与公平

库兹涅茨曲线理论认为，收入分配差距在扩大之后自然会缩小，但如果从更长远的历史来看，这并不是一个常态。西方只有20世纪50年代到70年代特殊的历史条件下，短暂地实现了收入差距缩小。从长时段来看，全球收入差距扩大的挑战更加严峻复杂。我国是社会主义国家，共同富裕是中国特色社会主义的本质要求，在一个人口大国实现共同富裕是前所未有的伟业。我们既要做大蛋糕，又要分好蛋糕，扎实推进共同富裕，坚决防止两极分化，使全体人民共享现代化成果。对交通运输而言，需要在更高水平上统筹好发展与公平的关系，有效支撑引领区域和城乡协调发展，提供能够更好满足不同群体需要的交通运输服务。

3.人与自然和谐共生的现代化要求交通运输更加注重统筹发展与环境

西方早期的现代化国家，有足够的生态空间容纳发展需要，用物理学上的话说就是"熵"可以充分增加。但地球作为一个系统，熵值不能无限增长下去，包括中国在内的后发国家，面临的生态环境"考卷"越来越难，可以利用的生态空间越来越小。因此，我们必须注重同步推进经济建设和生态文明建设，走节约资源、保护环境、绿色低碳的新型发展道路。对交通运输而言，需要在更高水平上统筹好发展与环境的关系，严格落实碳达峰碳中和目标要求，强化资源要素节约集约利用，推动交通运输绿色低碳转型。

**4.走和平发展道路的现代化要求交通运输更加注重统筹发展与安全**

与西方发达国家曾经走过的现代化道路完全不同,中国式现代化道路是一条立己达人的包容性发展之路,不输出殖民、不输出战争、不输出矛盾,既造福中国,又惠及世界,致力于构建人类命运共同体。随着国力的增强以及在全球利益的增多,我国已经站到国际竞争的前沿,在应对外部挑战的同时,我国努力处理好与世界的关系,夯实走和平发展道路的根基。对交通运输而言,需要在更高水平上统筹好发展与安全的关系,坚持总体国家安全观,将安全发展贯穿于综合交通运输各领域、各环节,牢牢守住安全运行底线,提升突发事件应急处置能力。

(执笔人:李卫波)

# 参考文献

樊桦等,2019.运输服务高质量发展研究[M].北京:中国市场出版社.

樊一江,任虹,杨杰,2011.德国城市公共交通发展的经验与启示[J].综合运输(8).

付宇, 2017. 德国交通运输发展趋势及重点[J]. 工程研究——跨学科视野中的工程, 9(2): 165-172.

巩瑞波,韩喜平,2019."现代化中国方案"是对西方现代化模式的超越[J].红旗文稿(7):20-22.

国家发展和改革委员会,2020.加快构建现代综合交通运输体系[M].北京:中国计划出版社、中国市场出版社.

国家发展和改革委员会综合运输研究所,2019.改革开放与中国交通运输发展[M].北京:中国市场出版社.

李晔,张红军, 2005. 美国交通发展政策评析与借鉴[J]. 国外城市规划(3): 46-49.

李连成, 2016. 交通现代化的内涵和特征[J]. 综合运输,38(9): 43-49.

李连成等,2017.交通运输2030[M].北京:中国市场出版社.

刘芳,杨雪英,周紫君,谭君棠, 2021. 交通运输现代化的内涵、特征及发展路径[J]. 交通运输部管理干部学院学报,31(4): 16-20.

罗萍, 2007. 日本交通运输发展的政策理念及启示[J]. 综合运输(12): 71-73.

荣朝和等,2013.综合交通运输体系研究——认知与构建[M].北京:经济科学出版社.

王济钧,田芳,刘玥彤, 2019. 美国、欧盟、日本和俄罗斯交通发展变迁规律研究[J]. 中国市场(13): 4-12+29.

吴文化等,2021.建党百年看中国交通运输发展(综合交通运输篇)[M].北京:经济科学出版社.

谢雨蓉,2021.陆海统筹(全球化变局中的国际物流)[M].北京:中国市场出版社.

辛允, 2013. 德国物流园区考察报告[J]. 中国物流与采购(6).

许云飞,金小平,曹更永, 2013. 现代化和交通现代化研究[J]. 理论与现代化(3): 16-23.

赵昌文,2021.中国式现代化道路对人类文明的主要贡献[J].红旗文稿(24):29-31.

周紫君, 2017. 英国交通运输发展的新动态及新趋势[J]. 工程研究–跨学科视野中的工程, 9(2): 139-147.

专题报告二 | 交通运输推动引领
科技创新与绿色发展研究

**内容提要**：交通运输既是先进科技的重要应用领域，也是孕育科技革命和产业变革的重要载体。加快交通运输领域创新发展能够更好应对世界新一轮科技革命和产业变革挑战。建设交通强国是建设创新型国家的重要组成部分，交通科技创新也是建设科技强国的应有之义。交通运输对推动碳达峰碳中和工作具有极为重要作用。当前，需要围绕服务国家重大战略，以完善交通运输科技创新体系为主线，推动新技术全面赋能交通运输，着力推进交通运输领域关键核心技术取得显著突破，实现先进交通科技广泛应用，推动我国节能减排取得实效，更好发挥交通运输在推动科技创新发展和碳达峰碳中和领域的开路先锋作用，更好支撑我国社会主义现代化国家的建设。

## 一、交通运输对建设创新型国家、实现碳达峰碳中和目标具有支撑引领的重要意义

当前，新一轮科技革命和产业变革加速演进，学科交叉融合不断发展，科学技术和经济社会发展加速渗透融合，科技创新成为国际战略博弈的主要战场。交通运输既是先进科技的重要应用领域，也是孕育科技

革命和产业变革的重要载体。交通是现代化经济体系的重要组成部分，交通运输的演进发展所产生的需求是科技进步的动力源泉，也是构建新发展格局的重要支撑。交通科技发展水平是一个国家科技与产业发展综合实力的体现，也是国家现代化的重要标杆。交通运输是科技创新的重要领域，交通运输科技发展水平是衡量一个国家科技与产业发展综合实力的重要指标，加快交通运输领域创新发展能够更好应对世界新一轮科技革命和产业变革挑战，对于推动我国经济发展质量变革、效率变革、动力变革，提高全要素生产率具有重要作用。

## （一）交通运输既是先进科技的重要应用领域，也是孕育科技革命和产业变革的重要载体

交通科技发展水平是一个国家科技与产业发展综合实力的体现，也是国家现代化的重要标杆。改革开放以来尤其是党的十八大以来，我国铁路轨道交通装备制造技术取得重大突破，以复兴号为代表的中国高铁成为一张亮丽的国家名片，以高速动车组、大功率机车、重载铁路货车、城市轨道车辆为代表的轨道交通装备系列产品，整体技术达到国际先进水平，部分指标国际领先，已形成全系列、谱系化产品设计制造能力。大型客机研发和生产制造能力是一个国家航空水平的重要标志，也是一个国家整体实力的重要标志。我国目前完成了国产大飞机的设计、研发、生产、测试和首飞，不但探索出一条自主创新的航空产业发展新路，还以研发C919为契机，全力打造出了一个日渐成熟的航空产业发展集群，为未来我国航空产业迈入国际先进水平奠定了牢不可破的基础。以高铁、大飞机为代表的交通技术装备创新发展完善了我国科技创新体系，也成为了我国迈向现代化国家的重要标志。

## （二）加快交通运输领域创新发展能够更好地应对世界新一轮科技革命和产业变革挑战

当前，新一轮科技革命和产业变革方兴未艾，技术相互融合步伐加快、科技创新链条更为紧密，将推动技术更新和成果转化更加快捷，产业更新换代不断加快。在信息、材料、能源等领域颠覆性技术、新兴通用技术以及互联网新业态新模式大量涌现，与交通深度融合的态势日益显著。无人仓、无人机、无人车、无人港、无人驾驶、物流机器人等先进装备的广泛应用代表了我国科技发展的新高度，这是新一轮科技革命和产业变革中世界各国抢占发展机遇的制高点和主攻方向。同时，我国也在全面发展网络货运、共享经济等平台模式，持续深化在物流和供应链领域应用，网约车、共享单车、共享汽车、互联网物流等交通运输领域新业态呈现井喷式发展，对满足公众多样化出行需求、培育经济发展新动能发挥了积极作用，推动我国在互联网新业态新模式领域处于全球引领地位。

## （三）建设交通强国是建设创新型国家的重要组成部分，交通科技创新也是建设科技强国的应有之义

交通创新发展对我国建设科技强国具有重要的支撑引领作用。当前，我国高原冻土、膨胀土、沙漠等特殊地质情况下的铁路、公路建设技术不断克服世界级难题，高速铁路、高寒铁路、高原铁路、重载铁路技术等迈入世界先进行列；特大桥隧建造技术达到世界先进水平，离岸深水港建设关键技术、长河段航道系统治理技术以及大型机场工程建设技术世界领先，交通运输为我国建造技术的进步创造了丰富的应用场景

和广阔的功能需求，对我国土木工程、信息通信、载运工具、系统工程科技保持世界领先地位发挥了重要作用。同时，交通运输也为我国培育了一支规模宏大、结构合理、素质优良的工程师队伍和创新人才队伍，有力激发了各类人才创新活力和潜力，成为我国建设科技强国的牢固基石。

### （四）交通运输对推动碳达峰碳中和工作具有极为重要的作用

推动交通运输减少碳排放对于我国碳达峰碳中和将发挥至关重要的作用，交通运输是化石能源消耗及温室气体排放的重点领域，2020年，我国交通领域碳排放9.3亿吨，占全国终端碳排放的15%，近年来已成为我国温室气体排放增长最快的领域之一。目前，我国交通运输行业仍以化石燃料消耗为主，清洁能源使用比例依然较低。交通运输工具在使用化石燃料的过程中排放出大量温室气体及污染物，加剧雾霾、酸雨及温室效应，引发了各方对交通绿色转型与发展路径的高度关注。在梳理发达国家推动交通低碳发展经济的经验可以发现，交通运输可采取提高燃油效率、推广清洁能源等措施来加快碳减排进程，转向低碳燃料将在缓解交通领域的气候变化方面发挥重要作用。

## 二、我国交通运输推动引领科技创新与绿色发展面临的挑战

**（一）交通运输科技创新水平仍然不高，引领国家科技创新能力提升仍需加强**

1.交通科技装备自主化存在明显短板

重要技术装备和关键核心部件受制于人，汽车、高铁、飞机等均面临国外"卡脖子"考验，在交通科技领域仍存在大量的跟跑领域，难以从自主创新的角度引领国家科技创新能力提升。我国的汽车、飞机甚至高速列车的核心零部件当前仍然依赖进口，部分领域国内技术与国际先进水平差距较大。在汽车装备方面，燃油汽车三大核心部件——发动机、底盘和变速箱，我国没有企业进入世界100强供应商名单，汽车核心部件严重依赖国外供应商。新能源和智能等新型汽车领域，与发达国家相比，我国核心技术尚存一定差距，部分关键核心技术受制于人。以车载芯片为例，我国芯片研发基础薄弱，国产率非常低，已经成为我国智能汽车产业发展的最大软肋。在高速列车装备方面，基础制动和信息控制等关键设备的部分零部件仍大范围使用国外品牌产品，尚未完全实现自主可控。以高铁刹车片为例，2019年我国自主品牌产量为56.3万片，外资品牌产量为241.2万片，外资品牌供应量占比超过八成。在飞机装备方面，全球大型民用飞机市场完全被空客和波音垄断，我国民用飞机项目仍处于起步阶段，C919、ARJ21等国产机型核心零部件高度依赖进

口。2019年,空客和波音约占全球民用飞机总交付量的85%,中国商飞占比仅为2.4%。特别是发动机等核心部件基本为进口,世界上能够独立研制高性能航空发动机的国家只有美、英、法、俄四国,主要的5个航空发动机设计生产商均来自这四个国家,分别是美国的通用电气、普惠,英国的罗罗,法国的斯奈克玛,以及俄罗斯的联合发动机制造集团公司。

2.交通运输智能化应用水平仍然不高

我国交通基础设施建设信息化、智能化水平仍需进一步提升。我国建筑信息模型(BIM)应用起步较晚,BIM技术标准体系尚不完善,对建设期间各施工环节的自动化监测与信息采集尚未普及,数据与BIM模型的结合和应用也还处于探索阶段,大数据、云计算等信息技术在交通基础设施汇总中的应用也需要持续加强研究。大量传统交通运输服务的信息化、智能化水平不高,数据共享共用水平较低,铁路与其他运输方式数据共享制约较大。先进技术的应用场景还需要进一步完善,基础设施数字化水平有待提升。交通运输专业设计软件水平不高,与施工装备的信息化、一体化结合程度不高。交通领域各信息系统各自为战、条块分割、信息共享时效性差等现象仍未完全消除。交通科技自主创新对催生经济发展新动能新优势等方面发挥的作用有待提高。交通管理和服务网络安全和数据安全还存在较大风险,交通运输领域个人数据和网络安全问题仍然较为突出。

## (二)交通绿色发展面临瓶颈制约,支撑国家低碳转型发展压力较大

1.绿色交通技术装备发展存在技术瓶颈制约

绿色交通工具经济性可靠性有待提升,对交通运输结构、能源结构

调整的支撑能力需要进一步提升，可持续交通发展水平仍然不高。绿色环保理念在设计方面的应用仍得不到普遍的重视，加重了生态环境的负担。在施工技术方面，虽然已经开始推行品质工程建设，但部分施工设备老旧、排放较大，影响了施工建设绿色化水平。建设工程机械清洁能源使用比例较低，机械设备的能源清洁化水平有待提升。在施工措施、施工工艺、施工标准与政策等方面还存在一定差距。建筑材料尚未达到绿色环保要求，基础设施废弃材料回收利用及建筑垃圾处理尚需加强。

运输装备的新能源和清洁能源替代是交通领域碳减排的重要手段。我国公路运输碳排放占全部交通运输领域总排放的80%以上，其中，公路货运碳排放占60%以上，碳排放问题尤为突出的是重型卡车，其碳排放占公路货运的比重超过85%以上。尽管近年来新能源小型乘用车、轻型物流车的技术逐步成熟，但重型卡车在短期内还缺乏成熟的能源替代方案。例如，公路领域，新能源重型货车在续驶里程、有效载重方面仍存在技术瓶颈。氢燃料船舶在技术装备研发、配套能源基础设施建设、安全风险防控、标准规范研究等方面尚处于起步阶段。

2.交通能源消费结构调整难度较大

结合当前形势和长远发展来看，交通运输行业碳排放达峰存在较大困难。一方面，运输需求总量不断增长，居民对于出行时间、舒适度等出行服务品质提升的需求越来越高，货运方式的调整往往会导致运输成本上升和经济性下降，碳排放总量控制难度很大，碳排放强度下降遭遇瓶颈。另一方面，新能源和清洁能源在交通运输行业的规模化应用程度仍然不高，在一定程度上依赖新能源装备技术取得突破性进展。若不实行积极、持续的减碳政策，交通运输领域的排放增速可能会高于其他终端用能行业，可能成为二氧化碳净排放最大的领域。

### 3.交通新能源技术装备应用存在基础设施短板

我国交通领域新能源基础设施仍然存在较大短板。例如，能源补充不便性已经成为目前电动汽车行业发展的最大掣肘，这主要表现为充电基础设施严重不足、等待和充电时间过长、充电设施建设分布不均。大量纯电动汽车车主不得不依赖公共充电基础设施，而新能源汽车保有量与公共充电桩的比例为6.1∶1。快速充电桩仅占公共充电桩总数的38.3%，并且新能源汽车保有量与公共快速充电桩的比例为15.9∶1。大城市的电动汽车充电桩主要分布的场所是公共地下停车场、住宅区以及办公区域的停车场所或者高速公路服务区，而人流、车流量较大的学校、医院等场所周边却存在充电桩严重不足、排队拥挤的问题。同时，氢燃料电池汽车加氢站的布局建设还处于起步阶段。

## 三、交通运输推动引领科技现代化与绿色转型发展总体思路

### （一）总体考虑

立足新发展阶段，贯彻新发展理念，构建新发展格局，推动高质量发展，深入实施创新驱动发展战略，推进交通科技自立自强，以科技创新发展驱动交通运输碳达峰碳中和。围绕服务国家重大战略，以完善交通运输科技创新体系为主线，推动新技术全面赋能交通运输，着力推进交通运输领域关键核心技术取得显著突破，实现先进交通科技广泛应用，推动我国节能减排取得实效，更好发挥交通运输在推动科技创新发

展和碳达峰碳中和领域的开路先锋作用,更好支撑我国社会主义现代化国家的建设。

### (二)基本原则

**1. 自立自强**

加快科技自立自强是畅通国内大循环、塑造我国在国际大循环中主动地位的关键。强化交通运输国家战略科技力量,增强自主创新能力,提升关键交通技术装备自主可控性。

**2. 服务战略**

服务国家经济社会发展大局,满足产业发展和人民生活迫切需要,支撑区域重大战略和区域协调发展战略,支撑先进生产力优化布局,有力保障国家安全需要。

**3. 重点突破**

坚持问题导向,突破"卡脖子"技术,突破目前受制于人的技术领域,聚焦"十四五"时期综合交通运输发展的目标任务,确定主攻方向,集中优势资源,突破一批关键技术瓶颈,带动交通运输科技发展迈上新台阶。

**4. 创新赋能**

布局建设一批具有前瞻性、战略性的国家科技基础设施,抢占事关长远和全局的科技战略制高点,为核心技术攻关和产业创新发展提供支撑。强化创新成果应用,提高信息化智能化赋能水平。

**5. 强化支撑**

遵循科技创新规律,创造有利于创新的良好可研生态,完善交通科技发展评价机制,优化交通科技资源要素配置,激发创新活力。引导交通运输创新要素集聚流动,构建跨区域创新网络。

### （三）发展目标

到2025年，交通运输技术装备研发应用取得显著突破，交通运输科技自主创新能力全面增强，基础设施、运输装备、运输服务、运营组织、交通治理等领域智能化水平大幅提升，在重点地区、重要领域达到世界先进水平，绿色交通科技取得突破性进展，交通工具和基础设施绿色化水平显著提升。

到2035年，创新驱动交通运输高质量发展动力强劲，交通科技实现高水平自立自强，交通科技发展总体处于全球先进水平，在部分领域对国际交通科技发展具有引领作用。绿色化基础设施全面应用，交通工具部分实现非化石能源替代，形成国际示范标杆。

## 四、交通运输推动引领科技现代化与绿色转型发展的重点任务

### （一）强化先进交通技术研发和应用，支撑国家创新驱动发展

1.服务国家重大战略

围绕支撑落实"一带一路"建设以及京津冀协同发展、长江经济带发展、粤港澳大湾区建设、长三角一体化发展、黄河流域生态环境保护和高质量发展等区域重大战略任务，突破国家重大战略通道建设技术瓶颈，提升区域综合交通网络智能化协同管控水平，构建形成数字化、网络化、智能化、绿色化的综合交通运输系统。要面向国家重大需求，深

入实施创新驱动发展战略，发挥交通运输重大应用场景牵引作用，推进新一代信息网络、智能建造、绿色清洁能源、资源高效利用和生态环保等技术加速应用，促进科技成果工程化、产业化，支撑和引领加快建设交通强国，服务科技强国、网络强国、数字中国、平安中国、美丽中国等建设。

2.强化行业核心技术研发

把科技创新摆在更加突出的核心地位，努力实现高水平科技自立自强。要面向世界科技前沿，加速推进人工智能、新材料、新能源、空天信息、海洋极地等领域前沿技术与交通运输深度融合，加快突破核心基础软件、高端控制芯片、发动机、核心零部件等关键核心技术。加强交通运输领域前瞻性、战略性技术研究储备。

---

**专栏2-1 发展高速磁浮与核心技术的突破**

发展高速磁浮需要突破一系列的技术瓶颈和工程难关，攻克速度提升、复杂环境适应性、核心系统国产化等难题，推动系统集成、车辆、牵引供电、运控通信、线路轨道等成套工程化技术取得重大突破，还要攻克轨抱车安全结构技术、大载重高温超导磁悬浮技术、长定子永磁同步直线电机、全碳纤维轻量化车体、低阻力头型、电涡流制动与安全导向一体化等新技术和新工艺。

高速磁悬浮的溢出效应非常明显，比如我国航空母舰上的电磁弹射技术就和我国高速磁悬浮牵引技术关联度非常大，通过军民融合可以将高速磁悬浮的优势产品和技术应用于军事领域，有效推动相关军事技术领域的进步。高速磁悬浮将对我国材料技术、动力技术、基础设施建设等产生直接而广泛的推动技术，由此产生的新材

> 料、动力模式、基建技术能够广泛应用于经济社会的各个方面，带动我国相关领域科技创新取得系统性的进步。
>
> 高速磁悬浮是我国地面上运动最快的技术装备，对于相关信息通信技术的可靠性、抗干扰性、准确性提出了更高要求，其研究成果可以广泛应用于人工智能、通信技术、数据处理等技术研发和验证过程中。

### 3.加强科技成果转化应用

完善政府、企业、高校、科研院所和社会资本多方协同的交通运输科技投入体系。完善促进科技成果转化政策，依法健全职务科技成果产权制度，探索赋予科研人员职务科技成果所有权和长期使用权。培育专业技术转移机构和人才，建设科技成果中试及产业化载体，构建依托职业资格的技术知识传播体系。推动交通运输领域首台（套）产品购置使用按规定享受税收抵免、固定资产加速折旧等税收优惠政策。支持高校、科研院所推动成果转化与创业有机结合，培育科技创业企业。完善科技成果转化反馈评估机制，构建科技成果转化绩效评价体系。

## （二）推动技术装备自主性水平，引领科技发展高水平自立自强

### 1.突破重大交通科技瓶颈

推动新能源汽车和智能网联汽车研发，突破高效安全纯电驱动、燃料电池与整车设计、车载智能感知与控制等关键技术及设备。推动新能源清洁能源船舶、智能船舶、大中型邮轮、极地航行船舶等自主设计建造及现代化导航助航设备研发，突破船载智能感知与控制关键技术及设备。推动时速400千米级高速轮轨客运列车研发，实现3万吨级重载列车、时速250千米级高速轮轨货运列车重大突破，开展时速600千米级高

速磁悬浮研制和试验。加快大型民用飞机、重型直升机、智能化通用航空器等研发，推动完善民用飞机产品谱系化，研发新一代超音速民航客机。推动智能集装箱、智能循环周转箱、快速换装转运设备等新型载运单元研发。

### 专栏2-2　美国Boom Supersonic超音速民航客机

2022年，美国科罗拉多的Boom Supersonic公司开发的新型环保客机"序列号"（Overture）公开设计并成立超级工厂，给超音速飞行历史带来新的改变。"序列号"经过2600万小时的设计和测试，将使用100%可持续航空燃料（SAF），以1.7马赫的速度在海洋上空飞行，搭载68~80名乘客，穿梭飞行近5000英里。"序列号"飞机将于2024年投入生产，2026年首航，2029年投入商业运营。

Boom"序列号"超音速飞机将比"协和式"超音速客机的飞行噪音更低、更加低碳节能。由于没有补燃器和嗡嗡声响的发动机，"序列号"超音速飞机将使用世界上第一个自动降噪系统，在起飞、飞越陆地和着陆时不会比其他现在正服役的客机发出更大噪音，较小的发动机也将降低推力的要求，推力越低，飞机跑得越安静。"序列号"将在海上以超音速飞行，在陆地上则以0.94马赫的速度飞行，减少对机场周围的社区带来困扰。

Boom计划2025年之前实现净零碳排放，因此新客机采用了环保设计，飞机机身前部直径较大，后部直径较小，从而在以超音速巡航时最大限度地减少阻力并最大限度地提高燃油效率。海鸥式机翼将使空气在飞机周围和上方顺畅流动，增强飞机的飞行能力，同时能在低速下保持高效率。整体优化的设计也让飞机能以较慢的速度

> 起飞和降落，保证更高的安全性。"序列号"大部分结构都采用了更轻、更强且热稳定的碳复合材料，飞机飞行将使用100%可持续的航空燃料，降低对环境污染。
>
> 目前，美国联合航空公司已经订购了15架飞机，日本航空公司早在2017年就向Boom投资了1000万美元，并可选择购买多达20架飞机。一家美国军事技术公司也参与研究，开发该飞机军用版本。

### 2.提升交通装备关键技术自主化水平

创建自主式交通系统技术体系，研究系统数字化、全息感知、互操作、交通计算、自主运行等共性技术。围绕促进我国交通装备运行智能化、动力清洁化、结构轻量化以及核心基础零部件自立自强，实施交通运输关键核心技术攻关，加快关键专用保障装备和新型载运工具研发升级，打造中国交通装备关键核心技术和标准体系。加快载运装备技术升级。强化汽车、民用飞行器、船舶等装备动力传动系统攻关，突破高效率、大推力/大功率发动机关键技术，研发大功率船舶涡轮增压器、车规级芯片等核心零部件，推广应用智能交通装备的认证、检测监测和运维技术。

### 3.加速新一代信息技术与交通运输融合

促进新一代信息技术与交通运输融合发展创新、促进先进制造技术与交通运输融合发展创新、促进安全绿色技术与交通运输融合发展创新。加快新一代信息技术在交通运输公共服务、交通运输监测预警、综合应急指挥和监管、交通运输舆情主动响应、驾驶培训等领域应用。促进道路自动驾驶技术研发与应用，突破融合感知、车路信息交互、高精度时空服务、智能计算平台、感知-决策-控制功能在线进化等技术，推动自动驾驶、辅助驾驶在道路货运、城市配送、城市公交中的推广应用。加强智能航运技术创新，攻克船舶环境感知与智能航行、船岸通信、智能航运测试评估、智能管控等技术及标准，推进基于区块链的全球航运服务网络应用。研发智能铁路技术，开展新一代列控与铁路专用移动通信技术研究，研发下一代列车运行控制系统，探索适应于超高速、多栖化导向运输系统的调度指挥系统。发展智慧民航技术，突破有人/无人驾驶航空器融合运行、民航运行多要素透彻感知、宽带移动通信、空地泛在互联、智能融合应用等新一代智慧民航技术。

### （三）加强托底性系统技术风险防控，筑牢国家安全发展基石

1.提高各类风险应对能力

强化交通运输监测体系和预报能力建设，完善灾害预警发布机制，提升预警时效性和覆盖范围，持续优化应急预案，提升风险防范能力，避免小概率、小范围、节点性问题向全路网蔓延。科学提升交通基础设施和管理服务系统的抗毁性、自恢复性和冗余性，有序开展重点信息系统容灾备份系统建设，确保在自然灾害和人为灾害情况下，系统仍维持正常运转。补齐线下服务和管理手段短板，确保在非智能化、非联网条件下，交通运输系统仍具备稳定运行能力。

2.加强信息安全保障

建立交通运输行业信息安全协调机制，加强网络安全风险评估、隐患排查，编制信息安全规划。重点加强交通运输信息网络枢纽和数据中心等关键设施的可靠性保障，规范数据交易，提高主动预警和防御能力。做好重大活动和突发事件信息安全保障，降低突发事件对交通运输基础设施和网络运行的影响。在交通运输领域全面严格执行《网络安全审查办法》《个人信息保护法》。

## （四）强化绿色交通科技创新研发，带动我国绿色科技世界领先

### 1.加强绿色交通工具的研发推广

强化新能源汽车集成技术创新。以纯电动汽车、插电式混合动力（含增程式）汽车、燃料电池汽车为重点，布局整车技术创新链。研发新一代模块化高性能整车平台，攻关纯电动汽车底盘一体化设计、多能源动力系统集成技术，突破整车智能能量管理控制、轻量化、低摩阻等共性节能技术，提升电池管理、充电连接、结构设计等安全技术水平，提高新能源汽车整车综合性能。推进绿色氢能等低碳前沿技术攻关，有序推进在城市公共交通车辆、重载货运车辆中的示范应用。探索小型核动力船舶在民用船舶中的研发与应用。加快纯电动飞机、核能飞机等运输航空器科技攻关。

### 2.提升基础设施绿色节能水平

将绿色低碳理念贯穿交通基础设施规划、建设、运营和维护全过程，完善维护管理体制和老旧设施更新机制，降低全生命周期能耗与碳排放。推广应用节能环保材料、清洁能源和降碳脱碳技术，推动废旧路面、沥青、疏浚土等材料以及建筑垃圾投资资源化利用。开展交通基础设施生态化提升改造，引导有条件的港口开展陆域、水域生态修复，建设绿色交通廊道，增强碳汇能力。

## （五）推广发展绿色低碳交通方式，助推全社会绿色低碳转型

### 1.加强运输结构转换

精准补齐大型港口、物流园区、工矿企业铁路专用线短板，优化升级铁路集疏运体系，提升"门到门"服务质量，加快推动提留货运追踪

监测系统建设和信息共享，推动各铁路局集团公司自主灵活调整铁路货运价格，提高铁路货运市场份额。持续推进公路超载超限治理，取缔非法改装车辆。加快专业化、规模化内河港口建设，推进长江、西江等内河航道提标改造，大力推广三峡船型、江海直达船型和节能环保船型，加快形成江海直达、江海联运有机衔接的江海运输物流体系，提高江海直达、江海联运运输规模。

2.积极引导低碳出行

推进公交都市建设，构建以城市轨道交通为骨干、常规公交为主体的城市公共交通系统，因地制宜构建快速公交、微循环公交等城市公交服务系统，积极发展定制公交，提高公共交通运营可靠性和服务多样性。开展绿色出行创建行动，加强城市步行和自行车等慢行交通系统和配套设施建设，提高非机动车道的连续性和通畅性，改善行人过街设施条件，建立绿色出行奖励制度，引导公众主动选择低碳交通方式。

# 五、交通运输推动引领科技现代化与绿色转型发展的政策建议

## （一）加强政策支撑

强化交通运输科技发展的统筹协调。强化组织领导，建立健全部门协同、部省联动、政企合作的协同推进机制，深化交通和科技发展协同，完善交通运输技术创新联席会议制度。充分调动各类科技资源，协同推进规划实施。

## （二）优化发展环境

培育交通科技创新生态圈。促进政产学研用在交通运输领域深度融合。鼓励优势企业整合交通科技产业链资源，通过开放数据、开放平台、开放场景，培育交通科技产业生态圈，建设交通科技产业孵化基地。强化行业重点科研平台建设，推进重点实验室、技术创新中心等建设，培育国家级科技创新基地。

## （三）强化要素保障

争取中央财政科技研发资金支持，加强中央政府对科技基础设施的支持力度，推动设立交通领域国家基础研究联合基金，加大工程建设项目研究试验费对科技研发和成果推广的支持力度，积极争取财政资金支持交通运输基础性、长期性、公益性科技工作，鼓励企业建立科技投入稳定增长机制，强化科技金融创新，完善多元化投入机制。

## （四）加强国际合作

加强科技创新国际交流合作。加强与主要创新型国家开展先进技术的联合研发，拓展与发展中国家在优势技术、方案、标准等方面的合作空间，加强与重要国际科技组织合作。支持企业和机构参与或主导国际组织事务框架下的规则、标准制修订。推动实施交通运输"一带一路"科技创新行动计划。研究推动成立交通运输国际科技合作组织，支持鼓励国内交通运输领域科研机构和企业在海外设立研发中心。

## (五)培育高水平科技人才

培育高水平科技人才队伍。创新人才培养、使用和评价激励机制,深入实施交通运输科技创新人才推进计划,培养一批具有国际水平的战略科技人才、科技领军人才、青年科技人才和创新团队。优化高校前沿交叉学科布局,推动科学研究人才、高端智库人才、技能型人才协同发展。按规定推动科研院所和高校实施人员编制备案制,促进科技人才有序合理流动。建立健全以创新能力、质量、贡献为导向的科技人才分类评价体系及多样化分配机制,优化人才发展环境。

(执笔人:陈晓博)

# 参考文献

陆化普.交通运输科技发展展望[M].北京:人民交通出版社,2022:208.

吴文化.中国交通2050:愿景与战略[M].北京:中国铁道出版社,2017:101.

褚春超.新时期交通运输科技创新发展战略[M].北京:人民交通出版社,2020:205.

智能交通:影响人类未来10~40年的重大变革.[M].北京:人民出版社,2021:122.

# 专题报告三 交通运输支撑保障区域城乡协调发展研究

# 交通运输支撑保障区域与城乡协调发展的现状及问题

**内容摘要**：区域发展不平衡、城乡发展差距较大的问题已经成为当前及未来我国经济社会发展的重要掣肘。长期以来，交通运输在支撑保障区域城乡协调发展方面已经取得了较为突出的成就，对缩小区域城乡发展差距起到了积极的促进作用，但仍然存在基础设施网络空间布局有待进一步完善、设施系统结构仍需进一步优化提升、体制机制亟须深化改革创新等方面的问题。从交通运输支撑保障区域城乡协调发展的未来形势来看，一是要充分发挥对共同富裕、经济带建设、统筹内外开发开放和乡村振兴等重大战略的促进和支撑作用；二是从区域发展层面看，交通运输要强化区域经济增长极的引领辐射作用，增强对落后区域和弱势地区交通运输发展的支持；三是从城乡发展层面看，交通运输要有力支撑城市群和都市圈成为主体形态，以城乡交通一体化促进城乡统筹发展；四是交通运输自身还应适应跨行政区域的协同发展规划。本报告基于对未来的形势研判，研究提出交通运输对区域城乡协调发展发挥支撑保障作用，应满足一致性、网络化、高速化、协调性等方面的要求。在此基础上结合目前存在问题，提出以下重点任务：一是加快完善综合运输网络，优化区域城乡经济格局；二是提高交通运输服务水平，促进要素流动和高效集聚；三是推动交通产业融合发展，提升区域城乡承载能力；四是加快体制机制创新，构建高质量发展动力系统。最后，研究提出相关政策措施建议，为交通运输对区域城乡协调发展更好地发挥支撑保障作用奠定基础。

# 一、交通运输支撑保障区域城乡协调发展的现状及问题

## （一）区域城乡协调发展存在的问题及主要原因

1.我国区域发展不平衡问题仍然突出

改革开放40多年，中国经济快速发展，社会生产力水平大大提高，已经成为世界第二大经济体，社会生产力发展水平达到了一定的高度。但是，区域发展仍存在着诸多不平衡，这些都成为当前及未来中国经济社会发展的重要掣肘。进入新时代，中国区域发展不平衡问题表现在以下几个方面。

（1）区域发展差距趋于收敛但发展不平衡问题仍突出。自21世纪中国区域协调发展战略实施以来，中国经济增长呈现出"西快东慢"的新特征，中西部地区的经济发展速度显著提高，中西部的GDP占比明显提高，而且人均收入水平与东部地区的差距明显缩小，从总体来看，中国区域发展差距呈现收敛态势。但是，与发达国家横向比较，中国的区域差距仍较大，尤其是省份间分化严重，有些省份长期增长乏力，老工业基地衰退严重，区域协调发展新机制仍有待构建。总体而言，中国区域差距的缩小不仅与四大板块间的差距缩小有关，而且与四大板块内部差距缩小有关，尤其是与东部地区内部差距收敛的相关性最大。受区域发展总体战略实施的影响，四大板块间的差距趋于收敛，不过各大板块内部差距缩小的程度和原因各不相同。

（2）不同区域人均GDP差距仍然较大。受中国区域协调发展战略的影响，中国地区间的经济发展不平衡问题得到一定程度的改善，经济发展协调性不断增强。从2006年全国各省份的人均GDP数据来看，人均GDP最高的上海为62041元，最低的贵州为7878元，排名第一的地区（上海）是排名最后地区（贵州）的7.8倍。从2021年全国各省份的人均GDP数据来看，人均GDP最高的是北京，为183980元，最低的是甘肃省，为41046元，最高的北京是最低的甘肃省的4.48倍。这说明总体而言全国经济发展的相对差距正在逐步缩小。但是，与发达国家横向比较还存在一定差距，以美国为例，美国人均GDP最高的（阿拉斯加，排除华盛顿特区）是最低的州（密西西比）的2倍，显而易见，中国经济发展的省域间差距依然偏大。

（3）不同区域工业化进程极不平衡。工业化发展阶段是衡量一个国家或地区经济整体发展水平的重要指标。改革开放40多年，总体上中国的工业化进程已经由初期阶段快速发展进入了工业化后期阶段，但是工业化进程在不同地区发展极不平衡，总体上呈现出东部、中部和西部地区逐步降低的梯度差距。按照中国社会科学院工业经济研究所的工业化进程指标测算方法，截至2015年，上海、北京、天津三个直辖市已经进入到了后工业化阶段，接近发达国家的经济发展水平，其他东部大部分省份如广东、浙江、江苏、山东等省迈入了工业化后期阶段；但是，大部分的中西部省份如山西、内蒙古等10个省份，仍处于工业化中期阶段，河南、贵州等10省份处于工业化初期，西藏尚处于前工业化阶段，全国各省份的工业化进程的差异性说明了当前中国经济社会发展区域间极不平衡的问题。

（4）新兴产业在不同区域分布极不均衡。当前世界进入了新一轮科技革命浪潮，以德国工业4.0为代表的新兴产业不断涌现，电子商务、数字经济、大数据、云计算等新科技、新业态、新模式层出不穷。从区域分布来看,新兴产业的区域产业空间分布也极不均衡。处于创新引领的东部沿海地区,如深圳、上海、杭州等地区的数字经济、互联网产业兴旺发达,而中西部地区普遍还处在传统和低端产业的发展阶段。以电子商务行业为例,根据阿里研究院数据统计,2016年全国总计1311个淘宝村分布在18个省份,从区域分布看,东北地区仅有5个淘宝村,占比只有0.38%,中西部地区有25个淘宝村,占比也仅达到1.9%,其余97.71%占比的淘宝村都分布在东部地区。可见,新兴产业的空间分布呈现明显的非均衡性。

**2.我国城乡发展差距仍然较大**

当前中国的城镇化稳步推进,2021年城镇化率达64.72%。与此同时,中国政府通过推出一系列惠农政策,建设社会主义新农村、建设美丽乡村、乡村振兴战略等大大改善了农村的生产生活条件,农村的经济社会发展得到显著提高,农民的收入显著提高,城乡的相对差距有所缩小。但城乡之间在很多方面还存在着不小的差距,比如城乡收入、城乡消费、城乡公共资源配置、城乡社会保障制度、人均社会福利支出等方面都存在较大的差距。具体如下。

(1)城乡居民收入差距倍数缩小,绝对差距仍偏大。比较2000—2021年城镇居民家庭人均可支配收入与农村居民家庭人均纯收入发现,2000年城镇居民收入是农村居民收入的2.8倍,随后两者的差距有所扩大,到2007年城镇居民收入是农村居民收入的3.3倍,这一比例在2021年下降到2.5倍。与此同时,从近10年的城乡收入相对和绝对差距来看,2005年农村居民可支配收入为3254元,城镇居民可支配收入为10493元;到了2021年,农村居民可支配收入为18931元,城镇居民可支配收入为47412元。从相对差距来看,从2005年的3.3倍缩小到2021年的2.5倍,但是从绝对差距来看，已经从7238元扩大到了28481元。

（2）城乡居民消费差距逐渐收敛，绝对差距仍较大。根据2000—2021年中国城乡居民恩格尔系数显示，农村居民恩格尔系数从2000年的50%下降到2017年的32.7%，城镇居民恩格尔系数从2000年的40%下降到2021年的28.6%，农村居民恩格尔系数与城镇居民恩格尔系数的差值从10%收窄到4.1%。不过，2021年城镇居民人均消费支出30307元，农村居民人均消费支出15916元，两者差距扩大到14391元，绝对差距略有增加。

（3）城乡公共资源配置差距较大。改革开放以来实施农村综合改革，彻底废除了农村税费制度，确定城乡一体的公共财政制度，加大农村地区的财政转移支付力度，实施了一系列的资源向农村地区倾向的政策。比如，加大对农业生产的直接补贴，强化农村水、电、路、气等基础设施建设，建立农村义务教育经费保障机制，全面建立和完善新型农村合作医疗制度和农村最低生活保障制度，在统筹城乡经济社会发展方面取得了重大的成就。但是，农村公共资源覆盖面的广度与城市差距不小。目前，城镇居民和农村居民仍分属不同的社会群体，城乡二元结构问题突出，城镇与农村居民在教育、就业、医疗、社会保障等方面仍存在不平等的待遇问题。大城市凭借强大的产业、人口吸附力集聚了优质的教育、医疗资源，政府又不断强化城市公共资源的投入和供给，进一步提高了城市的吸附能力；而农村空间分布较散，人口集聚不足，公共资源的投入效率低下，政府投入动力不足。由此造成城乡公共资源配置仍存差距，而农村落后的公共资源是制约其发展的一块短板。

（4）城乡社会保障制度差距较大。客观上中国城乡分割的二元结构社会，造成了城乡社会保障制度性差异。城乡社会保障制度的差距具体表现为几个方面：一是城乡二元经济结构，导致城乡社会保障制度的差异较大，城镇社会保障制度健全，农村社会保障制度普遍缺失。城镇居民拥有完善的"五险一金"制度，还有低保、特困户基本救助和优抚安置项目，社会保障体系完善；农村地区养老、合作医疗仍未完全建立，社保项目的覆盖面窄，市场化程度低。二是城乡社会保障水平差距大，城乡劳动者的保障待遇水平不一，进城打工的农民工无法享受城市的公共资源，仍受歧视，无法分享城市化红利。三是城乡社保基金筹集方式不公平，农村社会保障基金筹资困难，无法保障农村居民。

3.区域城乡发展不平衡不协调的主要原因

（1）资源禀赋差异是区域发展不平衡的首要因素。从现实来看，自然资源、技术、人力资本等资源禀赋的差异是造成我国区域发展不平衡不充分的客观因素。东部沿海地区的地理区位条件好、人力资本富集、科技发达，广大的西部地区自然资源相对丰富，但是交通条件差、开放程度低、市场发育落后、产业发展落后，不同地带间形成了各具特色的产业体系与经济发展格局。由于资源禀赋的非均质，资源所处的空间决定了不同区域间的不平衡发展，这种区域间的不平衡发展过程又导致了不同区域间产业发展结果的不平衡，进一步加剧了区域间的不平衡。因此，资源禀赋的差异是区域间发展不平衡的首要原因。

（2）自然地理条件是区域发展不平衡的客观条件。自然地理条件是造成区域发展不平衡的客观因素。中国地势西高东低，呈阶梯状分布，这种自然地理的客观分布是造成经济差异的客观基础。以有关中国人口地理空间分布的"胡焕庸线"为例，它揭示了中国人口密度分布的东南和西北异突变线，第一次明确了中国人口的空间分布特征，也指明了背后存在的自然条件及经济活动的空间差异，充分体现了地理学的综合性、区域差异以及空间布局研究的特色。"胡焕庸线"的形成有其背后的客观条件，受到了某种自然规律制约或资源环境限制，而社会经济发展水平可能只是进一步强化了这种基本地理格局。

（3）空间与产业的耦合因素是区域发展不平衡的产业因素。中国区域发展不平衡的变化有空间与产业两个方面的成因，而且，空间与产业间的耦合作用也是导致区域差距的原因之一。从空间成因来看，四大区域间发展不平衡是导致中国区域发展不平衡的最主要原因，四大区域内发展不平衡的作用居于次要地位。从产业方面来看，工业对中国区域发展不平衡的贡献最大，其贡献率大于46%，远高于其他产业。其他服务业、批发零售及住宿餐饮业、金融业对中国区域发展不平衡的贡献分别位居第二、第三和第四位。房地产业对中国区域发展不平衡的贡献略有增大，交通运输及邮电业的贡献则不断减小。建筑业和农业对中国区域发展不平衡的贡献小。除了程度上的差异，各产业对于区域间不平衡、区域内不平衡的贡献总体上与其对中国区域发展不平衡的贡献格局相似，而且对区域间不平衡的贡献均大于对区域内不平衡的贡献。从空间成因与产业成因的耦合来看，四大区域之间的产业发展差异是导致中国区域发展不平衡的主要原因，其贡献率超过了61%；四大区域内部的产业发展差异则是次要原因，其贡献率小于39%。这一点与空间成因是相吻合的。就区域内不平衡而言，东部地区的产业发展差异对区域内不平衡的贡献最大。虽然其贡献率比例在下降，但是仍远高于其他三个区域。中部地区、西部地区和东北地区内部的产业发展差异对区域内不平衡的贡献率较小，但均呈现出增大的趋势，尤以西部地区的贡献率增幅最大。

## （二）交通运输支撑保障区域城乡协调发展的现状

1.联通区域城乡的交通基础设施网络基本成型

党的十八大以来，我国综合交通设施网络总里程新增约100万千米，多向连通的"十纵十横"综合运输通道加快建设，有力支撑了国土空间开发格局。"十三五"期间，铁路运营里程新增2.5万千米，达到14.6万千米，其中高速铁路里程3.8万千米，"四纵四横"高速铁路主骨架全面建成，"八纵八横"高速铁路主通道和普速干线铁路加快建设，重点区域城际铁路快速推进。公路通车里程新增52万千米，达到510万千米，其中高速公路15.5万千米，"71118"国家高速公路网骨架基本建成，农村公路超过420万千米，以县城为中心、乡镇为节点、村组为网点的农村公路交通网络初步形成。民航新建、迁建运输机场43个，数量达到241个，新增航路航线263条，全国航路航线总里程达到23.7万千米，一批国际、区域性枢纽机场功能不断增强，干支机场航线网络进一步优化。

2.区域城乡交通基础设施覆盖程度稳步提升

党的十八大以来，交通基础设施特别是以高速铁路、高速公路、民航等为主体的快速交通网的覆盖通达程度进一步提升，极大压缩了区域间的时空距离，推动了区域经济发展空间结构的调整和转变，促进了以城市群为主体形态的新型城镇化发展。截至2020年，铁路基本覆盖20万及以上人口城市，高速铁路对100万及以上人口城市的覆盖率达到95%，公路覆盖98.6%的20万人口以上的城市和地级行政中心，航空运输服务覆盖全国92%的地级行政单元、88%的人口、93%的经济总量。此外，农村地区设施覆盖率也大幅提升，所有具备条件的乡镇和建制村实现通硬化路，全国县、乡、村三级物流节点覆盖率分别达到67%、65%、43%，具备条件的建制村、镇农村物流服务覆盖率达到96%。

3.区域城乡交通基础设施发展差距逐渐缩小

党的十八大以来，国家持续加大对中西部地区、老少边穷地区、特殊贫困地区等交通基础设施发展相对薄弱地区的建设投入，有力改善了这些地区的设施通达条件，进一步缩小了区域间基础设施发展的若干差距。"十三五"期间,中西部地区铁路新增里程1.3万千米,占比超50%,达到9万千米。西部地区高速公路、民航运输机场新增设施规模数量连续多年占比分别超过40%、50%,贵州、宁夏、陕西等省份实现"县县通高速"。全国投入超过9500亿元车辆购置税资金支持贫困地区公路项目建设,5年新改建农村公路超过140万千米。2016—2019年,14个集中连片特困地区、革命老区、少数民族地区、边疆地区新增铁路里程1.6万千米,占同期全国铁路投产里程的82.6%,其中新增高铁1.3万千米,占同期全国高铁投产里程的81%。

4.城乡交通一体化发展加快推进

党的十八大以来,随着新型城镇化的快速发展,以及脱贫攻坚、乡村振兴等主要工作的深入推进,城乡间设施一体化程度显著提高,城市与农村地区的交流更加紧密。"十三五"期间,城乡接合部道路加快畅通延伸,城乡路网衔接性逐步提升,部分地区城市公交停靠站向农村客运班线车辆开放共享,极大改善了农民群众出行条件。农村客运场站三级体系基本建成,具备客货一体化功能的场站设施占比超过80%,交通、邮政、社区、医疗、物流信息交换等公共性服务窗口逐步进驻客运站场,为农村居民提供了综合性多样化服务。城乡物流专业化站场出现雏形,多数县级城乡物流节点已实现干线运输与县域内分拨配送的有效衔接,服务农副产品的具备电商、专业配送、冷链配送等功能的物流园快速发展,"城货下乡、山货进城、电商进村、快递入户"的双向物流服务进一步打通。

5.区域城乡交通运输服务能力持续增强

党的十八大以来,我国基础设施服务保障能力进一步增强,运输能力总体上实现了由"相对制约"到"基本适应"国民经济和社会发展需要的历史性转变。"十三五"期间,铁路旅客出行更加便捷,动车组列车承担旅客运量比重达到65%,重点物资运输得到有力保障,运输安全持续稳定,高铁运营安全世界领先。超过99%的乡镇和建制村通客车,农村"出行难"成为历史。农村交通基础设施安全条件明显改善,安全事故稳中有降。全国高速公路29个联网省份的487个省界收费站全部取消,高速公路客车ETC使用率超过70%,货车ETC使用率超过50%,通行效率大幅提升。机场新增设计容量约4亿人次,总容量达14亿人次,民航机队规模达6747架,航班正常率超过80%。

### (三)交通运输支撑保障区域城乡协调发展中存在的问题

#### 1.区域城乡交通基础设施网络空间布局有待进一步完善

一是支撑国土空间开发和区域协调发展的骨干网络尚未完全贯通,比如铁路、高速公路、油气管网等设施还有相当数量的骨干通道需要建设,特别是跨区域空间跨功能层级的接合部有待联通,部分地区和部分区段存在运输能力瓶颈。二是事关国家总体安全与发展的战略性通道仍有待强化,比如进出疆、出入藏的通道格局还相对单一,不足以满足当前及未来一个时期快速增长的客货运输需求,也不利于支撑向西开放战略及稳疆固藏的发展要求,西北和西南片区间南北纵向通道的联系也有待加强。三是集中承载新时期国家重大区域发展战略的城镇化发达地区特别是都市圈、城市群形态逐步显现的地区,设施发展面临提档升级需求大、土地空间局限大等方面的矛盾,比如新建设施可利用的通道资源日渐紧缺,土地综合开发供需矛盾突出。四是中西部等经济欠发达地区特别是"老少边穷"地区的设施覆盖范围和服务可靠性仍待提升,比如边境地区"通边、沿边、抵边"设施网络覆盖通达程度不足,农村公路以四级公路和等外公路为主,安全防护等设施普遍缺乏,防灾抗灾能力薄弱,加之与周边干线公路和县城连接不畅,尚不能满足旅游、特色农产品、矿产等资源产品开发需求。

**2.区域城乡交通基础设施系统结构仍需进一步优化提升**

一是设施网络层次不清晰，功能结构待完善，比如区际、城际、市域（郊）、城市等层次的轨道交通缺乏功能的清晰界定和有效衔接，普通国道和国家高速公路之间的衔接协调不够，枢纽、干线、支线、通用航空等层次的民航机场功能结构待完善。二是设施等级结构不够匹配，比如西部地区高等级公路占比仍相对偏低，大量普通国省干线亟待更新改造，一些铁路客运通道不同区段的技术等级差别过大，高速信息网络占比相对偏低。三是点线能力和效率配合不充分，通道、线路型设施建设相对较快，枢纽、场站等设施发展较弱，综合性的枢纽衔接设施则更为滞后，比如综合交通枢纽换乘效率普遍较低。四是存量设施利用和新建设施间的关系不够协调，比如一些地区的存量设施尚未充分挖潜利用，就开始新建设施，一定程度上造成资源浪费和效率损失。

**3.交通运输体制机制亟须深化改革创新**

一是跨行政区域的综合交通规划体制机制，尚不适应区域经济发展格局转变对基础设施布局建设的精准化和协同化要求，比如部分地区和部分行业还存在着市场开放程度较低、公平准入困难、区域垄断特征显现等问题，"断头路""前后一公里""信息孤岛""数字鸿沟"等现象仍比较多见。二是基础设施规划、设计、建设、运营及维护等环节，缺乏有利于基础设施整体功能发挥的统筹衔接和资金合理运用，不仅积累了大量隐性债务，而且基础设施投资的风险也在加大。三是欠发达地区财政自给率、基础设施项目收益率均普遍较低，投融资压力巨大，各类资金统筹利用机制仍待完善。四是项目规划建设体制仍需优化，部分地区交通基础设施发展方向及重点不突出，建设规模过于集中，建设节奏过快，使得一些可以缓建的设施挤占优先发展项目的资源，降低了投资效益。

## 二、交通运输支撑保障区域城乡协调发展形势研判

### （一）充分发挥交通运输对共同富裕的促进作用

共同富裕是社会主义的本质要求，是中国式现代化的重要特征，要坚持以人民为中心的发展思想，在高质量发展中促进共同富裕。交通运输是国民经济的基础性、先导性、战略性产业，是推动经济社会高质量发展的重要因素和关键性变量，是实现共同富裕的"加速器""推进器"。因此，必须要在准确理解共同富裕科学内涵与实现路径的基础上，把握交通运输促进共同富裕的着力点，系统谋划交通运输促进共同富裕的关键思路，提出更加精准的交通运输发展任务，推动交通运输在实现全体人民共同富裕的道路上做好支撑、当好"先行官"。

### （二）加强交通运输对经济带建设以及统筹内外开发开放战略的支撑

未来区域经济发展政策要求统筹东中西、协调南北方的经济带，比如贯通东中西的长江经济带、贯通东西的珠江-西江经济带、哈大齐工业走廊。区域协调发展与扩大开放相结合，协同推动沿海、内陆、沿边开放。这就要求交通基础设施建设要加强对长江经济带建设和"一带一路"建设、粤港澳大湾区、长三角一体化等国家战略的支撑，加强沿长江交通基础设施建设、长江水运发展和周边互联互通基础设施建设。

## （三）持续加强交通运输在乡村振兴战略中的支撑作用

党的十九大报告提出实施乡村振兴战略，并把这一战略列为决胜全面建成小康社会、开启全面建设社会主义现代化国家新征程的"七大战略"之一。2021年6月，交通运输部发布《关于巩固拓展交通运输脱贫攻坚成果全面推进乡村振兴的实施意见》，从建管养运等方面提出了到2025年农村交通发展的具体目标。到2025年，交通脱贫攻坚成果进一步巩固拓展，农村地区交通基础设施能力、交通运输服务品质进一步提升，高质量发展体系进一步完善，脱贫攻坚与乡村振兴的工作机制、政策制度平稳过渡、有效衔接，交通运输支撑和保障乡村全面振兴成效显著、作用充分发挥。交通建设是乡村振兴的基础性、先导性、战略性和服务型行业，在繁荣农村经济、促进农业产业发展、提高农民生活水平方面起着十分重要的作用。

## （四）强化交通运输支撑区域经济增长极的引领辐射作用

自国务院批复设立上海自由贸易试验区以来，在金融、贸易、投资、通关等领域先行先试，已经形成一系列可推广、可复制的经验模式，并率先在长江沿线城市推广。另外，国务院相继批准设立前海深港现代服务业合作区、青岛西海岸新区、大连金普新区、陕西西咸新区、贵州贵安新区等一批重要的国家级新区，分布在东西部不同发展水平的区域，目的是在这些点上通过集中政策资源和项目资金投入，加快培育壮大一批区域经济增长极，发挥对周边区域的辐射带动和引领示范作用。因此，未来交通基础设施建设要强化支撑区域经济增长极的引领辐射作用，加强区域增长极之间、区域增长极至辐射范围内各节点城市的交通基础设施建设，不断提高经济增长极与各区域之间的互联互通程度，更好发挥经济带动作用。

## （五）增强对落后区域和弱势地区交通运输发展的支持

从中央相关部门到地方都高度关注区域经济发展中发展较为落后的区域，并保持对弱势地区的连续性扶持。国务院专门出台全国老工业基地调整改造、资源型城市可持续发展、城区老工业区搬迁改造、独立工矿区改造搬迁等方面的规划、意见和试点，继续加大对这些问题区域的财政投入，有针对性解决问题区域存在的产业结构老化、下岗失业人员多、生态环境欠账大等突出问题，有助于缓解收入差距扩大和社会矛盾激化。同时，继续加大对贫困地区、民族地区、革命老区等弱势地区的扶持，相继出台集中连片特殊困难地区扶贫攻坚、四省份藏族同胞聚居区、新疆等民族地区、赣南等中央苏区、广西左右江革命老区等规划或者指导意见，致力于逐步缩小区域发展差距、推进区域基本公共服务均等化，实现区域协调均衡发展的良好格局。未来交通基础设施建设需要进一步加强对落后区域和弱势地区的支持。

## （六）交通运输有力支撑城市群和都市圈成为主体形态

未来城市群集聚经济、人口能力将明显增强，东部地区城市群一体化水平和国际竞争力明显提高，中西部地区城市群成为推动区域协调发展的新的重要增长极。城市规模结构更加完善，中心城市辐射带动作用更加突出，并引起城市区域化，中小城市数量增加，小城镇服务功能增强。因此要求交通基础设施也应支撑城市群和都市圈成为主体形态，围绕城市群和都市圈交通运输需求，加快提升城市群、都市圈交通承载能力。

## （七）以城乡交通一体化促进城乡统筹发展

未来，城乡二元结构的体制机制障碍将进一步减少，进而促进城乡要素平等交换和公共资源均衡配置。由此，土地、人力资本等要素价格将较以往有较大幅度增长。城区基础设施和公共服务设施将加快向城乡接合部地区延伸，农牧产品流通体系也将实现与城市的高效对接。因此，未来城乡交通应以不断提高一体化水平促进城乡统筹发展，更好服务城乡居民便捷出行。

## （八）交通运输应适应跨行政区域的协同发展规划

自从党中央专门就京津冀协同发展作出重要指示后，京津冀协同发展进入新的阶段，在环境保护、产业转移、通关便利化、交通路网连接等领域两市一省已经启动实质性合作，国务院也成立了专门领导协调机构推进京津冀协同发展，国家发展改革委也已出台京津冀协同发展规划，这将为全国跨行政区域的协同发展提供有益的借鉴。同时，全国很多省份积极探索省内跨地市行政区域的协同发展，比如广东省的深圳东莞惠州区域协调发展、山东省的省会城市群经济圈、甘肃省的兰州白银一体化发展等，这些不同层面的跨行政区域的一体化发展、协调发展或者协同发展，将有利于打破由于行政分割长期形成的行政区经济，促进形成适应市场经济要求的经济区经济。未来，在大综合经济协作区层次上，跨省区之间的交通基础设施建设合作将继续取得进展，合作意愿越来越强，合作方式也将不断创新。在城市群交通基础设施建设层面，将会在解决区域性产业合作、市场一体化以及生态环境共治方面取得更积极的合作成果。

# 三、交通运输支撑保障区域城乡协调发展的总体要求与重点任务

## （一）交通运输支撑保障区域城乡协调发展的总体要求

一是一致性。主要包括两方面的内容，即空间布局上的统一和建设时序上的协调。从目前我国的实际情况看，交通网络的规划建设与区域及城乡体系的发展在空间布局上基本吻合。在空间布局统一的前提下，区域交通网络的建设时序也应与城乡体系规划的实施相协调，重点是主要运输通道的建设要与中心城镇的发展在时间上相互协调，并适当超前。在规划建设运输通道的同时，应根据区域城乡体系的等级结构和职能分工，着重进行通道内各种交通网络布局的优化。

二是网络化。由于我国各地的经济条件、产业条件和自然条件各异，在全国范围内将形成群带结合、疏密相间的区域及城乡分布形态。随着城市群和都市圈数量的增加和规模的扩大，这种分布形态不仅需要干线交通网络的支持，更需要综合交通网络的相互衔接与配合。按照区域内不同规模城市的布局，逐步形成以中心城市为核心的放射状交通网络，突出中心城镇在区域城乡体系中的核心作用。

三是高速化。随着市场经济的发展，区域经济一体化的趋势日趋明朗。城镇群和城镇密集区等作为区域经济发展中的一个节点，与其他经济区或经济协作区联系的方便程度和时间距离，是影响其经济发展和城镇化发展的重要因素。随着区域城镇群之间对运输效率的要求越来越

高，交通运输高速化的需求已经显现出来。应逐步建设以区域经济中心城市为核心的、覆盖整个经济区的交通圈，促进区内城镇的经济交往、促进城镇群的发展。

四是协调性。注意加强区域交通网络规划与城镇建设的协调，加强交通网络规划与资源保护区、环境敏感区、历史风貌保护区的协调。同时，在区域交通网络规划建设中也要特别重视与城市道路网系统的衔接，避免交通网络直接穿越城镇，高等级公路在城镇发展用地范围内的出入口布局，要遵从城镇总体规划布局要求，处理好与城市道路出入口的节点关系。

## （二）加快完善综合运输网络，优化区域城乡经济格局

1.强化骨干运输通道战略牵引和支撑能力

以提升交通网络对国内需求和国际要素资源吸引流转的适配性为重点，在"十纵十横"通道基础上，加快形成横贯东西、纵贯南北、放射互联、内畅外通的综合运输大通道。提升京沪、沿江等骨干运输通道通行能力，强化中西部和东北地区通道建设，实施重点通道连通工程和延伸工程。强化国内综合运输通道对外衔接和与周边国家的互联互通水平。

2.优化完善大区域次区域多层次综合交通网络结构

顺应新发展格局下产业、城镇空间布局调整，分类优化东、中、西、东北等大区域以及长江经济带、黄河流域等次区域综合交通网络层级结构。以高速铁路、高速公路、民航等为主体，构建服务品质高、运行速度快、安全保障强的骨干交通网。以普速铁路、普通国道、港口、航道等为主体，构建运行效率高、服务能力强的普通干线网。以普通省道、农村公路等为主体，通用航空为补充，构建覆盖空间大、通达程度深、惠及面广的基础服务网。

## 3.着力提升城市群都市圈综合交通网络功能

围绕主体功能区、新型城镇化战略实施，把握新发展格局下城镇化地区重大基础设施、重大生产力和公共资源布局调整，完善京津冀、长三角、粤港澳、成渝等城市群综合交通网络。以轨道交通为重点，推动上海、重庆、广州、深圳、武汉等重点都市圈交通网络化发展，强化对都市圈建设的支撑能力，更好促进中心城市带动作用发挥。强化中心城市与周边县城、城镇等交通一体化发展，因地制宜优化县城县域交通网络功能，促进以县城为重要载体的城镇化建设。

## 4.合理补齐农村交通发展短板

以助力乡村产业振兴、建设美丽宜居乡村为导向，统筹考虑不同地区、不同类型农村发展实际，合理补齐农村交通发展短板。一是围绕休闲农业、乡村旅游、民宿经济等特色产业发展，紧密集合特色产业、地理特征、旅游资源、文化传承、电商发展等发展优势，加快完善资源路、产业路、旅游路、生产路等支撑性道路网络，加强农产品仓储保鲜和冷链物流设施建设，促进乡村经济业态丰富，引导农村二三产业集聚发展。二是围绕美丽宜居乡村建设，统筹考虑村庄布局规划，因地制宜、分类推进村庄交通基础设施建设，中东部地区农村应持续加强村内主干道建设，加快补齐停车等设施短板，西部地区农村应有序实施较大人口规模自然村道路硬化。三是要完善农村地区交通基础设施建管养一体化长效体制机制，充分调动各方积极性，推动农村交通设施养护高水平、多样化、全覆盖。

## （三）提高交通运输服务水平，促进要素流动和高效集聚

### 1. 加快提升交通运输服务品质

以建设人民满意交通为出发点和落脚点，以深化供给侧结构性改革为主线，坚持问题导向，优化交通运输服务供给，提升交通运输服务品质。一是加快推进关键行业市场化改革，打破铁路运输市场垄断经营局面，提高城市公共交通市场化运营水平，充分借助市场竞争机制提高运输服务供给效率，提升供给品质。二是鼓励支持新业态新模式发展，在持续完善反垄断、数据安全等相关措施的基础上，仍要积极鼓励新业态新模式发展，不断丰富交通运输服务产品供给体系，灵活适应不断变化的运输需求。三是从用户角度出发，从运输服务全链条、全流程视角着手，直面运输服务痛点、堵点、难点，实施运输服务品质提升工程，着力破除制约交通运输服务品质提升的制度性障碍、"软环境"约束，更好满足人民日益增长的美好生活需要。四是要关注重点区域重点人员出行需求，制定差异化出行保障策略，保障基本出行需求。

### 2. 加快交通运输组织区域化专业化发展

围绕新发展格局带来的区域经济系统重构，打造支撑服务产业集群区域化、区域产业集群化发展的区域性现代化交通运输组织。以构建1小时通勤圈、2小时生活圈、3小时经济圈为导向，优化完善高度匹配城市群、都市圈产业链分工合作和互动融合的区域交通运输网络，着力提升交通运输区域化组织效能。精准对接产业链多样化，高效匹配生产和消费端细分市场，构建集装箱、大宗物资以及电商、冷链、汽车、应急、邮政快递等专业化交通运输系统，分类开展专业化交通运输组织，强化航空、航运等专业化运输系统构建，研究发展符合我国实际的高铁货运

系统。

**3.做强物流产业降低循环流通成本**

顺应构建新发展格局的产业布局调整和产业链协同升级，以物流为载体提高要素流动效率，实质性高效打通生产端与消费端联动全链条各环节。正确认识在物流市场规范化、专业化以及外部成本内部化过程中物流成本短期内上升的客观规律，围绕切实推动产业结构调整和消费提档升级，做大做强物流产业，精准提高物流服务水平，扩大辐射范围，加强消费服务保障，增强关联产业市场竞争力，强化供应链，延伸产业链，提升价值链，以做大蛋糕的方式摊低物流成本，畅通资源要素跨地域、跨领域循环。

**4.持续推动城乡交通一体化发展**

以缩小城乡发展差距为导向，立足以城带乡、以城促乡，加快推进城乡交通一体化发展，便捷城乡交流、加速城乡发展要素间双向流动，促进城乡融合发展。一是持续推进城乡交通运输基础设施一体化建设，统筹城乡交通基础设施布局规划，加强城乡交通基础设施衔接，打通阻碍城乡一体化衔接的"断头路"，提高道路网络通达性。二是促进城乡客运服务一体化，加大城市基本公共交通服务网络向周边地区的延伸力度，强化城乡接合部公交服务与干线公交网络衔接，持续推进镇村客运公交化改造，加快形成层次合理、协调互补的城区、城乡、镇村三级公交网络。三是加快城乡物流网络一体化，按照"多点合一、资源共享"模式，加快集客运、货运、邮政于一体的乡镇综合客运服务站点建设，构建覆盖县乡村三级农村物流网络。

**5.提升农村交通服务保障水平**

一是加快提升交通运输安全应急保障能力，强化道路交通安全监管。二是继续提高客运服务普惠均等水平，稳步提高动车组列车承担旅客运量比重，开好"慢火车"，鼓励城市公交线网向周边农村地区有序延伸，优化农村客运班车供给模式，持续提升乡镇和建制村通客车率。三是着力提高货运物流服务效能，增强中西部地区重点区段铁路货运能力，推动货物多式联运，持续优化运输结构，研究推广农村"货运班线"服务，加快探索专业性货运枢纽机场建设，推动航空货运发展。

**（四）推动交通产业融合发展，提升区域城乡承载能力**

1.推动设施融合，实现交通设施功能多样化

聚集聚焦"交通+工业""交通+农业""交通+旅游"，强化交通基础设施与旅游、制造、农业等产业设施联动规划。统筹铁路、公路、水路、民航等设施在选址选线、规模、种类、等级、数量、建设时序等方面同旅游、工业、商贸等产业衔接。推动交通枢纽场站功能多样化，拓展机场、港口、高铁站的商务、购物消费、休闲娱乐等功能。鼓励在高速公路服务区内建设房车车位、加气站、新能源汽车充电桩等设施，加速以交通功能为主向复合型服务区转型升级。支持普通国省公路和农村公路在有条件路段设置房车营地、观景台、厕所等设施，提升观光旅游功能。推动物流商贸设施整合共享，鼓励企业将自有仓库、车辆、分拣设施、营业网点等资源向社会开放，盘活物流设施资源。

2.鼓励产品创新，发展交通与产业融合新业态

发展网约车、共享单车、共享汽车、共享巴士等共享交通服务产品，在快递、配送领域推广"共同配送"，支持"互联网+物流"在货物运输领域的推广应用，提高人员、道路、车辆等资源使用率和客货运输配送效率。支持汽车租赁企业在客运枢纽和主要景区加密取车还车网点，发展异地还车。加强服务景区的公共交通运输组织，在节假日加开定制旅游线路。鼓励客运企业与旅游企业加强业务合作，增加旅游包

车业务。以信息化手段和移动互联技术推进游客"吃喝住行"票务一体化，实现"一站购票""一票出行"。指导电商物流快递仓储企业依托互联网、大数据等技术了解用户消费习惯，对"双十一"等电商购物节时间段作出错峰发货运输配送等预判，分化库存和物流压力，减小成本。支持将具有历史印记的交通线路开发为旅游产品，鼓励通用航空旅游发展，开发低空飞行旅游产品，促进空中游览、航空体育、飞行培训、体验飞行等新业态发展。

3.引进应用先进技术，提升设施装备信息化、智能化水平

强化大数据、云计算、北斗、5G等信息技术在交通基础设施中的应用，建设智能港口和研制智能船舶。支持城市实施道路智慧化升级改造工程。推进综合客运枢纽等场站利用电子信息技术向旅客发布到站时间、列车飞机班次等运行信息。鼓励企业加大智能装备研发投入，提高自动驾驶车辆、无人机、无人智能终端配送车、自动分拣设备（智能分拣机器人）、无人仓库（商店）、智能快递柜等装备智能化水平。继续推广不停车收费系统（ETC）的普及应用。促进信息数据联通和开发利用，强化网约车、共享单车等交通装备的数据采集传输功能，为平台企业加强数据积累、分析用户使用习惯和消费倾向提供数据支持。

4.壮大平台企业，促进市场良性竞争

支持交通运输和其他行业平台企业积极参与交通运输平台建设，创新交通运输新模式、新业态。在政府简政放权的背景下，在不干涉企业自主经营的前提下，在理清政府和市场的界限、把握好政府对行业管理尺寸与火候的基础上，推动交通运输、发展改革、工业和信息化、自然资源等政府管理部门加强对新模式、新业态龙头企业在设施设备布局、运力投放规模、运输服务产品定价等方面的引导。强化风险预警和分析，提升政府对融合新兴领域潜在风险和突发情况快速处置能力，避免

因企业间的经济利益纠纷产生严重的社会影响和负面效应，切实维护市场运行秩序和消费者合法权益。

### （五）加快体制机制创新，构建高质量发展动力系统

1.持续深化综合交通运输管理体制改革

统筹谋划综合交通运输发展，规范综合交通运输发展的总体规划、统筹协调和相互融合等问题，实现统一规划、统一布局，促进交通运输网络向结构合理、布局协调方向发展，发挥交通运输体系的综合功能和整体效益。着力解决现行管理体制中的权责交叉、机构重叠的问题，合理划分交通运输主管部门与相关部门在具体管理事务或管辖范围上的事权。逐步厘清中央部门和地方各级政府间事权与支出责任，建立中央政府与各级政府综合交通运输分类投资、建设和运行管理的制度设计，明确与各级政府事权相匹配的财政资金来源。

2.强化交通与重大战略规划的统筹与协同发展

一是建立健全国家重大基础设施统筹规划体制，以国家重大基础设施发展规划为引领，加强标准化建设，推动各类设施统筹规划、协同建设。二是加强跨区域交通协同发展体制机制创新，总结京津冀协同发展、长三角一体化、西部陆海新通道等重大工作中交通运输协同发展的经验，进一步完善区域交通协同发展机制。三是健全城乡基础设施统一规划、统一建设、统一管护机制，推动市政基础设施向郊区乡村和规模较大中心镇延伸。四是持续强化规划管理，加强重大项目的技术论证中的需求预测和经济社会效益综合分析，加强运用新一代信息技术实施项目监管的手段，确保建设规划与不同阶段的具体实施能力相一致，使整个规划体系做到方向准确、重点突出、节奏合理。

### 3.强化要素投入保障

一是细化创新设施用地供给、集约节约利用和空间综合开发配套措施,根据各地生态保护的实际需要,协调实施生态环保精准化约束,适度放宽重大基础设施的建设限制。二是加强对欠发达地区的资金支持力度,用好中央预算内投资支持中西部铁路、民航建设,加大中西部地区国家公路的中央预算内投资和车辆购置税倾斜,积极利用地方政府专项债支持中西部收费公路建设,加大股票债券、银行贷款、保险基金等资本要素对设施投融资的有效供给。三是有机结合项目的公益性、社会性和市场性,强化各类投资主体产权的充分界定和有效保护,加强投资实施的透明度以及金融创新,在有效防范债务和金融风险的同时,优化政府、开发性金融机构、传统商业银行及社会资本之间的合作,使项目更具产权激励、经济效率和财务可持续性。

### 4.切实保障从业人员合法权益

一是引导运输企业、工会组织建立行业工资集体协商机制,合理确定年度劳动报酬增长幅度,开展行业从业和人员工资收入水平监测并定期发布,指导企业科学设定工资水平。二是规范网络新业态经营行为,加快建立合理收益分配机制,合理确定和调整信息服务费、会员费、计价规则、竞价机制、派单规则等相关平台规则,严肃查处垄断经营行为,保障从业人员和用户的自主选择权。三是加快提升从业人员社会保障水平,研究完善从业人员社会保障政策,创新参保方式、优化经办服务,针对交通运输新业态新模式就业群体,探索建立更灵活、更便利的社会保险经办管理服务模式。四是加快完善职业发展保障体系,推动职业技能等级认定和技能培训,提升人力资本和专业技能,提高就业创业能力,增强致富本领。

# 四、政策措施建议

## （一）结合国土开发完善综合交通通道和枢纽规划

建议建立推动形成综合交通网络空间发展格局的协调机制。一是建立实施综合交通发展战略规划的部际协调机制，领导实施规划。二是针对综合交通枢纽及大通道的建设，重点在交通运输发展与城市化发展、国土开发、重大基础设施和产业发展项目布局、生态环境建设的关系等方面做好国家与地方，以及有关地方政府之间的协调。三是在交通运输规划建设、可用财政性资金、可用于交通建设的信贷规模之间建立协调沟通机制和平衡关系，使规划期的交通运输基础设施建设和规模所需资金量，与该期内可用财政性资金和可用信贷规模基本平衡。

## （二）创新区域协同发展机制

建议允许地方在其发展战略规划的指导下通过省份之间、省政府领导下的相关地市之间的政府协商，以一体化发展为导向，创新区域合作发展模式及机制。主要包括共建综合交通运输枢纽、通道及网络的规划和政策协调机制，共建共享的快速交通网络、信息网络投融资机制，产业转移及重大产业发展项目布局的协调机制，引导人口有序流动和社会保障一体化的城市化协调机制，生态环境联合治理机制。

### （三）拓展重点区域的交通投融资渠道

一是加大对重点区域的交通建设资金投入力度。加快实施交通扶贫"双百"工程，按照中央和地方共同承担的原则，研究确定百万公里农村公路建设资金落实方案，优先予以推进实施百项骨干通道工程。通过多种方式筹集资金，加大中央财政资金支持交通基础设施项目的投资力度，同时加大对交通基础设施项目贷款的贴息力度。筹集西部开发交通基础设施项目专项资金，支持交通基础设施重点项目开发。推进西部地区交通基础设施"补短板"重点项目，切实加大对西部地区交通基础设施领域"补短板"力度。

二是加大财政对重点区域财政支付转移力度。中央政府加大对贫困地区一般性转移支付力度。中央对地方政府专项资金补助向贫困地区倾斜。在现有转移支付框架下，增加中央财政对重点区域生态功能区的建设与维护，进一步完善生态功能区转移支付的分配办法。在西部大开发重点区域，逐步缩小西部地区地方标准财政收支缺口，推进地区间基本公共服务的均等化。在继续加大对西部地区转移支付力度的基础上，还应结合转移支付政策的实施效果以及西部各省份发展的实际需要，对转移支付制度本身进行重新设计，保证均等化目标的实现。

三是创新重点区域交通投融资机制。鼓励和引导采用政府和社会资本合作等模式进行项目建设。发挥开发性、政策性金融导向作用，加大国家开发银行、中国农业发展银行等信贷资金支持力度。更好发挥"以奖代补""以工代赈""一事一议"等机制作用。探索多元化的生态补偿方式。通过搭建协商平台，建立横向补偿关系，实施横向生态补偿。探索市场化补偿模式，拓宽资金渠道。支持在西部地区优先布局建设具有比较优势的项目，鼓励社会资本以市场化方式设立西部开发产业发展引导基金。

### （四）通过土地政策对重点区域发展的支持

一是通过土地出让与流转政策进行支持。适当降低重点区域交通基础设施项目用地的基准地价。依法出让国有荒山、荒地等未利用地进行交通基础设施项目建设的，可以减免土地出让金。建设项目用地，如使用国有未利用土地，可以免缴土地补偿费。

二是进一步改革完善重点区域土地生态保护与补偿政策。在补偿资金筹集渠道方面，除了依靠中央财政转移支付之外，应积极扩展地方政府和企事业单位投入、优惠贷款、社会捐助等多种渠道；除了资金补助外，探索产业扶植、技术援助、人才支持以及就业培训等补偿方式。与此同时，积极完善生态补偿制度的配套政策，包括生态补偿标准体系、生态服务价值评估核算体系、生态环境监测评估体系等，建立统一的、全面的指标体系和测算方法，便于实际操作使用。

三是通过差别化用地政策进行保障。加大对重点区域基础设施用地的支持力度，对特困地区重大基础设施用地指标给予指标单列，并允许国家确认的集中连片特困区开展土地利用总体规划定期评估。

### （五）转变政府管控模式，以包容创新思路深化系统治理

主动适应交通运输与经济社会深度融合后的传统领域改造提升与新兴领域加速成长需要，加快转变、创新、完善政府服务管理模式和宏观调控方式，最大限度减少中央政府对微观事务的管理，提高整体服务能力。政府重点加强融合发展战略、规划、政策、标准、监管等制定和实施，中央政府在全局层面着力提升对融合发展的预期、导向和调控监

管能力，地方政府着力加强公共服务、市场监管等职责。创新融合技术业态，改造提升传统模式。探索实施动态包容审慎监管，强化风险管控与应对，针对新产业新业态发展需要，推动协同管理。完善风险管控体系，优化风险管理机制。强化风险预警和分析，提升风险处置能力。

### （六）破除制度性制约，适应现代经济社会生态体系建设

按照现代经济体系、社会体系和绿色生态体系协同发展和要素流转要求，着眼交通运输与经济社会跨业、跨域、跨界融合发展，全面深化改革，创新机制有效放宽新兴经济领域政策限制，研究建立公平开放的市场准入制度，探索构建以市场为主的发展机制。在共享交通等交通运输与经济社会融合发展的新兴经济领域探索实施特殊管理制度，加速新技术新业态向交通运输传统领域融合渗透，全面改造提升交通运输传统动能。引导新产业新业态有序发展，完善以负面清单为主的产业准入制度。

（执笔人：秦山）

## 参考文献

丁金学,樊桦,2014.城市群地区交通运输服务发展对策[J].宏观经济管理(5).

范恒山,2020.推进城乡协调发展的五大着力点[J].经济纵横(2).

刘应杰,陈耀,李曦辉等,2022.共同富裕与区域协调发展[J].区域经济评论(2).

孙久文,2022.深入推进区域协调发展加快构建新发展格局[J].中国党政干部论坛(3).

王曙光,2022.推动区域城乡协调发展,打造系统动态均衡的新发展格局[J].经济研究参考(4).

汪彬,2019.新时代促进中国区域城乡协调发展的战略思考[J].理论视野(5).

张广厚,2022.充分发挥交通运输对共同富裕的促进作用[J].中国发展观察(1).

王淑伟,2021.分类施策因地制宜推进城市群交通发展[J].宏观经济管理(7).

# 专题报告四 交通运输支撑引领现代化城市群都市圈建设研究

**内容提要**：在推进现代化城市群都市圈建设中，交通运输发挥着重要的支撑引领作用。本报告选取国际典型的现代化城市群都市圈，分析其发展演变过程与交通体系特征，总结经验借鉴；研究我国城市群都市圈交通运输发展现状，分析现存的主要问题，提出未来我国交通运输支撑引领现代化城市群都市圈建设的主要着力点，进一步从城市群都市圈的交通基础设施、客运服务、降本增效、综合竞争力等方面提出主要任务，并从政府、规划、市场等方面提出相应的政策建议。

## 一、国际现代化城市群都市圈的发展演变规律

### （一）现代化城市群都市圈的发展演变过程

随着全球信息化水平不断提升，各国工业化和城市化进程不断深入，城市群和都市圈已成为世界城市化发展的主流模式。目前，世界范围内比较成熟的城市群有美国东北部大西洋沿岸城市群、北美五大湖城市群、日本东海道城市群、英国伦敦城市群以及欧洲西北部城市群等。如图4-1所示。

# 交通运输当好中国现代化开路先锋
发展战略研究

图4-1 国际公认的世界级城市群分布示意图

世界主要城市群人口、面积、经济总量、人均GDP基本情况如表4-1所示。

表4-1 世界各大城市群基本概况与交通模式

| 城市群 | 人口（万人） | 面积（万平方千米） | 经济总量（亿美元） | 人均GDP（美元/人） |
|---|---|---|---|---|
| 美国东北部大西洋沿岸城市群 | 6500 | 13.8 | 40320 | 62030 |
| 日本太平洋沿岸城市群 | 7000 | 3.5 | 33820 | 48315 |
| 欧洲西北部城市群 | 4600 | 14.5 | 21000 | 45652 |
| 北美五大湖区城市群 | 5000 | 24.5 | 33600 | 67200 |
| 英国中南部城市群 | 3650 | 4.5 | 20186 | 555305 |
| 中国京津冀城市群 | 11000 | 21.6 | 10830 | 9845 |

本报告将重点选取美国、日本及欧洲三个不同地域的城市群作为研究对象，通过剖析这些城市群的空间结构演变规律与交通演化历程，总

结城市群交通发展的不同模式特点及经验,为我国京津冀城市群的建设和发展提供借鉴。

1.美国东北部大西洋沿岸城市群

美国东北部大西洋沿岸城市群(简称波士华城市群),北起波士顿,南至华盛顿,由纽约、费城、波士顿、巴尔的摩、华盛顿等五大城市以及40个10万人以上的中小城市组成,如图4-2所示。城市群人口超过6400万,制造业产值占美国全国的1/3,城市化水平达到91%,是美国经济的核心地带。

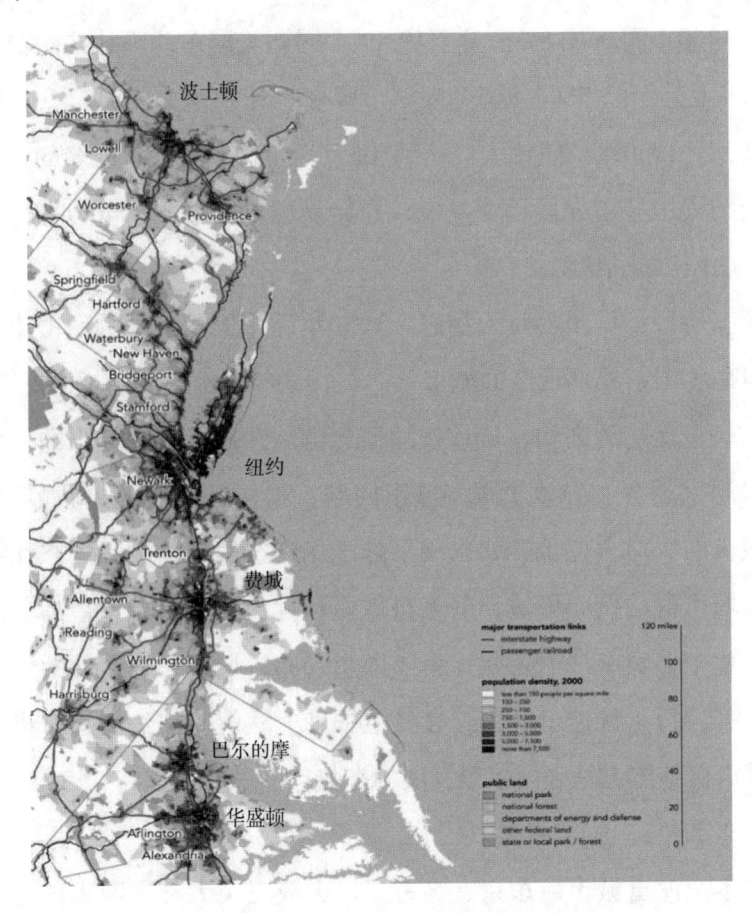

图4-2 美国东北部大西洋沿岸城市群示意图

第一阶段：城市群形成初期。美国东北城市群出现的大背景是第二次工业革命，这段时期电力广泛使用，钢铁工业和铁路建设蓬勃发展。南北战争后，美国统一了国内市场。持续数十年的西进运动，不断扩展美国的边疆，既扩大了国内市场，也提供了丰富的资源，特别是北方工业基础雄厚，工业化水平不断提升。到了19世纪末，美国的工业产值占到全球的31%，成为名副其实的世界工厂。

第二阶段：城市群快速发展。美国东北城市群的迅猛发展吸引大量的人口集聚，1820年，美国处于城市化初期阶段，美国的城市化率在1840—1860年间从10.8%上升至19.8%，同期美国东北部地区的城市化率从18.5%上升至35.7%，这5个大城市吸引了越来越多的人口，人口占比迅速增长。1900年，纽约人口达到505万，纽约成为远近闻名的世界大都会。纽约周边城市先后迅速发展，开始呈现出以钢铁、电力等为主要支柱产业的城市群雏形。

第三阶段：城市群步入稳态。1950年后，虽然美国的城市化仍在继续，但是美国东北部地区的城市化率在1950年已经达到将近80%，5个城市的人口占比达到高峰，城市群的概念也是在这段时间提出的。由于城市人口越来越多，导致了很多城市问题，美国开始出现逆城市化，5个中心城市的人口占比也开始出现下降。尽管纽约州作为美国东北部大西洋沿岸城市群的核心区域，其人口规模和占比在城市群中最高，但是在发展过程中，宾夕法尼亚州、新泽西州、弗吉尼亚州等区域的人口规模和占比都经历了快速上升，这在一定程度上缓解了纽约州人口集聚的压力，城市群整体也呈现出多级发展的态势。

2.日本东海道城市群

日本东海道城市以东京、名古屋、大阪三个大都市圈为核心，覆盖从东京到北九州的太平洋沿岸带状地域。从千叶县西部、琦玉县南部开始，经东京、横滨、静冈、名古屋、岐阜，到京都、大阪、神户等城市化程度很高的连续地域，共14个都府县。城市群的国土面积约为10万平方千米，占日本全国总面积的31.7%，集中了日本60%以上的人口，分布了日本80%以上的金融、教育、信息和研究开发机构；集中了日本工业企业和工业就业人数的2/3，是日本政治、经济、文化活动的中枢地带，为全球汽车、家电、自动办公设备、造船中心之一。如图4-3所示。

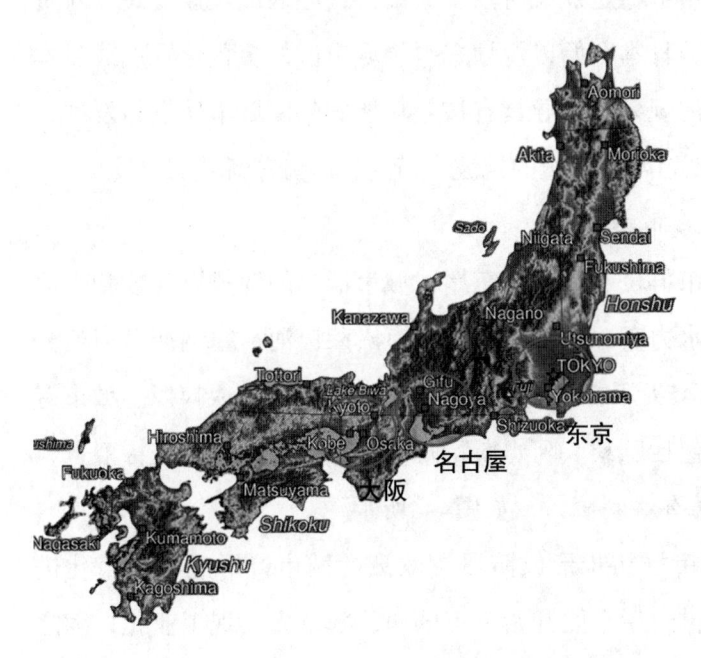

图4-3 日本东海道城市群示意图

第一阶段：城市群初步形成阶段。"二战"以后，日本在美国的扶助下重建经济体系，形成了东京湾、伊势湾、大阪湾及濑户内海等"三湾一海"沿岸地区，内含京滨、名古屋、阪神、北九州等四大工业区，带状城市群长约600千米，宽约100千米，集中了日本就业人口的2/3、工业产值的3/4、国民收入的2/3。

第二阶段：城市群快速壮大发展阶段。城市群核心区的产业承载能力有限，逐渐开始外溢，政府也积极引导周边地区产业发展。首都圈和近畿圈分别于1959年3月和1964年7月实施了《工业等限制法》；1963年5月和1964年7月分别出台了《新产法》和《工特法》，为产业由大都市圈向外移提供一定比例的财政补贴或地方债贴息；1972年6月出台了《工业再配置促进法》，以进一步诱导产业外移。

第三阶段：城市群稳定发展阶段。城市群核心区域快速发展，对资源环境提出了挑战，日本开始以规划来引领城市群的多核化发展。日本政府通过大都市圈的规划，引导具有核心功能的外围城市建设与发展，比较典型的案例包括首都圈周边的筑波、横滨、川崎等新城的建设。

### 3.欧洲西北部城市群

欧洲西北部城市群位于大西洋东岸，城市群内的地势以丘陵和平原为主，河流众多，水力资源丰富，多数城市沿莱茵河、塞纳河等河流分布。城市群总面积145万平方千米，总人口4600万，10万人口以上城市有40多座，主要城市包括巴黎、阿姆斯特丹、鹿特丹、海牙、安特卫普、杜塞尔多夫、布鲁塞尔、科隆等。如图4-4所示。

第一阶段：城市群初步形成阶段。欧洲的城市群形成与城市化进程息息相关。从18世纪后半段开始，英国西北部率先实现工业化，随之席卷整个欧洲，从荷兰、比利时、法国西北部和德国到意大利北部等。"二战"后，德国南部、法国南部也开始了大规模的城市化。

第二阶段：城市群快速壮大发展阶段。19世纪30年代至60年代，城市群的产业迅速聚集发展，依托邻近地区丰富的铁、煤资源，借助便捷的交通运输基础，从第二次工业革命的发源地向外扩散，逐步形成发展历史悠久、种类齐全、经济基础雄厚、拥有熟练的高科技人才的现代工业集群，成为世界工业化最早地区。

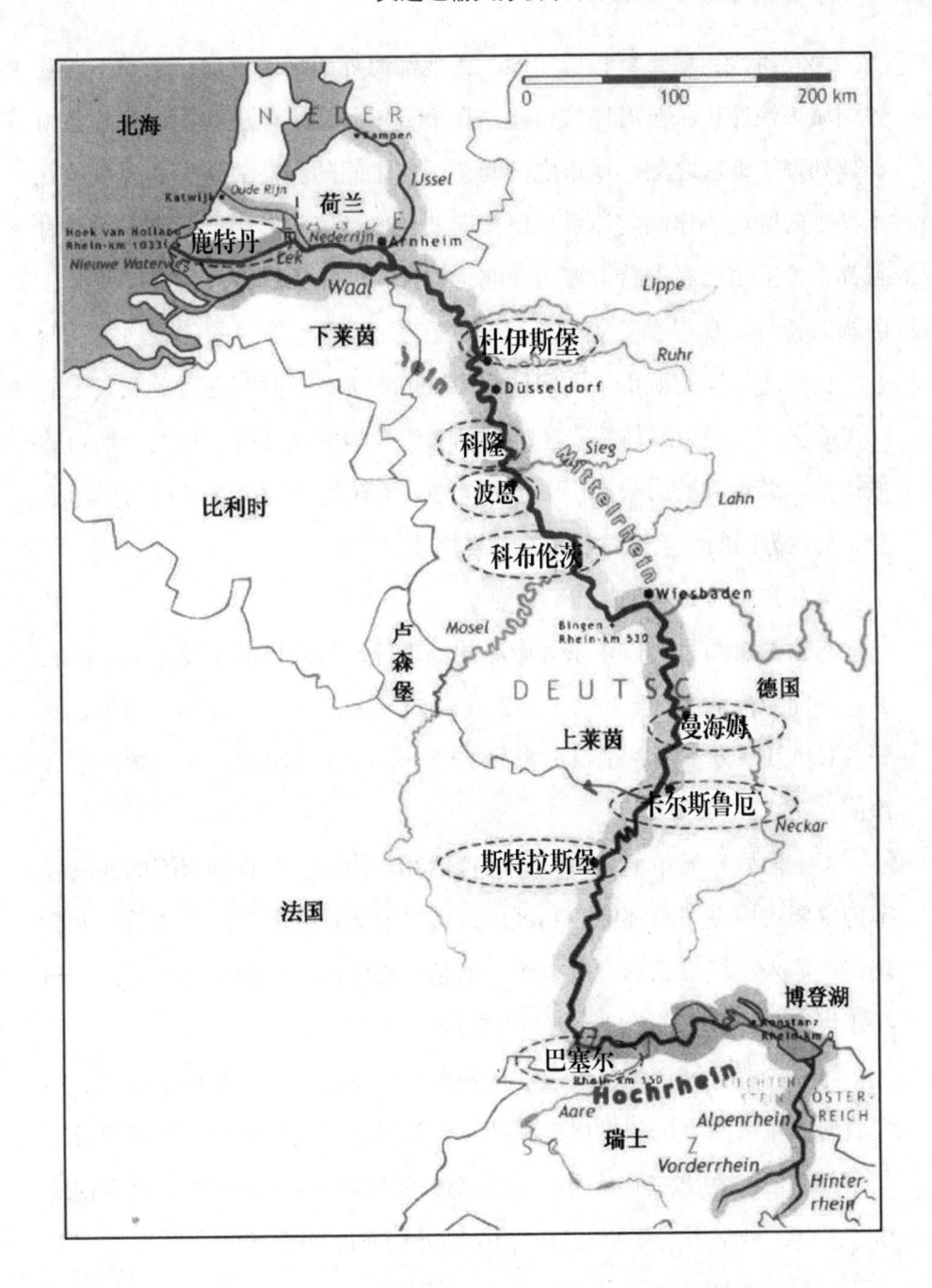

专题报告四
交通运输支撑引领现代化城市群都市圈建设研究

图4-4 欧洲西北部城市群莱茵运输大通道示意图

第三阶段：城市群提质阶段。工业与海外贸易的发展，推动了西欧各国城市快速扩张与有序城市化。在上百年的城市化进程中，西欧各国有效处理了地区之间、城市之间乃至国家之间的利益关系，并逐步建立了良好的区域协作制度体系。巴黎向北延伸经里尔大都会，进入比利时首都布鲁塞尔，经安特卫普市往北，连接荷兰布雷达、鹿特丹、海牙、阿姆斯特丹、乌得勒支等城市，与处在莱茵-鲁尔地区的临近法国、荷兰、比利时等国的城市，共同构成了城市密集、互联互通、关联紧密的"多心多核"城市群体系，主要包括大巴黎地区城市群、荷兰兰斯台德城市群、莱茵-鲁尔区城市群等。同时，依托便捷的港口条件与船运优势，荷兰等国的海上运输及贸易获得快速发展。

4.东京都市圈空间结构演变

东京都市圈是指以东京为中心的城市群，行政区域主要包括一都三县，分别为东京都、千叶县、琦玉县玉县、神奈川县，见图4-5所示。面积为1.36万平方千米，是目前世界上唯一一个人口超过3000万的巨型都市圈。

第一阶段：城市集聚阶段。20世纪20年代初，东京都市圈的建成区范围主要集中在东京都中心23区内，人口聚集程度非常高。此后，人口仍持续涌入，城市虽然有所扩张，但是中心区的人口密度仍然较高，到40年代初期，东京都人口已增至735万人。

第二阶段：城市扩散阶段。从20世纪50年代起，首都圈整备规划的实施使得东京中心区的人口逐渐减少，郊区人口相应增加，逐渐形成了东京都市圈。1965—1990年，东京都的人口增长率仅为9%，而同期琦玉、千叶、神奈川三县的人口增长率则分别为112%、106%、80%。

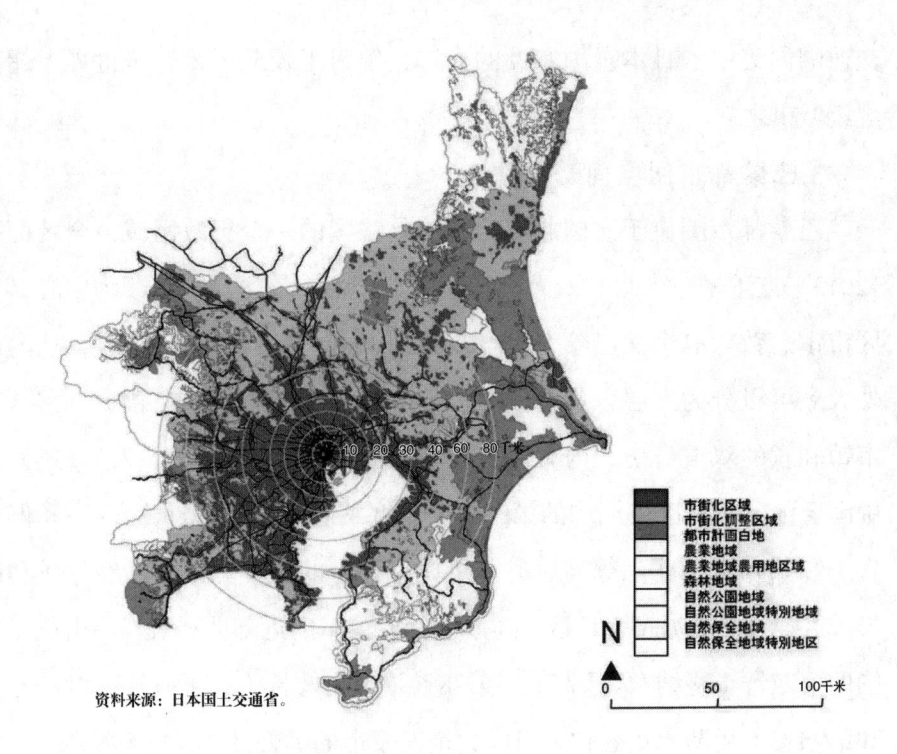

专题报告四
交通运输支撑引领现代化城市群都市圈建设研究

资料来源：日本国土交通省。

图4-5 东京都市圈示意图

第三阶段：城市再集聚阶段。20世纪90年代末开始，东京都市圈的人口开始重新集聚。尽管日本全国总人口数量在2005年之后开始减少，但东京都市圈（特别是东京都）的人口却在持续增长。1995—2015年，东京都市圈整体的人口增长率为14%，其中，东京都的人口增长率为15%，周边琦玉、千叶、神奈川三县的人口增长率则为7%～10%。而东京都市圈之外的茨城、栃木、群马和山梨等4县，人口减少趋势则更为明显。

第四阶段：都市圈进入稳态阶段。2000年之后，空间扩张需求进一步放缓，城市用地扩张趋势已不明显。到2015年，东京都住宅用地已占其建设用地比例的86.6%，而工业用地则由20世纪60年代初的峰值13.5%降至6%，商业用地比例则由9%降至5%。目前，以东京站为中心的首都交通圈内集中了日本全国23%的人口，辐射半径50千米，是世界上超大规模城市之一。

### 5.巴黎都市圈空间形态演变历程

巴黎都市圈位于法国北部，目前是法国的一个行政区域，全区面积12012平方千米，人口1227万（2020年数据）。该区域以巴黎为中心，辖区市镇总数1281个。巴黎大区行政区划上共由1个市7个省组成，从内向外大致可以分为三层：最内层为位于中心的巴黎市（第75省），它具有市镇和省的双重身份，内有20个城区，面积105平方千米，人口215万；中间层由分布在巴黎周围的第92省（上塞纳省）、第93省（塞纳-圣但尼省）和第94省（瓦尔德马恩省）组成，其中的大部分地区已经形成和巴黎城区连续的共城市化地区，实际上是巴黎市的近郊区；最外层由位于外围的第77省（塞纳-马恩省）、第78省（伊夫林省）、第91省（埃松省）和第95省（瓦勒德瓦兹省）组成，是巴黎市的远郊区（见图4-6）。

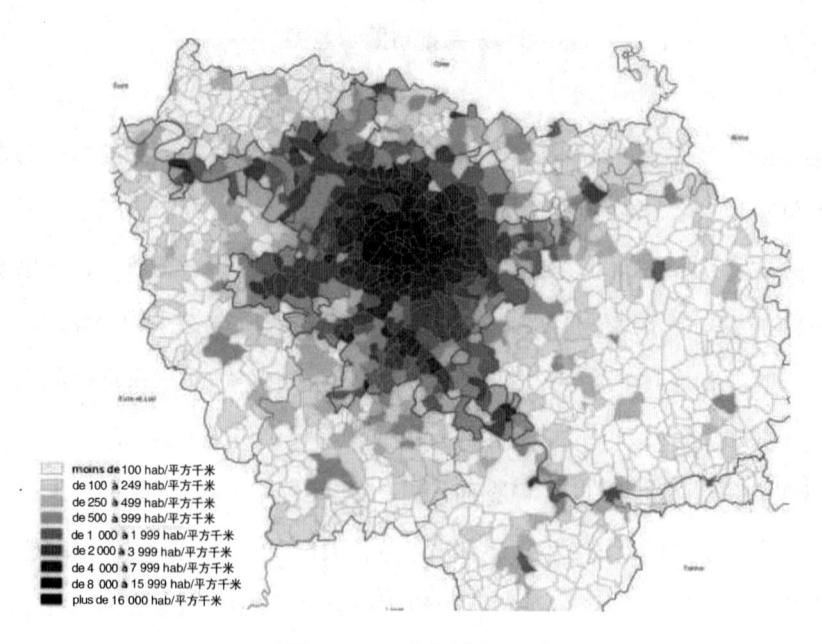

图4-6 巴黎都市圈示意图

第一阶段：单核心的集聚发展时期。受第二次工业革命影响，巴黎市区就业和投资环境得到迅速提升，这不仅刺激了市区内人口的增长，同时也吸引了外来人口的不断涌入。1960年，城区内105平方千米的土地上居住着216万人口，人口密度高达2.0万人/平方千米。城市功能的高度集中，致使城市问题日益凸显，尤其是交通出行需求与供给失衡。为此，巴黎政府开始实施地铁发展计划，1900—1965年相继开通运营了13条地铁线，总里程约180千米，"环+放"的线网布局基本形成。

第二阶段：由中心向郊区的疏解。从工业革命开始，巴黎城市经过了急剧扩张的阶段，面临着许多的城市问题，人口急剧增长、城市中心拥堵不堪、居住环境恶化、卫生问题严重。1934年的《巴黎地区详细规划（PROST）》是法国第一个区域规划，开启了巴黎地区的规划历程，其内容主要包括奠定了以汽车交通为主、呈环形放射状的道路结构，以及划定了非建设用地来限制城市郊区的无限蔓延。其后的多轮规划，如1956年的《巴黎地区国土开发计划（PARP）》、1960年的《巴黎地区国土开发与空间组织总体计划（PADOG）》等，均一直强调对巴黎城市发展的遏制，通过积极疏散中心区的人口和工业企业，郊区建设独立的大型居住区，城市的外围建设卫星城来缓解中心城市的压力，在卫星城与主城之间用农田分割，用公路与铁路联系。规划中确认道路与高速公路的基础设施规划比铁轨设施规划具有更为重要的地位。

参见图4-7所示。

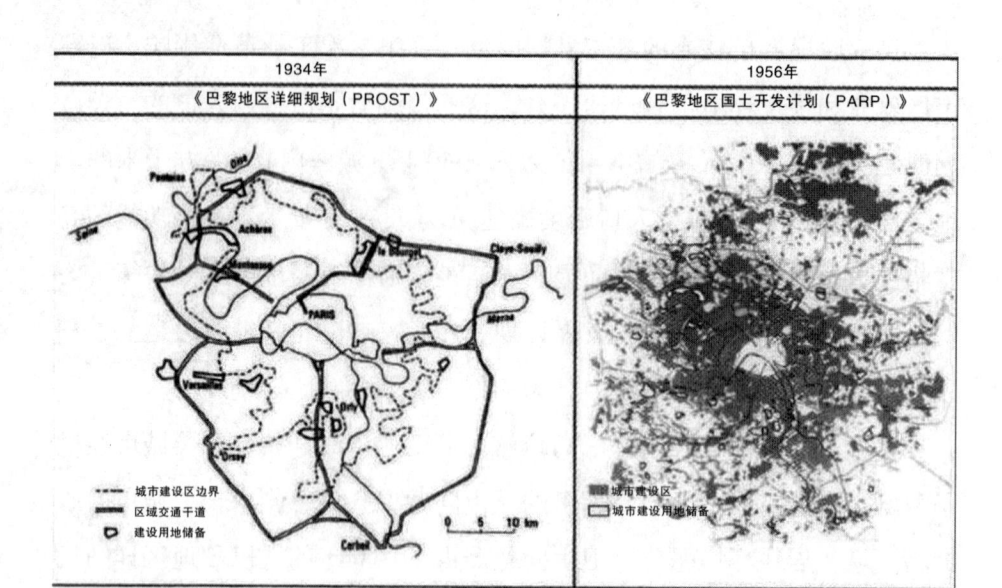

图4-7　1934年的巴黎地区规划

第三阶段：都市圈优化提升阶段。1965年的《巴黎地区城市规划与整治纲要（SAURP）》反映出规划指导思想的根本转变，提出调整区域的空间结构。通过中心城区地铁与轨道交通市域线（RER线）的引导，发展建设了拉德方斯等9个边缘城镇，共承担了超过200万居住人口和150万就业人口的转移，逐渐形成了"多中心轴向扩展"的区域化发展格局。

第四阶段：围绕轨道交通打造多中心功能区。1976年的《法兰西之岛地区国土开发与城市规划指导纲要（SDAURIF）》、1994年的《法兰西之岛地区发展指导纲要（SDRIF）》均以提升整个大区综合竞争力为目标，把"多中心的巴黎地区"作为区域发展的基本原则。2014年实施的《巴黎大区战略规划（2030）》将加强巴黎大区的功能作为目标，提出了"极化与平衡"的区域发展战略。通过在大区尺度上培育更多城市中心以实现平衡的生活和公平的地域发展。

## （二）现代化城市群都市圈交通体系的特征

从世界发展经验来看，以城市群作为推进新时期城镇化发展的主体形态是必经之路。交通作为城市群内部各城镇之间联系的重要载体，是引导城市群健康有序发展的关键，世界各大城市群的主要交通模式如表4-2所示。

表4-2 世界各大城市群的主要交通模式

| 城市群 | 人口（万人） | 面积（万平方千米） | 经济总量（亿美元） | 人均GDP（美元/人） | 交通模式 |
|---|---|---|---|---|---|
| 美国东北部大西洋沿岸城市群 | 6500 | 13.8 | 40320 | 62030 | 小汽车+部分轨道交通 |
| 日本太平洋沿岸城市群 | 7000 | 3.5 | 33820 | 48315 | 轨道交通为主小汽车为辅 |
| 欧洲西北部城市群 | 4600 | 14.5 | 21000 | 45652 | 轨道交通+公路 |
| 北美五大湖区城市群 | 5000 | 24.5 | 33600 | 67200 | 小汽车为主 |
| 英国中南部城市群 | 3650 | 4.5 | 20186 | 55305 | 轨道交通+高速公路 |
| 中国京津冀城市群 | 11000 | 21.6 | 10830 | 9845 | 以公路为主 |

### 1.日本东海道城市群交通体系

日本东海道城市群交通体系极为发达，东京、名古屋及阪神地区的高速公路与日本南部相贯通的五条大干线相接，形成了全国高速公路网体系。1964年开通了东海道新干线，1969年东海道高速公路全线通车，这使东海道城市群成为了内部联系紧密的交通统一体。日本东海道城市群还拥有日本最大的港口群和航空网络。在各个都市圈内部，核心城市和周边地区通过高速公路和电车网紧密地联系在一起，形成了具有球心空间的城市群交通网络构架，奠定了产业圈层分布的基础。此外，东海道城市群内的信息网络为城市群的区域分工与协作，以及城市群参与国际分工创造了条件，使城市群直接与国内市场和国际市场接轨。如图4-8所示。

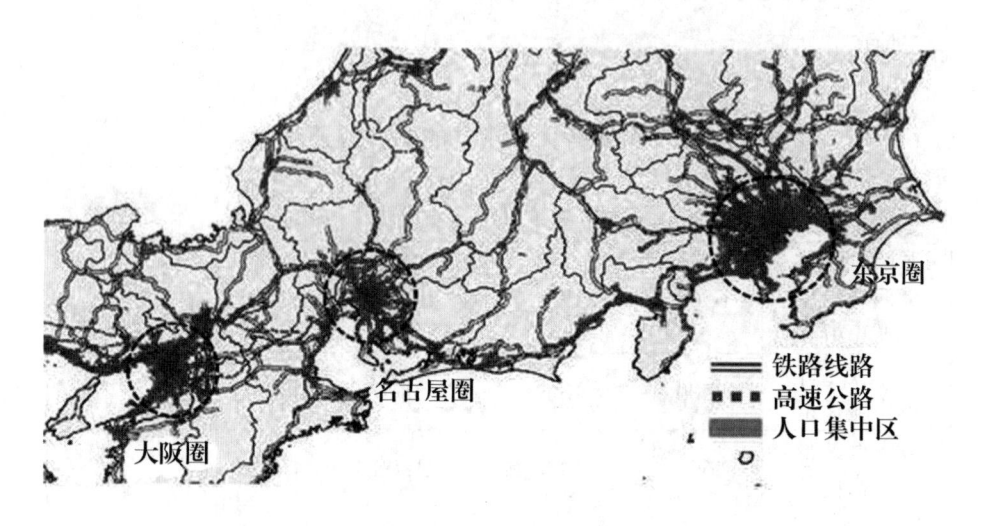

图4-8 日本东海道城市群铁路网络与人口分布

日本东海道城市群交通体系主要有以下几个特点。

（1）注重航空枢纽建设，形成了多机场协同发展格局。日本东海道城市群每个中心城市都有一个或两个机场。其中，东京成田机场以营运远程国际航线为主，是日本第一大货运机场和第三大客运机场；东京羽田机场以营运国内航线为主、兼营短程国际航线，是日本第一大客运机场和第三大货运机场；大阪关西国际机场以营运中远程国际航线为主，同时也是日本第二大货运机场，着力开发亚洲区域的客货运输航线航班，其中，面向中国的货运航班网络居日本各机场之首；大阪伊丹机场则以营运国内航线为主。

（2）港口在城市群发展过程中发挥了重要作用，形成了分工协作的港口群格局。东京湾港口群包括横滨、东京、川崎、横须贺、千叶、君津等六大港口，沿着东京湾海岸带两翼延伸100余千米，港口密布，工厂林立，构成日本最大的港口工业区和城市组团。凭借这些庞大的港口群，日本得以大规模地利用以海外石油与矿石为代表的全球性资源来发展本国工业，其产业重心也从北海道、北九州等煤炭产地迅速转移到拥有深水良港的东京湾、伊势湾、大阪湾等地，并很快在这些地区形成了大规模的城市集聚，诞生了东京都市圈、名古屋都市圈和大阪都市圈。尽管港口众多，但各港口在主营业务上各有侧重，比如，横滨港专攻对外贸易，东京港主营内贸，川崎港为企业输送原材料与制成品，千叶港为原料输入港，从而形成了分工合理、紧密协作的港口群，避免了港口之间的恶性竞争，有力支撑了城市群产业发展。

上述内容参见图4-9所示。

（3）注重通过城际快速铁路加强各城市之间的联系。东海道新干线是来往关东及近畿地区的一条重要铁路干线，于1964年建成通车，全长515.4千米，为双线电气化铁路，安全运营的最高时速达210千米/小时。东海道新干线共有17个车站，由东京至新大阪最快只需要2小时25分钟。东海道新干线投入运营当年客运量就达1100万人次，1976年就达到8500万人次，每年以40.6%的超高速向上递增。利用东海道新干线为主的快速轨道交通网，可在4小时内将京滨、中京、阪神工商业地带及中间城市有机地联系起来，对于要素的自由流动和中心城市辐射能力的发挥起到了巨大的促进作用，也为人口高度密集的城市群地区提供了高效可靠的运输方式。如图4-10所示。

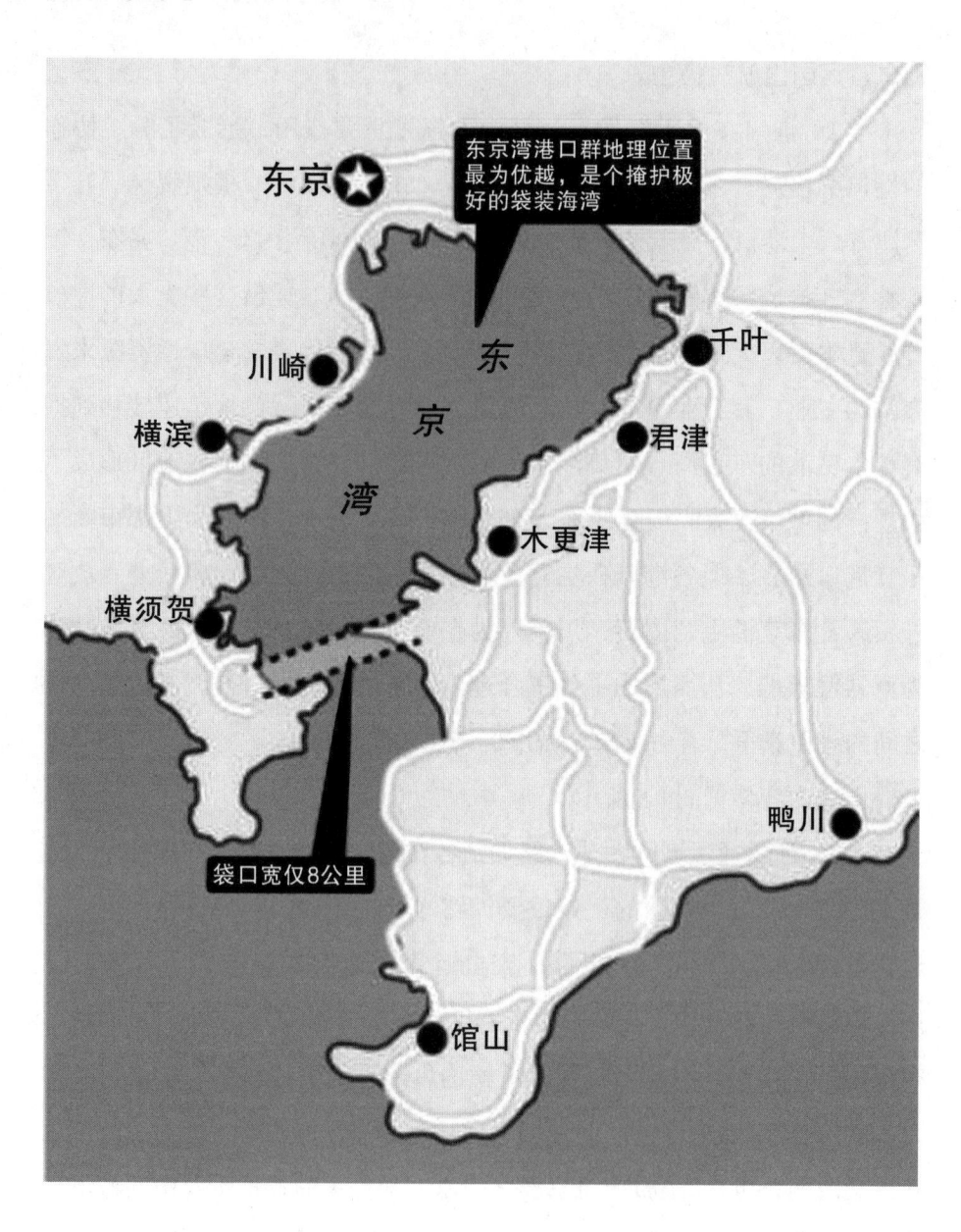

图4-9 东京湾港口群布局示意图

图4-10 东海道新干线示意图

（4）注重通过高速公路引导城市群空间合理布局。高速公路是东海道城市群形成和发展的重要影响因素。1969年全线通车的东海道高速公路极大地减缓了东海道的交通压力，此后，为建立中心都市间的"一日往返的交通圈"，以及扭转"东京一极化"的地域结构，形成"多极分散型"的国土结构，日本政府对东海道交通体系进行了连续多年的整治，形成了更加完善的公路交通体系，将东海道上的中小都市融于东海道交通经济带统一体中，形成了不同等级和职能的经济区域和都市系统，使东海道交通经济带成为一个等级分明、功能各异、内部联系紧密的经济统一体。

2.美国东北部大西洋沿岸城市群交通体系

美国东北部大西洋沿岸城市群的交通体系主要有以下几个特点。

（1）注重发挥航空枢纽优势，机场体系布局完善、功能强大。美国是航空运输高度发达的国家，"波士华"城市群每个中心城市基本都拥有两个以上的大型机场，各机场在服务功能上各不相同。其中，纽约有三个机场，最大的是肯尼迪国际机场，承担着全国50%的进出口货物空运业务和35%的国际客运业务，其次是纽瓦克国际机场，另外是拉瓜迪亚机场（主要运营国内航班）；华盛顿有三个机场，杜勒斯国际机场是美国联合航空公司的主要枢纽，巴尔的摩华盛顿国际机场是为美国巴尔的摩－华盛顿大都市区提供服务的商业机场，里根国家机场是国内航线专用机场；波士顿的洛根国际机场主要运营美国国内以及加拿大、拉美和欧洲航线。

（2）国际航运业高度发达，港口之间合理分工。美国是航运业高度发达的国家，依托临海优势和优越的港口条件，纽约、费城、巴尔的摩、波士顿迅速发展成为带动区域经济发展的中心，并且以其巨大的技术经济能量向腹地进行辐射和扩散，形成大规模的产业集聚和城市绵延带。"波士华"城市群港口之间形成了合理分工的发展格局：纽约港作为美国东部最大的商港和国际航运中心，重点发展集装箱运输；费城港主要从事近海货运；巴尔的摩港作为矿石、煤和谷物的转运港；波士顿港是以转运地方产品为主的商港，同时兼具渔港的性质。

（3）形成了以高速公路为主、轨道运输为辅的城市群交通体系建设。美国城际交通体系以高速公路为主，发达的高速公路体系极大地增强了城市之间的经济联系，同时，也使人口郊区化趋势日益凸现，在美国"波士华"城市群的发展过程中发挥了重要作用。此外，"波士华"城市群内的东北铁路走廊，在美国铁路客运功能大幅萎缩的情况下，依然发挥着城市群快速交通干线的作用。

3.东京都市圈交通

东京都市圈的交通体系主要有以下几个特点。

（1）多种交通方式密切合作，支撑庞大的都市圈发展。东京都市圈为典型"多核多圈层"的多中心城市结构，长34.5千米的山手线环绕区域构成了东京都市圈的核心区域，呈放射状分布的轨道交通、高速公路与快速城市公路构成了东京都市圈的骨架,在山手环线、武藏野半环线与轨道、高速公路交叉点、沿线分布着若干"副都心"与新城,共同构成了东京庞大的都市圈。作为世界上人口密度最高的地区之一,东京都市圈利用以公共交通(尤其是轨道交通)为主、多种交通方式有机结合的发展策略,建立起了一套比较完善的综合交通体系。在日本的交通体系中,长途客运由航空和高铁解决、普速铁路负责都市圈中短途、汽车负责短途的分工格局非常清晰。如图4-11所示。

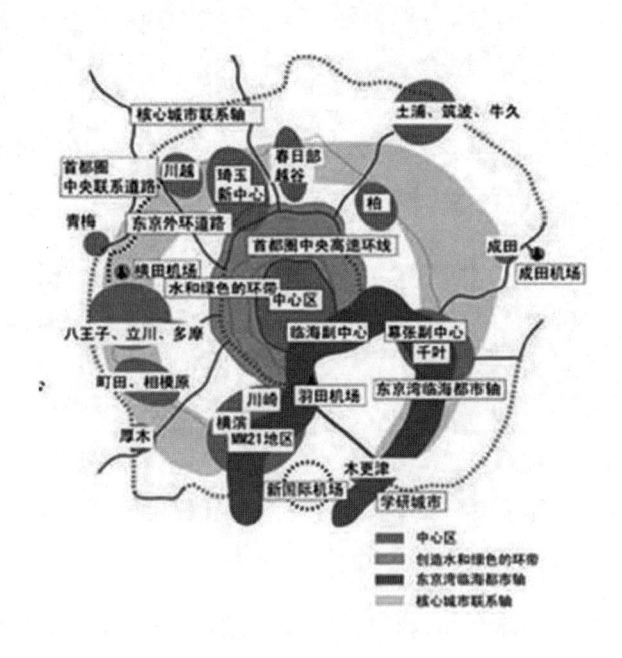

图4-11 东京都市圈空间结构

(2)重视轨道交通对都市圈交通和土地发展的支撑。东京都市圈内轨道交通总长度超过2300千米,平均路网密度达到231米/平方千米;而在东京23区内,网络长度为584.8千米,网络密度高达947.8米/平方千米。东京都市圈高峰时段进入核心区的轨道交通出行比重高达92%,全天24小时的向心出行中，轨道交通也高达86%，轨道交通成为准时、便捷、廉价的交通出行方式。另外，东京都市圈通过快速轨道交通引导居住区和工业区发展，支撑了在一个土地总量较少的地区实现高度发达的工业化和城市化的目标。如图4-12所示。

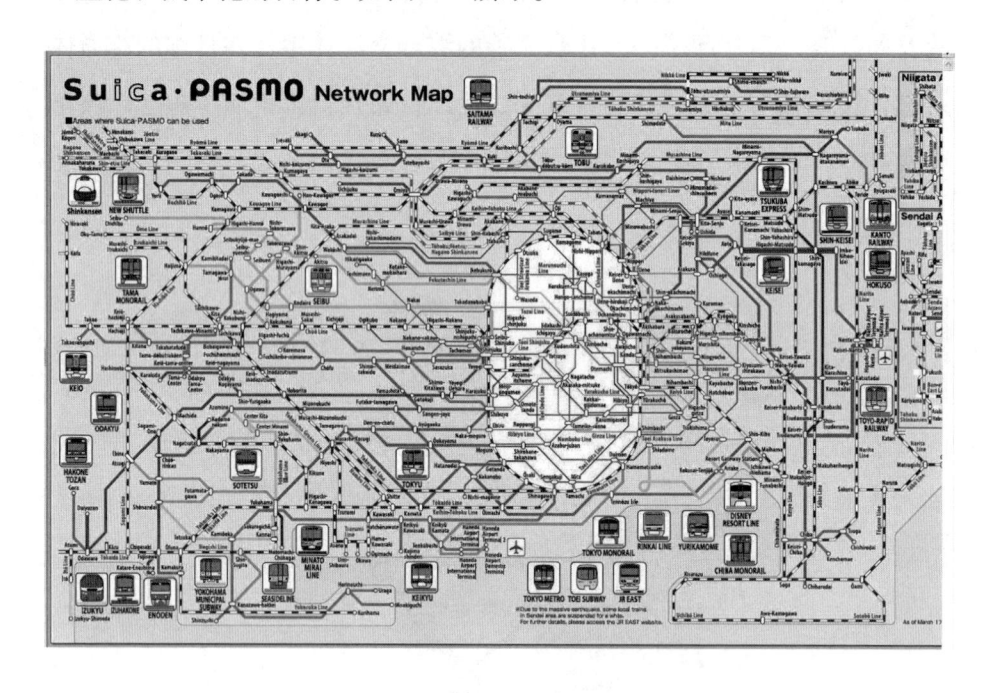

图4-12　东京都市圈轨道交通线路图

（3）充分开发立体空间，打造"三层交通网"。东京的轨道交通线路虽然密密麻麻，但布局非常合理，而且并不影响公路交通。地面、地下和空中组成了东京都市圈的3张交通网络。"地面网"主要是城市一般道路，解决城市内部的交通；"地下网"全是公共交通，主要由地铁组成；"空中网"主要由新干线、高速公路和电车组成，解决了中长距离的交通问题。这种纵横交错的立体交通有效解决了城市交通拥挤。

（4）现代化程度高，交通服务便捷高效。多种运输方式衔接良好，换乘方便。东京都市圈内的各种交通系统之间都能进行便利的衔接和换乘，比如市域铁路网的终点站均设在国铁山手环线上或附近，通过山手环线上的大型综合交通枢纽实现市域铁路与中心城区交通的换乘；地铁的许多路线与部分国铁线及私营铁路线相互直通运转；市内公共交通站点多与地铁站相衔接。城市高速公路、城市道路、地铁、电气铁道等相互连接，构成了"东京都市圈"市际交通与市内交通的整体化网络。

## （三）小结

（1）政府对城市群都市圈发展发挥重要引导作用。政府多采用规划、补贴等方式支持引导城市群都市圈的发展，建立以交通为导向的都市圈空间规划制度。以日本为例，先后五次制定首都圈规划，充分体现了规划先行、与时俱进的规划建设理念。日本首都圈是以政府为主导，积极推动都市圈规划建设并取得成功的典型。大约每十年修订一次，每次均根据国际背景和国内战略要求的变化，作出适应性调整和完善，具有较好的连续性和衔接性。在规划理念方面，实现了从硬性控制到柔化管理的转变；在城市空间结构方面，实现了由单中心向多中心、圈层结构向网络结构的转变，为首都东京的人口和功能的疏解以及首都圈区域的协调发展提供了科学的依据和指导。

政府在促进卫星城发展中发挥领先示范作用。巴黎都市圈在规划之初便确定了要将中心城区内的一些行政机关、事务所及服务设施等吸引出来，在区域范围内促进职能分工的相对平衡，并重视通过轨道交通支撑新城与中心城区的便捷联系，以提升新城的吸引力，在某种层次上产生可与巴黎中心城区相抗衡的力量，实现巴黎大都市区的整体平衡。目前，巴黎新城已显现出较高的综合开发效益，并逐步承担起区域中心城市的职能，对促进巴黎大都市区的空间整合与协调发展起到了重要作用。这一方面得益于在规划建设和管理方面的成功探索，另一方面也得益于大都市区一体化战略的实施，尤其是对快速联系通道、各级中心特别是新城组团的功能定位、土地开发管理机制、产业发展政策以及大都市区多中心结构中各功能组团之间的协调互动等方面的重视。

（2）注重不同功能中心和组团的差异化协调发展。建立在轨道交通导向基础上的东京都市圈，之所以形成了"多极多中心"的空间结构，是因为都市圈在围绕轨道交通发展的过程中，既强调每个"副都心"及新城的综合服务功能，又注重各发展组团之间的功能互补。其中，都市圈内不同功能层次轨道交通系统进行换乘的枢纽，往往成为城市核心功能区的最佳选择。例如，在东京都市圈不断发展扩张的过程中，大多数放射线均接入铁路山手环线，大量客流在换乘枢纽聚集，促使东京市区以轨道为骨架形成了"一核七心"的空间结构，分别成为东京都市圈的商业中心、工业中心、高新技术中心、文化娱乐中心和旅游中心等，不同功能中心在分散设置的同时又保持了紧密的联络。

（3）促进交通建设与城市开发、更新一体化联动。交通基础设施建设投资大、稳定性强，一旦建成对城市造成的影响就是决定性的，改造重建将耗费巨大代价。因此，不论是对中心城市核心地段的更新提升，还是新城的开发建设，都需要紧密结合交通的建设契机，实现一体化联动。以日本为例，重视轨道交通对土地开发的支撑作用。例如，多摩田园新城实现了开发主体的同一性，使得新城与轨道交通开发的一体化程度较高，新城居住区的建设与轨道交通线路同步建设、同步开通。这种同步规划、同步开发、同步实施的方式让新城土地一开始就具有交通便利的优势，因此土地的价值也相对较高，未来发展潜力较大，不断吸引人口集聚；而人口的增加也同时保障了轨道交通的顺利运营，实现了新

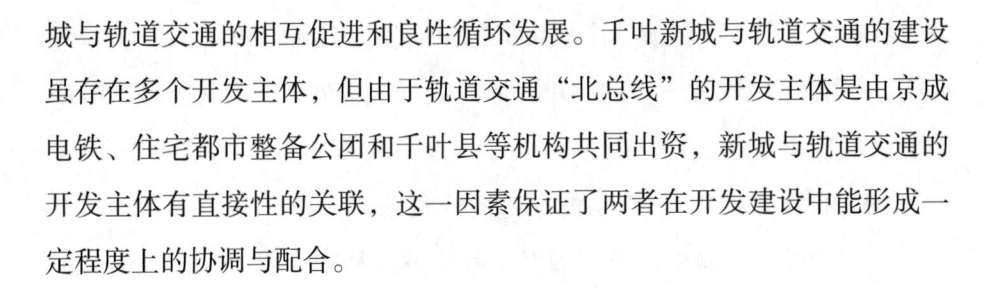

城与轨道交通的相互促进和良性循环发展。千叶新城与轨道交通的建设虽存在多个开发主体，但由于轨道交通"北总线"的开发主体是由京成电铁、住宅都市整备公团和千叶县等机构共同出资，新城与轨道交通的开发主体有直接性的关联，这一因素保证了两者在开发建设中能形成一定程度上的协调与配合。

## 二、我国城市群都市圈交通运输发展现状及存在的主要问题

### （一）城市群都市圈交通运输发展现状

城市群都市圈是一个国家经济最发达，人口、产业聚集程度最高的城镇化区域，在有限的国土空间范围内涵盖超大特大城市及不同等级、类型的中小城市和城镇，集中了中长途运输、城际交通、市域通勤和中心城区日常出行等多层次交通出行需求，是交通基础设施网络布局的密集区域。建设世界级城市群，是我国近年来的重点发展方向之一。2010年6月，国家发展改革委印发的《长江三角洲地区区域规划》提出，将长江三角洲城市群打造为"具有较强国际竞争力的世界级城市群"。2015年6月，中共中央、国务院印发的《京津冀协同发展规划纲要》提出，优化提升首都功能，发挥一核作用，打造世界级城市群。此外，在珠三角城市群基础上，2019年2月，中共中央、国务院印发的《粤港澳大湾区发展规划纲要》提出，要"建设富有活力和国际竞争力的一流湾区和世界级城市群"。2019年底，中共中央、国务院印发的《长江三角洲区域一体化发展规划纲要》则提出，要"高水平打造长三角世界级城市群"。

京津冀、长三角、粤港澳三个城市群国土面积占全国的5%左右，人口约4.2亿，贡献了中国近一半的GDP，下面以三个城市群作为我国城市群的典型代表展开分析。

1. 城市群都市圈空间形态与发展阶段基本一致

从现阶段我国城市群都市圈经济社会发展特征来看，我国城市群都市圈仍处在中心城市集聚发展的阶段，处于整体集聚期，大部分都市圈核心城市GDP占比超过50%，中心城市仍然对周边城镇要素资源形成强烈的集聚效应。对应空间形态来看，现阶段我国都市圈也基本处于"点-轴"形态，以中心城市为核心节点，依托交通廊道，形成都市圈人口、产业集聚、各类要素高效流动的经济轴带，串联起沿线城镇。部分率先发展的都市圈已出现核心城市的部分职能、产业以及人口等生产要素向都市圈内其他区域扩散的态势，例如大上海、深圳都市圈，产业向周边地区扩散的态势明显，中心城市与周边城镇已经形成很强的产业链条联系，与此相对应形成了"核心-边缘"的圈层+轴带的空间形态。

2. "轨道上的都市圈"初见雏形

各大城市群都市圈都高度重视轨道交通的发展，高速铁路、城际铁路、市域（郊）铁路、城市轨道交通以及中小运量轨道交通稳步推进，线网规模不断扩大，部分城市群都市圈已初步具备"多网融合"的基础与雏形。

京津冀地区内已初步形成以普速铁路、城际铁路、客运专线等干线铁路组成的多层级铁路运输网络。地区内整体呈现以北京铁路枢纽为中心、向全国放射形辐射的布局特点，其中，北京也是全国的铁路主枢纽中心，衔接了京广、京沪、京包、京原、京九、京承、京秦、京通、丰沙、大秦线等十余条干线铁路，京沪高铁、京广高铁、京昆高铁、京兰高铁、京津城际等五条高速铁路，以及处于建设阶段的京张城际、京沈客专等。

## 专题报告四
交通运输支撑引领现代化城市群都市圈建设研究

长三角地区内已形成以城际铁路、客运专线、普速铁路等干线铁路组成的多层级铁路网络。地区内有京沪、沪昆、沪蓉、沿海高铁等干线铁路高速铁路，沪宁城际、沪杭客专等城际铁路，以及正处于建设阶段的沿江高铁。

珠三角地区初步形成了以广州枢纽为核心，连通省内，辐射全国的放射形路网格局。广东省内主要有京广客专、广昆客专、京港澳客专、沿海通道等客运专线铁路，京广线、京九线、广深线、广茂线、广珠线等普速铁路和平南、平盐、惠大等疏港铁路，路网基础较好。

3.公路联网贯通

城市群都市圈逐步完善高速公路网络布局，国省干线技术等级进一步提升，区域重点领域公路建设持续推进，打通断头路。

京津冀地区已形成以高速公路为轴线，国省道干线为骨架，县乡公路相配套，城乡贯通、布局合理的公路交通网络，形成以北京为中心的"环形+放射状"的公路网格局。建成以北京为起点的京哈高速、京沪高速、京台（台湾海峡段未通车）高速、京港澳高速、京昆高速、京藏高速和京新高速等7条国家高速公路，途经北京的大广高速（G45），以及地区内不经过北京的长深高速（G25）和荣乌高速（G18）等。建成以北京为起点的13条国道，并且多条国道途经京津冀城市群，京津冀地区的对外通道基本都拥有高速公路以及不同等级的公路。

长三角区域内已经形成以高速公路为轴线，国省道干线为骨架，县乡公路相配套，城乡贯通、布局合理的公路交通网络。形成以上海、南京、杭州为中心，以沿海通道、沪宁通道、沪杭通道等为主轴的网格状公路网。上海没有等外公路，公路网面积覆盖密度高于江苏、浙江、安徽三省，人均覆盖密度低于三省。

珠三角地区基本形成以珠江三角洲核心区为中心、直达东西北、联通港澳、辐射泛珠江三角洲地区的高速公路网络，在粤港澳公路通车后，实现与陆路相邻省（区）均有高速公路衔接。全省公路网络通行能力和通达深度进一步提升，国道基本实现高等级化，镇通建制村公路路面硬化达到100%。

4.形成干支结合的航空枢纽体系

城市群都市圈推进，机场群协同发展，打造干支结合的机场群体系。京津冀地区内已建成北京首都国际机场、北京大兴国际机场、天津滨海机场、石家庄正定机场、邯郸机场、承德机场、张家口机场等6座民用机场，以及北京南苑机场、秦皇岛山海关机场、唐山三女河机场3座军民合用机场，多层级的民航体系初步形成。

长三角地区内机场覆盖范围不断扩大，机场密度不断提高，基本形成了分工合理、层级清晰的民航体系。截至2017年底，地区内目前已建成上海浦东国际机场、上海虹桥机场、南京禄口机场、杭州萧山机场等在内的23座机场。

珠三角地区以广州白云国际机场为核心，深圳、珠海、汕头、湛江、梅州、佛山、揭阳等地机场共同发展的空港体系进一步完善。广州白云机场是国内三大航空枢纽之一。

5.形成协同合作的港口群体系

港口群转型升级，加强港口协同错位发展，逐步完善港口集疏运体系，加快内陆无水港发展。京津冀地区濒临渤海，拥有多个天然良港，海运十分发达。天津港、秦皇岛港、唐山港、黄骅港均位居国内前茅，是我国北方的主要煤炭装船港，其中，天津港是世界等级最高的人工深水港，是全国最大的粮食进口专业码头以及最大的原盐出口专业码头。

长三角地区位于长江下游及入海口，海运、内河航运业非常发达，上海港、宁波–舟山港、连云港港位列我国沿海规模以上港口，其中，上海港集装箱吞吐量世界第一。

珠三角地区港口能力充裕，港口对腹地经济社会发展的支撑和促进临港工业发展的能力增强，地区港口之间优势互补、错位发展的空间布局已经形成。

### （二）城市群都市圈交通运输存在的主要问题

1. 交通运输对城市群都市圈空间合理布局的支撑作用不足

核心城市集聚发展过程中的高质量发展成色不足。中心城市、核心城区的空间规模扩张速度远大于人口、经济规模增长速度，单位空间承载能力不高、承载效率偏低，"摊大饼"空间扩张背后的发展质量偏低，"虚胖"形成的城市病问题突出。都市圈已经初步形成公路、轨道交通等体系，但随着都市圈快速发展和扩张，外围新城与中心城区之间的客流快速增长，既有的都市圈交通存在着与发展需求不相适应、结构不合理等突出问题，交通体系总体上不能适应都市圈快速发展的要求，中心城区与外围新城的连通需求的满足程度有待提高。

大容量、快速交通网仍然总量不足。虽然高速铁路、高速公路已经初步构建起都市圈的快速连接通道，但还需承担大量城际和区际运输需求，能力趋于饱和。30千米圈层的新城虽有地铁连接，容量大，但速度慢；30~70千米圈层的新城虽有国铁干线通过，但国铁主要服务于长途区际运输，站点间距长，也不能作为都市圈大容量快速连接方式。另外，部分新城连接方式单一，主要体现在30~70千米圈层范围内，部分区域仅有少量公路连通，方式单一，不能适应产业和人口转移的需要。

对周边城镇支撑作用有限。一方面，周边城镇普遍经济体量偏小，尤其是中西部、北部都市圈，周边城镇与中心城市的经济体量明显断层，"小"是目前都市圈内周边城镇的主要特征；另一方面，发展基础偏弱，尤其是在公共服务配套方面，与中心城区存在鸿沟，城市承载基础偏弱，难以有效承接中心城区人口、产业的溢出，"弱"是目前都市圈内周边城镇发展中最突出的问题。

城市群都市圈内部出行品质有待提升。我国城市群都市群普遍存在干线高铁、城市轨道交通"两头"发展较好，城际铁路、市域（郊）铁路"中间"存在短板。城际铁路功能较弱，市郊铁路发展相对滞后，都市圈外围与中心城区经济联系紧密，存在大量的通勤和日常出行需求，但二者通勤性不佳，对通勤出行支撑不够。虽具有大容量、稳定性与准时性好等优势，但受制于开行时刻、与市区衔接便捷度、与其他方式衔接便捷度等因素影响，目前普遍难以成为都市圈交通的骨干方式，导致城市群都市圈间的公路出行占比过高。

### 2.多层次一体化城市群都市圈交通体系尚不完善

多方式间的分工不够合理。目前城市群都市圈乘客出行较为依赖公路。从基础设施来看，城市群都市圈已经形成包括高速铁路、普速铁路、高速公路、普通国道在内的层次丰富、满足不同需求的交通网络。但从运输组织来看，受制于城际铁路、市域（郊）铁路目前尚未形成大规模、网络化、通勤化的出行网络，都市圈主要出行需求由公路运输满足，轨道交通仍存在缺位问题。

多层次轨道交通网络有待完善。城际铁路更多承担中长距离对外联系职能。城际铁路是城市群内城市间联系的骨干交通方式，在我国管理体制下是地方主导建设的铁路线路。由于地方政府对提升区域内中心城市对外辐射能力的意愿强烈，国家干线铁路规划建设主导权又在中央政府，因此，现阶段地方政府更倾向于采用城际铁路来解决中心城市对外交通辐射问题，从而出现城际铁路高速化的倾向。当然，对于都市圈而言，城际铁路站点设置更为密集、更加灵活，在建成运营初期更具备承担都市圈通勤出行功能的条件。

综合交通枢纽发展滞后，方式间衔接不畅。近些年，长三角、珠三角地区在综合交通枢纽的建设方面投入很高，但仍存在综合交通枢纽发展相对滞后，各种运输方式间的衔接效果较差，并且综合开发与利用仍有待加强等问题。比如，北京西站、北京南站、首都机场等重要客运枢纽的集疏运体系长期以来被人们所诟病，虽然衔接多种运输方式，但仍广泛存在枢纽功能分区与流线设计不合理、各方式间换乘距离长、缺乏无障碍设施、引导标识不清楚等问题，并且在乘客集疏散上存在城市轨道交通、城市公交等夜间不运行，仅依靠出租车、私家车等问题，在夜间、特殊天气等情况下的集疏运仍有待提高；一些市郊地区地铁站点与其他公共交通方式的衔接也不够理想；各机场与高铁间的联合运输效能仍不高；港口的铁路集疏运体系仍不合理；综合开发在开发不足与过度开发间平衡不佳。

枢纽城市体系不合理。城市群都市圈中心城市枢纽功能过强，周边枢纽城市功能则较弱。中心城市过多承担区际之间的过境及中转换乘功能，大量区域内部城际间的交流量交汇中转，不仅造成中心城市枢纽压力过大，也使得区际交通和区内城际交通相互制约，不能协调发展。

3.交通运输对提升中心城市功能的支撑不够

国际航空枢纽功能较弱。以首都机场为例，多年来，首都机场的发展定位为辐射全球的大型国际航空枢纽，但从其运营状况来看，距离真正的国际航空枢纽还有较大差距。比如，首都机场仍然是以国内航班为主，国际旅客吞吐量不足25%。此外，首都机场的中转旅客比例仅为10%左右，与国际水平相差较大。在国际中转功能方面，普遍衔接便捷度有待提升。

运输场站设施的功能定位不够清晰。城市群都市圈内普遍都存在地理相近地区同种方式场站设施竞争较强的问题。以京津冀为例，尚未形成枢纽机场、干线机场、支线机场相配合的多层次多机场格局，首都机场与天津滨海机场、石家庄机场间的竞争有余而协作不足，而其他两个机场则存在能力过度富余的问题，相互之间缺乏差异化发展和互补性。港口方面，天津港与河北省港口在集装箱业务功能上产生一定程度的不合理竞争，各港口之间的分工协作程度不高。

4.一体化城市群都市圈交通体系建设面临体制机制障碍

跨区域间合作缺乏统筹。城市群都市群交通发展的主要障碍及难点仍主要在于体制机制等层面，而非单纯的技术层面。各行政区域之间缺乏沟通和利益协调机制，特别是缺乏具有更高权威性和较强约束力的跨区域统筹机制，导致跨行政区划的重要交通基础设施项目存在功能定位不清晰、技术等级不一致、建设时序不匹配、运营服务不衔接等方面的问题。

跨方式间缺乏统筹。各种运输方式的基础设施在规划布局上缺乏衔接协调，在发展过程中存在"争抢"线位、土地、资金等资源的情况，使得交通运输资源配置存在着"竞争有余而互补不足"的不合理现象。

轨道交通各方式统筹规划亟待加强。都市圈内往往包含干线铁路、城际铁路、市域（郊）铁路、城市轨道交通等多种轨道交通网络，融合发展才能更加集约地利用好交通要素资源、更好地满足都市圈不同层次出行需求。《关于培育发展现代化都市圈的指导意见》提出，要统筹考虑都市圈轨道交通网络布局，构建以轨道交通为骨干的通勤圈，在有条件地区编制都市圈轨道交通规划，推动"四网融合"。但目前来看，尚没有以都市圈为空间范围统筹编制出台的轨道交通发展规划，一方面，大部分轨道交通规划难以突破市域范畴，多是市域行政区范围的统筹，但目前看，我国大部分具备发展潜力的都市圈都突破了行政边界。另一方面，能够突破行政区划的轨道交通规划多集中于单一模式，比如城际铁路规划、市郊铁路规划，甚至是部分城市轨道规划。

## 三、未来交通支撑引领现代化城市群都市圈建设的主要着力点

### （一）引领城市群都市圈空间合理布局

通过健全交通基础设施、优化路网结构，实现对现代化城市群都市圈组团间的"时空距离"调节，引导人口、产业在城市群都市圈内合理布局。通过畅通交通联系，降低客货流动成本。交通运输应进一步发挥引领构建城市群都市圈"多心协同"空间结构的作用，都市圈是一种中心城市与周边中小城镇协调发展的区域空间形态，是把尺度拉大、把结构做优的良性城镇化空间发展模式。集聚经济优势的形成必须依靠多中心之间密切的功能互补联系，因此，应依托交通系统布局都市圈核心功能区，将都市圈中心城市多网融合的枢纽打造成为都市圈核心发展极，将新城、卫星城以及周边主要中小城镇沿轴线布设打造都市圈不同层次、类型的功能中心、组团，实现不同发展极、功能中心、组团之间的快速便捷联系，促进形成"多极多中心"的协同发展格局。尤其是要注重实现不同功能中心、组团内部的职住平衡与基本公共服务均衡发展，使得彼此相对独立，避免造成潮汐式交通的大进大出。在轨道轴线之间的楔形地带，可合理进行战略留白，并逐步推进建成区功能疏解，主要构建生态开放空间和城市绿心，支撑形成密疏结合、产城协调、生态宜居的都市圈空间形态。

## （二）推动中心城市功能提升和合理分工

交通更好地支撑城市群都市圈城镇化、工业化发展进程。通过交通功能的合理分工促进城市群不同城市之间合理分工，提升中心城区、组团核心区对居民就业等需求的吸纳能力。同时，以人性化需求为出发点，更多配置人本尺度的公共空间及社区服务设施，创造宜居生活空间，优先提供便利、舒适的步行和骑行环境，通过多元化的交通服务供给，加强中心城区与周边组团间联系紧密程度。通过打造通道经济、枢纽经济，交通助力现代化城市群都市圈形成更强的资源集聚能力，推动中心城市功能、经济功能、对外交往功能等提升，提高城市群都市圈综合竞争能力。加强城市空间规划、交通规划编制、调整的融合联动，片区规划设计应以交通站点为中心，形成由中心向周边容积率递减的梯度开发，创建混合用地中心；根据交通站点的区位因地制宜，分别打造商业主导型、商业居住混合型和居住混合型的TOD（以公共交通为导向）街区，将收益进一步反哺交通设施建设与交通运营等。

## （三）支撑城市群都市圈产业优化升级

通过优化交通物流条件，提升对产业聚集发展的吸引力，支撑引领现代化城市群都市圈产业布局调整、产业结构调整。一方面，在城市空间布局、产业布局、交通发展过程中，交通需要与都市圈国土空间格局的塑造紧密结合，提升为产业服务的能力，形成以产业为导向的都市圈空间开发方式与交通发展方式，引导适合城市群都市圈发展的产业沿轨道交通轴线集聚，在各方式交通枢纽附近就近布局产业园、物流园等集中承载地，通过大力招商引资，形成连片产业布局，发挥产业集群的规模效应。另一方面，注重枢纽的综合开发。重点围绕交通站点及周边联系紧密的区域，实现一体化综合开发。在都市圈核心发展极和周边主要功能中心，加强垂直方向高密度开发，优先实施立体式综合开发，建设集交通枢纽与商业、住宅、文化、生活等多功能为一体的站城融合城市综合体，提升土地使用价值和开发收益。

### （四）对资源要素流通的支撑引领

通过打造畅通的物流网、便捷的客运网、智能化信息化的智能网络，促进人流、物流、信息流、资金流等生产要素在城市群都市圈快速聚集、流通，助力流通体系建设，为培育现代化都市圈、打造新的经济增长极提供良好环境时注重发展均衡性，以站点为中心的组团内部的职住平衡与基本公共服务均衡发展，进一步支撑形成密疏结合、产城协调的都市圈空间形态。提升综合交通枢纽服务水平，按照"无缝化衔接、零距离换乘"的交通设计理念，建设轨道交通、城市公共交通、慢行交通、出租车等设施，打造设施无缝衔接、运输高效协同、服务平台一体化的综合交通枢纽，提升站点集散效率。综合体的交通设施和商务、服务设施上通下达、多向连通、多口集散，促进交通、商业客流协同增长，产生协同效益。

# 四、交通运输支撑引领现代化城市群都市圈建设的重点任务

我国经济发展空间结构发生深刻变化，产业和人口向优势区域集中，城市群都市圈成为承载发展要素的主要空间形式与经济增长动力源。应健全城市群都市圈交通基础设施，提升客运服务质量，推动物流服务降本增效，发挥交通运输对城镇化进程推进、产业布局与空间布局调整优化的支撑引领作用，提升人流、物流、资金流、信息流等资源要素的流通效率，提高现代化城市群都市圈的经济社会发展水平与综合竞争力。

## （一）健全交通物流通道等基础设施，发挥对城镇建设、空间布局的支撑引领作用

交通作为保障要素流通的重要载体，需要以良好的基础设施为基础，为经济社会发展提供支撑作用。

一是结合城镇空间发展布局规划，优化交通通道布局，加强支撑引领作用。加快构建多中心网络型国土开发格局，建立以中心城市引领城市群发展、城市群带动区域发展新模式，加快提升京津冀、粤港澳大湾区、长三角等城市群都市圈一体化水平，构建更加协同高效的一体化交通网络，发挥辐射带动能力，迎合城镇体系规模不断扩大、城际间及城市群之间的运输需求不断扩大，城市群内部、城市内部运输需求显著增加等发展趋势。

二是补齐现存城际交通短板，打通公路断头路。着力打通城际公路"断头路"，增加城市群城际公路通道，密切城际公路联系，加快构建高速公路、国省干线、县乡公路等多层次公路网络。

三是提升城际交通效率，着力打造轨道上的都市圈。关注城际、市域（郊）铁路领域，因地制宜发展多制式轨道交通系统，积极推动都市圈干线铁路、城际铁路、市域（郊）铁路、城市轨道交通等"多网融合"，提升城市群路网联通程度，循序渐进、合理推进城际轨道交通建设与服务。

四是加强综合交通枢纽建设，有效支撑城市群都市圈综合交通高质量发展。结合城市群都市圈国土空间规划，推进区域枢纽、城际枢纽、市域枢纽和城市枢纽等不同层次综合交通枢纽"多级协同"发展，促进城市群都市圈各种运输方式高效衔接。

## （二）提升客运服务质量，打造适配现代化城市群都市圈发展的客运出行体系

我国居民消费正在由生存型消费向发展型消费升级、由物质型消费向服务型消费升级，更注重出行安全性、便捷性、舒适性，追求高品质的出行体验。

一是打造适合城市群都市圈综合客运服务体系。推动多种运输方式间统筹协调，加快推动旅客联程运输发展，提升铁路、公路运输跨城际、跨市域出行的互通程度，提升旅客出行全链条、各环节的服务效率和服务品质。着重加快建设轨道交通基础设施网络，推动轨道交通"多网融合"，铁路作为现代化城市群都市圈的骨干方式，推动干线铁路、城际铁路、市域（郊）铁路、城市轨道交通等加快"四网融合"，因地制宜推进与中小运量轨道交通的融合。

二是提升枢纽服务水平。以旅客舒适出行、便捷换乘为目标，完善枢

纽场站联运服务功能，鼓励共建共享联运设施设备，积极引导立体换乘、同台换乘，统筹运输方式间运力、班次对接，鼓励开展联程运输服务。

三是提升信息化、智能化水平。加快推进不同运输方式票源互通开放、出行需求信息共享、结算平台互认，推行城市群都市圈跨方式异地候机候车、行李联程托运等服务，实现旅客出行"一票到底、行李直运、无缝衔接、全程服务"。提升道路交通出行效率，鼓励先进交通技术研发和应用，创新服务产品和服务模式，加大智能化、信息化应用，推动人-车-路协同，因地制宜开展无人驾驶试点，鼓励发展定制公交、网约车、自动驾驶等新业态、新模式。

四是提升城际交通出行效率。推动轨道交通建设与城市融合，鼓励运输组织创新，推动轨道交通开展大站快车、跨线互通等提升乘客出行效率的组织模式，实现主要城区市域（郊）1小时通达，城市群内主要城市间2小时通达，相邻城市群及省会城市间3小时通达。

## （三）推动交通物流降本增效，发挥对产业聚集、流通能力提升的支撑引领作用

城市群都市圈是重要的产业承载地，对交通物流的需求更加精细化、多元化，良好交通物流是促进产业聚集、资源要素自由流通的重要支撑。

一是打造城市群都市圈多式联运服务体系。加强城市群都市圈多种运输方式间合作，适当开展公铁联运、铁水联运、江海直达等模式运输组织，优化客货运枢纽布局，形成多层级枢纽体系，加密城市群都市圈与周边港口、机场、铁路和公路重要枢纽间衔接，提升现代化城市群都市圈的资源聚集能力。

二是提升交通供给的精准度。注重工业品物流发展，围绕全产业体

系生产资料、半成品及产成品流动，打造专业化物流体系，提升城市群都市圈货运双向服务通达度，结合产业转型发展趋势，构建从原材料供应、生产组织到产品营销流通的全供应链物流解决方案。促进农产品物流发展，结合粮食、油料、蔬菜、肉食等农产品保供稳价对交通物流的需求，推动大宗农产品物流、冷链物流发展，加强城市群都市圈与周边重要农产品产地、交易地间联系，建立应急保供机制与配套的仓储、分拨、运输服务体系。

三是鼓励载运工具快速化发展。加快设施设备创新应用，以集装箱、半挂列车为标准运载单元的多式联运为重点，推动构建集装箱运输多式联运体系，鼓励研发新车型，提升货物运输服务效率。

## （四）多措并举，支撑引领现代化城市群都市圈综合竞争力的提升

交通对沿线土地及枢纽场站具有明显的升值带动作用，应通过打造通道经济、枢纽经济，支撑引领现代化城市群都市圈综合竞争力的提升。

一是打造通道经济。支持交通沿线的土地综合开发建设，提升资源聚集的吸引力。建立都市圈国土空间规划体制及与轨道交通规划互动机制，基于单一城市特别是以中心城区为主导的传统城市规划、交通规划已越来越不适应新型城镇化背景下城市与区域发展的态势与要求，应注重交通与空间二者间的联动发展。国土空间规划确定都市圈的战略规模与空间走向后，交通规划应积极配合支撑；交通规划确定具体轴线和站点后，也应同步编制交通综合开发控制性规划，提出可实施综合开发的交通场站及影响区域用地的综合开发功能、规模和强度等指标，将相关控制内容依程序纳入相关地块的控制性详细规划。

二是打造枢纽经济，加大对枢纽空间资源的利用，将枢纽打造成

商业洽谈、居民购物、休闲娱乐的城市服务综合体。TOD项目是通过土地利用和交通发展的互动关系来协调城市交通拥堵与用地不足的矛盾，塑造紧凑型的网络化城市空间形态，促进城市可持续发展，既是一种交通规划方式和土地混合高效利用模式，也是一种城市设计理念和城市增长模式。鼓励混合用地，围绕轨道交通站点的混合开发，创造办公、住宅、娱乐、休闲等功能的多样性，改变目前土地使用功能过于单一、用地分类体系难以体现土地用途多样复合属性的问题，促进城市、镇功能的合理复合化发展，充分体现市场对资源要素的主导作用，推进存量空间的精细化提升，激发城市发展动力与空间活力。

## 五、政策保障建议

### （一）政府支持层面

深化体制机制改革，优化都市圈轨道交通发展环境。打破多制式轨道交通主管部门间的行政壁垒。一方面，引导地方政府政绩观的改变，不再局限于关注相对已经比较完善的高速铁路等干线铁路、城市轨道交通等更显政绩的轨道交通方式上，而应该务实提升城际铁路、市域（郊）铁路、城际公路等切实影响都市圈居民出行效率和感受的交通方式，尤其是聚焦在通勤交通、灵活交通等日常备受关注的领域上。另一方面，明确都市圈交通发展的牵头部门，引导地方政府加强对交通融合发展的支持，牵头部门应积极协调其他相关部门，尽快推动解决都市圈轨道交通发展涉及的土地开发利用、投融资体制机制等问题，减少体制机制障碍。

完善支持轨道交通场站综合开发的政策法规和协调机制。积极培育城市群都市圈交通场站综合开发主体，鼓励交通企业与地产、商业企业等通过股权融合等方式成立联合开发主体，建立投资利益分担机制，从枢纽综合开发的前期就开始加强深度合作，统一规划、统一设计、同步实施、协调运营。将站点周边土地开发供应获得的土地政策收益、土地综合开发所带来的部分税收利益和土地增值收益，纳入都市圈交通建设平衡资金和运营补贴，实现轨道交通投资外部效益内部化。完善地上、地下空间资源开发方面的法律法规和联合开发土地储备的法律制度，推广应用深圳、上海等地关于土地使用权作价出资、协议出让等土地管理制度创新，提高综合开发效率。

加快法律法规适用性增补修订。城市群都市圈交通协同发展需涉及多个行业主管部门以及土地、消防等管理机构，尤其是基础设施互联互通、跨方式的交通服务等运输组织创新可能带来的新场景应用，既有法律法规、行业规范、管理条例等方面可能相对滞后、存在矛盾，应加快研究更新修订。修订完善适应TOD空间发展模式的标准规范，遵循TOD模式发展的3D原则，即土地混和开发（diversity）、高密度（density）和宜人的空间设计（design），改变以便于管控为目的的传统城市规划标准和以小汽车为导向的城市交通设计理念，修订完善现有相关标准规范。

### （二）规划协调层面

注重多方式交通间的统筹协调。统筹编制城市群都市圈发展规划，涉及多方式的交通，当前，我国都市圈交通系统中普遍存在更重视地铁制式，缺乏市域铁路、轻轨等服务不同空间尺度、满足不同出行需要的多功能轨道交通设施供给。都市圈交通规划体制机制尚不健全，高速铁路、城际铁路、市域铁路、城市轨道交通、城际公路等相互之间的规划协调不足，如此现状也造成了一些通道资源的浪费和部分项目的效益不佳。为更好发挥不同功能层次轨道交通网络的技术优势，应统筹编制多网融合的都市圈交通规划，注重多网融合的轨道交通规划，以轨道交通为主导，以公路交通为辅助，实现资源共享，打造多元化的交通体系，以满足不同空间圈层多层次差异性出行需求。同时，交通规划应与都市圈国土空间规划、综合交通规划相协调，使交通成为城市群都市圈产业集聚和空间拓展的重要依托。

合理把握不同功能层次轨道交通建设时机和发展策略。发展不同功能层次轨道交通，更好满足各类交通出行需求。我国在推进都市圈轨道交通发展的过程中，应更加重视不同层次轨道交通系统在实现功能层面上的衔接融合，合理把握建设时机，对不同类型不同发展阶段的通道和轨道项目确定不同的发展策略，因地制宜，适时推进建设。对于既有对外客运通道，若在都市圈范围内的沿线城镇发展基础较好，可以考虑优先利用干线铁路开行城际、市郊列车，满足相关需求，待时机成熟后改造建设成为兼顾对外和都市圈功能的复合通道；对于占据城市核心通道资源的既有货运线路，重点考虑新建绕城货运铁路，将原有通道改造提升为都市圈客运轨道系统；对于时空特征存在一定差异的线路，则可以通过合理的运营组织，更好地满足不同功能的需要。

## （三）市场改革方面

培育都市圈交通一体化运营主体。提供跨方式、多层次、多元化的服务体系。鼓励运营组织模式创新发展，积极培育都市圈轨道交通一体化运营主体，可使不同功能层次轨道交通在运输服务层面有更清晰的统一标准，提供一体化、同质化、便捷化的高品质运输服务。重点应消除有关市场主体参与铁路运营的制度性壁垒，在都市圈层面探索推进铁路网运分离改革，鼓励有条件的交通运营主体拓展业务范围，尤其是鼓励轨道交通行业企业进入都市圈轨道交通领域，以及城际铁路、市域铁路与其他方式合作的综合运营服务领域，并与国铁集团形成良好竞合关系，最终实现都市圈范围内的交通一体化运营。推动实现一种便捷支付方式在都市圈公共交通全领域通用。

着重推进轨道交通行业市场化改革。加强政府层面统筹协调力度，打破铁路行业目前的垄断竞争格局，放宽铁路行业准入门槛，推动网运分离。明确国铁集团等轨道交通企业应针对合作入网、衔接、租用线路、租用车辆等市场行为，公开清算制度，提升透明化程度，打造良好市场环境。激发铁路行业内部创新驱动力。铁路企业是交通协同发展的重要参与者，应推动铁路行业体制机制改革，加快放宽铁路市场准入条件、督促铁路企业与其他轨道交通企业平等合作，应进一步深化改革，把都市圈多制式轨道交通综合服务体系作为对铁路企业的重要考核指标，研究提出奖励办法，激发铁路行业、路局集团、基层员工等多层面的积极性。

完善城市群都市圈交通票制票价。将主要服务于都市圈的交通客运票价权限交由地方政府主导、由都市圈交通公司具体负责，便于及时根据当地经济发展、市场行情、供需关系等要素灵活调整票价，实施多元化、定制化、差异化的票制安排，在满足客流需求的同时，提高运营效益。推动城际铁路、城际公路、市域铁路、城市轨道交通、公交巴士等之间安检互信，真正实现旅客出行无缝换乘。

（执笔人：赵欣苗）

# 参考文献

杜德斌,智瑞芝,2004.日本首都圈的建设及其经验[J].世界地理研究(13)(4).

贾卫宾,2020.华盛顿大都市区多模式走廊发展评估与启示[J].城市交通(4).

景国胜,黄荣新,谢志明,2020.广州城市轨道交通快线的创新实践与思考[J].城市交通(1).

蒋中铭,2021.都市圈轨道交通规划编制思路和重大问题研究[R].国家发展和改革委员会综合运输研究所研究报告.

蒋文,2011.都市圈轨道交通网络衔接模式研究[D].北京:北京交通大学硕士学位论文.

景国胜,2017.广佛都市圈视角下的轨道交通发展思考[J].城市交通(1).

刘龙胜,杜建华,张道海,2013.轨道上的世界——东京都市圈城市和交通研究[M].北京:人民交通出版社.

荣朝和,罗江,2020.日本铁路东京都市圈通勤五方面作战转型服务启示研究[J].铁道运输与经济(3).

刘杰,张笑君,2019.从摆脱中心控制走向多中心协同发展——巴黎大区规划演变及启示[J].智能建筑与智慧城市(8).

刘洪科,2019.重庆轨道交通一体化发展策略与实践[J].都市快轨交通(6).

刘昭然,刘先梦,董皓,2016.超大城市市郊铁路与中心城区交通衔接模式研究[J].综合运输(8).

吕颖.都市圈综合轨道交通线网规划布局研究[J].铁道标准设计.

凌小静,滕爱兵,2020.对推进轨道交通"四网融合"发展的思考[J].交通工程(4).

李道勇,2013.大都市区多中心视角下轨道交通与新城的协调发展[D].天津:天津大学博士学位论文.

李星,谭月,向蕾,等,2020.基于实证研究的市域铁路发展思考——以成灌铁路为例[J].城市交通(1).

吕颖, 2020.都市圈综合轨道交通线网规划布局研究[J].铁道标准设计(64).

全永燊,刘剑锋, 2017. 区域轨道交通规划若干问题与思考[J].城市交通(1).

王超,王文杉,武剑红,张冰松, 2020. 北京市利用国铁资源发展都市圈市郊铁路构想研究[J].城市轨道交通(5).

王晓荣, 荣朝和, 盛来芳, 2013.环状铁路在大都市交通中的重要作用——以东京山手线铁路为例[J]. 经济地理(1).

武剑红,沈砾子, 2017.东京都市圈市郊铁路特点及对我国的启示.中国铁路(9).

王涛,苗润雨, 2015.东京多中心城市的规划演变与新城建设[J].城市(4).

杨珂, 2017. 都市圈多层次轨道交通系统规划研究[D].北京:北京交通大学博士学位论文.

禹丹丹,徐会杰,姚娟娟,张向峰,王海涛, 2019. 国外都市圈轨道交通互联互通运营对我国的启示[J].综合运输(5).

周予婷,戴新鋆,孙洪涛,等, 2021. 多网融合下的都市圈客运系统发展思路[J]. 铁道经济研究(2).

张磊, 2019.都市圈空间结构演变的制度逻辑与启示:以东京都市圈为例[J].城市规划学刊(1).

赵学彬, 2006.巴黎新城规划建设及其发展历程[J].规划师(11).

赵坚, 赵云毅, 2018. "站城一体"使轨道交通与土地开发价值最大化[J].北京交通大学学报(社会科学版),(4).

专题报告五 | 交通运输支撑引领
现代产业体系建设研究

**内容提要**：基于产业发展、产业要素支撑、产业链供应链运行和产业技术变革等方面分析，本报告提出交通运输支撑引领现代产业体系建设要按照"立足自身发展、侧重设施保障、突出科技创新和数字化变革、强化链条安全与组织"的总体思路，把运输服务业率先现代化作为首选发力点，充分发挥交通物流基础设施的要素保障和支撑作用，全力夯实交通运输科技创新和数字化变革基础，把稳定物流供应链、增强产业链竞争力放在重要位置，从加快发展现代运输服务业、构建现代化交通物流基础设施体系、推动交通运输关联产业高质量发展、保障交通物流产业链供应链安全、助力供应链和产业链协同创新等五个方面着力。

## 一、构建现代产业体系的时代背景与内涵

构建现代产业体系是转向经济高质量发展的重要战略任务，是促进国内大循环与国内国际双循环的经济基石，是应对全球经济、产业、投资、贸易、供应链格局深刻调整的关键举措，是把握全球新一轮科技革命机遇、推动科技与经济以及各次产业深度融合的现实要求。

### （一）现代产业体系的提出背景分析

现代产业体系是中国语境下的概念。从我国现代产业体系的提出背景看，"现代产业体系"出自决策层对现实经济发展取向的思考，也是产业经济学理论发展的内在逻辑结果。进入21世纪，随着工业化的快速推进，我国传统产业体系在发展过程中出现的初级要素禀赋、较低的全球价值链上分工地位、较低的产品附加值以及数量竞争规模驱动的发展模式等问题日益凸显，而与此同时，经济全球化和区域经济一体化的深入发展，特别是国际金融危机、中美贸易摩擦、新冠疫情等对国内外经济形势产生了深刻影响。在此背景下，顺应国际产业发展规律，重构现代产业体系，形成具有国际竞争新优势的发展模式成为中央及各个地区产业体系建设的目标。

现代产业体系这一概念是在党的十七大报告中正式提出的，报告提出要"发展现代产业体系，大力推行信息化和工业化的融合，促进工业由大变强，振兴装备制造业，淘汰落后生产能力"。2011年，《中华人民共和国国民经济和社会发展第十二个五年规划纲要》再次提出发展现代产业体系的要求："发挥我国产业在全球经济中的比较优势，发展结构优化、技术先进、清洁安全、附加值高、吸纳就业能力强的现代产业体系。"

2012年，党的十八大报告提出"着力构建现代产业发展新体系"。2017年，党的十九大报告提出"着力加快建设实体经济、科技创新、现代金融、人力资源协同发展的产业体系"。2020年，党的十九届五中全会审议通过的《中共中央关于制定国民经济和社会发展第十四个五年规划和二〇三五年远景目标的建议》提出"加快发展现代产业体系，推动经济体系优化升级"。2021年发布的《中华人民共和国国民经济和社会发展第十四个五年规划和2035年远景目标纲要》提出"加快发展现代产业体系巩固壮大实体经济根基""构建实体经济、科技创新、现代金融、人力资源协同发展的现代产业体系"。

### （二）构建现代产业体系的总体思路

《中共中央关于制定国民经济和社会发展第十四个五年规划和二〇三五年远景目标的建议》第四部分"加快发展现代产业体系，推动经济体系优化升级"，要求"坚持把发展经济着力点放在实体经济上，坚定不移建设制造强国、质量强国、网络强国、数字中国，推进产业基础高级化、产业链现代化，提高经济质量效益和核心竞争力"。为此，部署了五大产业发展任务：一是提升产业链供应链现代化水平，二是发展战略性新兴产业，三是加快发展现代服务业，四是统筹推进基础设施建设，五是加快数字化发展。

《中华人民共和国国民经济和社会发展第十四个五年规划和2035年远景目标纲要》在第三篇"加快发展现代产业体系巩固壮大实体经济根基"，要求"坚持把发展经济着力点放在实体经济上，加快推进制造强国、质量强国建设，促进先进制造业和现代服务业深度融合，强化基础设施支撑引领作用，构建实体经济、科技创新、现代金融、人力资源协同发展的现代产业体系"，对应四大任务"深入实施制造强国战略"（加强产业基础能力建设、提升产业链供应链现代化水平、推动制造业优化升级、实施制造业降本减负行动），"发展壮大战略性新兴产业"（构筑产业体系新支柱、前瞻谋划未来产业），"促进服务业繁荣发展"（推动生产性服务业融合化发展、加快生活性服务业品质化发展、深化服务领域改革开放），"建设现代化基础设施体系"（加快建设新型基础设施、加快建设交通强国、构建现代能源体系、加强水利基础设施建设）。

249

### （三）现代产业体系内涵与思路理解

从既有研究成果看，不同学者对现代产业体系的内涵理解有所区别，所强调的侧重点不一样，并且学者对其内涵和思路的理解也在根据形势变化，与国家经济发展战略融为一体。

部分学者更加强调产业体系化发展需求。如刘钊（2009）认为，"在现代产业网络化的发展过程中，产业被放在一个更大范围的产业组织体系中，与其他产业建立密切的合作竞争关系，并据此提升产业的自身能力，实现可持续发展。可以说，现代产业体系的本质是建立在产业联动基础上的产业网络系统"。芮明杰（2018）认为，"现代产业体系是指代表生产、流通、组织与技术等未来发展方向的有国际竞争力的新型产业体系"。

部分学者更加突出新内涵的特点。如黄汉权（2018）认为，"与以往不同，党的十九大报告打破了传统以一二三产业划分产业体系的做法，从实体经济和要素投入关系的角度赋予产业体系新的内涵，把产业体系从以往的三产领域，拓展到实体经济、科技创新、现代金融、人力资源'四个协同'。这是我们党根据时代变化对我国产业体系作出的新论述，具有重要的理论意义和现实指导意义"。

还有学者根据政策实施的角度来理解现代产业体系的内涵与路径。如盛朝迅（2019）认为，"贯彻'稳、转、新、集'四字方针[1]，从体制机制、要素培育、企业主体和产业发展等4个层面构建现代产业体系，倒逼企业加速转型升级，促进产业和要素资源配置更加协同，加快构建

---

[1] 稳、转、新、集是指稳定具有比较优势行业，转型升级传统行业，全力发展新兴行业，提升产业集聚效应。

'创新引领、要素协同、链条完整、竞争力强'的现代产业体系，实现从现行产业体系到现代产业体系跃升"。再如黄汉权（2021）认为，"把战略性新兴产业和现代服务业作为主要引擎，把提升产业链供应链安全性和竞争力放在更加突出位置，充分发挥数字化的赋能和引领作用，不断夯实的基础设施保障和要素支撑，不断增强现代产业体系的创新力和竞争力，为加快发展现代产业体系、构建新发展格局提供强有力的支撑"。

本报告认为，现代产业体系具有明显的时代背景，与我国产业发展基础、变化态势和发展目标高度协调，充分体现了问题导向、目标导向和结果导向三者的相结合。在现阶段，产业要素升级、产业链供应链现代化、产业技术变革是我国现代产业体系建设的核心内容。因此，交通运输支撑引领现代产业体系建设研究既要体现交通运输自身发展的特点，更要有宏观视野，与整个国家及产业发展战略融合为一体，强调产业要素、产业链供应链和产业技术等发展要求。

## 二、交通运输在构建现代产业体系中发挥着支撑引领作用

经济活动的空间分布依赖劳动力和产品的流动，交通运输产业的发展对要素流动具有重要影响，这是交通运输的基本经济属性，也是分析交通运输在现代产业体系构建中所起作用的基础。基于上述现代产业体系内涵和路径分析，将聚焦产业发展、产业要素支撑、产业链供应链运行和产业技术变革等维度，深入分析交通运输在构建现代产业体系中所能发挥的作用，并着重分析支撑和引领两个方面。

## （一）从产业发展看，交通运输是现代产业体系重要组成部分

交通运输活动具有很强技术经济联系，组成了独有的产业门类，现代产业体系包含交通运输业以及与之关联的产业，因此可以将交通运输的产业属性作为分析起点。

**1. 交通运输涉及运输服务、基础设施和装备制造等产业，其中运输服务业是核心**

从产业角度看，交通运输是国民经济中具有基础性、先导性、战略性的产业，是重要的服务性行业。从产业关联的角度来看，建设交通强国是二三产业联动，运输服务与信息服务业、相关装备制造业、建筑业、科技研发协同发展的过程，建筑业涉及的施工装备制造业也是其中的重要内容。建筑业与交通密不可分，高水平的建筑队伍才能供给高质量的交通设施。制造业与交通密不可分，高质量的运输服务要有高端的装备。交通建筑业与交通制造业关系紧密，高难度的重大交通工程项目建设催生大型先进工程装备。信息服务是交通运输现代化和高质量发展的重要推动力。各领域产业发展都离不开科技创新。

**2. 交通运输涉及产业现代化是构建现代产业体系的应有之义，部分领域或区域可以发挥引领作用**

交通运输及其涉及产业作为现代产业体系的重要组成部分，随着科技进步和生产组织变革等，其自身的升级与现代化必不可少。比如提高基础设施产业、交通装备产业和运输服务业创新发展能力，补齐设施、设备和服务等产业的产业链短板，培育壮大交通高端装备、新能源汽车、航空航天等战略性新兴产业，提高现代物流业发展水平。特别是，目前我国交通运输及其涉及产业部分基础还比较薄弱，民用大飞机和传

统动力汽车等核心技术受制于人。此外，交通运输不平衡不充分问题依然突出，空间上的、方式上的、群体间的发展差距缩小还有较长的路要走，这些都是产业自身现代化的重要内容。从这个方面看，其他产业也存在类似问题，交通运输及其涉及产业基于现有的发展基础和问题，可以在部分领域或区域率先实现突破，在整个产业现代化中发挥重要的引领作用。

## （二）从产业要素支撑看，完善的交通物流设施是发展现代产业体系的前提条件和重要保障

从我国产业现状和发展问题看，产业要素现代化是构建现代产业体系的重要内容，交通物流等基础设施作为产业发展的先导力量，在本轮产业要素变革升级中发挥重要作用。

### 1.交通物流设施是推动产业发展的基础要素

当前，我国现代产业体系构建的重要特征是实现要素变革，从原有的高耗能、高污染、密集劳动力等传统产业要素转向科技、金融和人力资本等现代产业要素，并且现代产业要素能更好的协同。特别是新一代信息技术广泛运用于各领域，高度联通型社会悄然而至，"万物互联"正在成为现实。随之，人们的时空观念、消费需求和行为模式等正发生剧烈变化，互联互通已经深刻烙入现代经济体系和全球供应链，全球大联通不可逆转，网络、系统和速度成为国家经济体系核心竞争元素。我国拥有全球最完整的产业体系，先进高效联通系统是大国经济规模优势转化为发展优势的关键。交通物流设施是人口、商品和技术等流动的重要载体，是市场规模效应和技术进步的推动者，对产业结构和空间布局有重要影响。负责线下联通业务的交通运输系统，以及信息和金融等线上联通部门是经济产业创新最为活跃的地带。

**2.高效联通的交通物流设施网络体系为要素协同创新提供支撑**

在新一轮产业技术变革引导下，以"万物互联"为特征的链条化网络化组织形态遍布经济系统各个领域，经济要素的配置表现为生产要素的关联、流通、组合和发酵，市场这只看不见的"手"是整个庞大系统的大脑，保障经济要素互联互通的基础设施，是将这一切活动组织起来的神经网络。为了适应经济系统链条化网络化组织变革趋势，需要以联通系统为切入点。通过引入新的交通要素、运用新的运输组织技术和创新有关制度安排等方式重构线下联通系统，交通运输系统的创新活动促使线上线下联通系统有机融合，提高经济活动的链条化网络化组织能力，为其他部门产业生产扩张、市场开拓和产品创新等提供动力，是培育经济新动能的重要方法和路径。为此，加强交通物流基础设施建设，形成互联互通、高效便利的设施网络体系，为技术、人才和资本等要素跨区域协同提供设施保障。

**（三）从产业链供应链运行看，交通运输发挥着畅链、稳链、强链作用**

产业链式发展是现代产业的重要特征，交通运输在经济活动中所具有的串联角色，两者的耦合使得交通运输与产业链供应链具有密切联系，需要以此为突破口深入研究交通运输的现代产业体系构建贡献。

**1.交通运输是发展现代物流供应链的基础**

现代流通体系涵盖商贸、物流、交通等现代大流通各领域，交通运输是现代流通体系的重要构件，在串联生产、消费、流通各个环节方面发挥基础支撑作用，可以推动区域分工深化和一体化发展，更好发挥我国超大规模市场优势，在现代流通体系建设方面具有重要作用，而建设现代物流供应链是重要切入口。具体而言，可以借助5G、大数据、人工智能等现代信息技术打破要素流动的阻碍，通过零售渠道、推广渠道、营销渠道等流通渠道的共享，大大降低构建渠道体系及其运营维护费用，促进发达地区与欠发达地区、东中西部协调发展，实现从要素供给到商品消费的城乡、区域循环畅通。与此同时，通过机场、港口、高速公路、铁路和仓储中心等交通物流设施共享，运用现代信息技术模拟最优路径，优化配置流通设施，持续推动国内市场高效畅通和规模拓展，提高经济效益。

2.畅通运输链、稳定物流供应链有利于提升产业链供应链现代化水平

更为重要的是，在链条化网络化普及的经济系统中，交通运输是经济要素链式组织的重要参与和推动者，畅通运输链能推动产业链供应链组织变革、提高效率，稳定物流供应链是促进产业链供应链稳定的重要举措。通过物流组织和业态模式，推动上下游、产供销、内外贸一体衔接，促进产业链供应链更加畅通，提升流通效率、降低流通成本，深化专业分工，推动效率提升和技术创新，提高全要素生产率，促进我国产业迈向全球价值链中高端。特别是在提升产业链供应链韧性方面，畅通运输链、稳定物流供应链，助力供需循环畅通，形成需求牵引供给、供给创造需求的更高水平动态平衡，实现供需有效对接和产业链供应链协同发展，构建自主可控、安全可靠的生产供应体系。

### （四）从产业技术变革看，产业数字化离不开交通运输数字化

科学技术是第一生产力，人类的现代化事业再次面临科技和产业变革机遇，现代产业体系构建必然要与新一轮产业技术变革同频共振。

**交通运输当好中国现代化开路先锋**
**发展战略研究**

1.交通运输是新产业技术变革和应用的重要领域

科技革命与交通运输创新密切相关。第一次科技革命最突出的标志就是蒸汽动力的发明和广泛应用，蒸汽机的使用导致了蒸汽轮船和火车的发明。以电信、内燃机、汽车、照明、钢铁为主导技术的第二次科技革命，内燃机的发明和汽车的普遍使用成为了人类交通运输方式的第二次大变革。当前，民用大型客运飞机和汽车产业不但为美国和欧盟等发达国家带来了丰厚的利润，还是其制造业保持全球领先的重要支撑。近年来，我国在复杂的交通工程技术方面取得诸多进展，完成了港珠澳大桥这个超级工程，中国的桥隧工程技术达到世界一流水平，高铁成为我国"走出去"的一张名片。共享出行项目如雨后春笋般涌现，全球共享经济十大"独角兽"企业名单中，共享出行就占据四席。大数据、人工智能技术的发展与融合应用将变革我们的驾驶习惯，引领我们的出行方式。2017年，智能驾驶领域再度掀起风口，尤其是激光雷达与自动驾驶算法的结合，成为资本角逐的方向。自动驾驶、车联网、物联网等领域则将成为新的创投热点。

2.交通运输数字化是产业数字化发展的重要内容与支撑

在信息社会，网络信息通信技术是发展最快、渗透最强、应用最广的关键技术之一，基础设施呈现智能化新特征，技术进步与信息化带来交通、能源、通信等领域的升级换代，推动基础设施向更先进、更便捷、更智能方向发展，高速铁路、智能电网、新一代移动通信、数字电视网等新一代基础设施已成为发展热点和现代化的重要标志，是国家发展战略的重要组成部分。产业数字化包括交通基础设施、交通工具、运输服务等全流程全链条的数字化，对居民生产和生活均具有重要意义，是推动产业融合发展、壮大数字经济的重要支撑。更为重要的是，交通运输与互联网的深度融合是产业升级的重要方式，加快信息行业最新成果在交通领域的运用，共享创新融合发展带来的红利，加速行业增效升级发展，网约车、共享单车、共享汽车、互联网物流等交通运输领域新业态呈现井喷式发展。

> **专栏5-1　智能交通系统（ITS）**
>
> 美国：ITS在美国的应用已达80%以上，而且相关的产品也较先进。美国ITS应用在车辆安全系统（占51%）、电子收费（占37%）、公路及车辆管理系统（占28%）、导航定位系统（占20%）、商业车辆管理系统（占14%）等方面发展较快。
>
> 日本：日本的ITS主要应用在交通信息提供、电子收费、公共交通、商业车辆管理以及紧急车辆优先等方面。目前在日本已有超过1800万人的汽车导航系统用户。
>
> 韩国：ITS示范工程选在光州市，耗资100亿韩元，选取了交通感应信号系统、公交车乘客信息系统、动态线路引导系统、自动化管理系统、及时播报系统、电子收费系统、停车预报系统、动态测重系统、ITS中心等9项内容。
>
> 马来西亚：ITS建设集中在多媒体超级走廊，从位于吉隆坡88层的国油双峰塔开始，南伸至雪邦新国际机场，达750平方千米。利用兆位光纤网络，把多媒体资讯城、国际机场、新联邦首都等大型基础设施联系起来。
>
> 新加坡：ITS建设集中在先进的城市交通管理系统方面，该系统除了具有传统功能，如信号控制、交通检测、交通引导外，还包括用电子计费卡控制车流量。在高峰时段和拥挤路段还可以自动提

> 高通行费，尽可能合理地控制道路的使用效率。
>
> 资料来源：中国公路网《国内外城市智能交通发展现状》。

## 三、我国交通运输支撑引领构建现代产业体系的现状与主要问题

经过多年建设发展，我国已经建成规模全球领先的交通基础设施网络，各种运输方式合理分工和一体衔接水平显著提高，重大交通工程建设技术和关键核心装备研发成绩突出，成为名副其实的交通大国。但是与人民日益美好生活需求和高质量发展要求相比，在服务品质、设施质量、数字化发展和产业支撑等方面仍有诸多短板。

### （一）我国交通运输支撑引领构建现代产业体系的现状

1.我国运输服务业发展的质量效益不断提升，已成为现代服务业的重要内容

交通运输是人民群众获得感最强的领域之一，是现代化建设的重要引领者，运输服务业是现代服务业的重要内容。比如，"坐着高铁看中国"成为广大旅客享受美好旅行生活的真实写照，"四好农村路"引领乡村巨变，为农村带去了人气、财气。同时，我国是世界上客货运输最繁忙的国家之一，全球集装箱吞吐量前20大港口中，我国占9席。截至2019年底，我国全社会营业性客、货运输量分别达96.65亿人次和464.4亿吨，其中，铁路旅客周转量、货运量居世界第一，公路客货运输量及周转量、水路货运量及周转量均居世界第一，民航运输总周转量、旅客周转量、货邮

周转量均居世界第二，快递业务量规模继续稳居世界首位。目前，我国已经成为全球海运连接度最高的经济体，中欧班列通达23个欧洲国家，国际道路运输合作范围拓展至19个国家，水路国际运输航线覆盖100多个国家，国内航空公司经营国际定期航班通航44个国家的75个城市。

2.我国超大规模综合立体交通网络基本成型，为交通运输行业迈向现代化奠定坚实基础

当前，我国已经建成了全球最大的高速铁路网、高速公路网、世界级港口群，航空航海通达全球，综合交通网突破600万千米。截至2020年底，铁路营业里程14.6万千米，公路通车里程520万千米，内河航道通航里程12.8万千米，城市轨道交通运营里程7354.7千米，运输机场241个，其中，高速铁路里程、高速公路里程、城市轨道交通运营里程、沿海港口万吨级及以上泊位数都稳居世界第一，铁路、高速公路对城区常住人口20万以上城市的覆盖率均超过95%，民航运输机场已覆盖92%的地级市。城市道路里程49.3万千米，城市轨道交通运营里程6600千米，超大特大城市轨道交通加快成网。如表5-1所示。

表5-1  我国与典型国家交通基础设施比较

| 国别 | 国土面积（万平方千米） | 人口数（万人） | 铁路营业里程（万千米） | 公路里程（万千米） | 内河航道里程（万千米） | 运输机场数量（个） |
|---|---|---|---|---|---|---|
| 中国 | 960 | 141178 | 14.6 | 520 | 12.8 | 241 |
| 美国 | 983.2 | 32717 | 22.8 | 656 | 4.02 | 537 |
| 英国 | 24.4 | 6649 | 1.6 | 39.7 | 0.35 | 55 |

注：（1）国土面积和人口为2020年数据，来自《中国统计年鉴2020》。（2）中国交通基础设施规模为2020年数据，来自国家统计局。（3）美国、英国交通基础设施规模分别为2012年和2018年数据，来自各国交通运输部门。

**交通运输当好中国现代化开路先锋**
**发展战略研究**

3.我国交通运输正在加速融入现代供应链产业链体系，在供应链产业链稳定安全运行中发挥着重要保障作用

近年来，围绕交通要素培育经济新动能受到各界关注，交通要素成为提高经济产业发展质量的重要引导因素。从业态创新来看，交通运输信息化正加速向其他产业信息融合拓展，服务于产业柔性化智慧化组织转型，推动高效匹配、及时响应的订单商品等快速发展。比如农产品电商平台卡拉果蔬，随着农业结构调整和居民消费水平的提高，生鲜农产品的产量和流通量逐年增加，为农户与消费者提供一站式的流程化服务，构建了生鲜农产品流通网络，推动农产品新型流通体系建设。从产业增值空间来看，货流、信息流和资金流是现代供应链的基础元素，货物运输的在途、在仓时间和价值管理是现代金融创新的重要内容，也是供应链上下游企业降低资金成本和拓展融资渠道的有效手段。特别是新冠疫情期间，中欧班列、远洋货轮昼夜穿梭，全力保障全球产业链供应链稳定。

4.我国交通运输科技创新能力和信息化水平不断增长，部分领域已经取得重大突破

一直以来，我国交通运输领域都重视科技创新工作，大规模交通建设与快速发展，成为交通运输科技创新发展的最大保障与推动力量。譬如，港珠澳大桥、北京大兴国际机场、上海洋山港自动化码头、京张高速铁路等超大型交通工程建成投运，具有完全自主知识产权的全系列复兴号动车组上线运行，C919客机成功试飞，ARJ21支线客机规模化运营，跨海桥隧、深水航道、自动化码头等成套技术水平跻身世界前列，船舶建造水平持续提升。北斗系统在交通运输领域深入推广，截至2021年6月底，安装使用北斗终端的重点营运车辆超过700万辆，邮政和快递

干线的车辆近4万辆，通用航空器有400余架，交通运输系统的公务船舶1800余艘使用了北斗系统，水上导航、助航设施1.3万余座。特别是随着信息技术在交通运输领域的加速应用与推广，多种智能交通方式建设有序推进，无人机、智能船舶、智能网联汽车、智能仓储配送设施设备加快应用，网约车、共享单车、网络货运平台等新业态快速发展。为此，众多企业也纷纷在智能交通和交通运输信息化领域布局，比如阿里的"城市大脑"、华为基于基础设施的协同ICT产品解决方案、腾讯的停车场无感支付、平安的平台智慧交通"1+7+C"（"1"个智慧交通运行监控与可视化指挥系统，"7"个智能管理和交通"C"云）、百度"人–车–路"全域数据感知的智能路网、高德的城市智慧出行等。

**（二）我国交通运输支撑引领构建现代产业体系存在的主要问题**

1.我国运输服务业现代化水平有待提高，服务品质不高、不均衡和国际竞争力不强等问题依然突出

虽然我国运输服务发展取得显著成效，但与经济社会高质量发展的现实要求、与人民群众对美好生活的向往追求相比，还是有诸多短板和弱项。其一，诸多领域存在服务品质不高。如多种运输方式融合发展仍需发力，旅客联程运输和货物多式联运发展水平有待提高，特别是城市交通方面，城市轨道交通与铁路衔接不畅直接影响百姓的出行体验。其二，我国运输服务不平衡不充分问题突出。特别是城乡间物流发展不平衡最为明显，我国农村物流分散，专业化程度低，难以形成规模发展能力和效应。与此同时，城乡物流二元化发展严重，农村物流难以与城市骨干网络形成有效对接，导致农村地区流通成本高。其三，国际运输服务水平竞争力不强，特别是与我国产业国际位势相比还偏低。比如在国际航运领域，我国航运企业构建了全球性的干线航运网络，海运的网络

组织等基本完善，服务效率和服务水平，基本与发达国家的航运服务持平或差距不大。但国际干线航运运输的延伸服务网络较弱，航运服务与关联的金融结算等配套服务衔接不足，航运业的服务总体水平仍不高。这一点从我国的进出口规模以及我国船队的市场份额并不匹配即可以看出我国航运领域的国际竞争力偏弱。

**2. 与新时代发展和安全要求相比，我国交通基础设施布局、结构、功能和发展模式仍待优化**

目前，我国基础设施已经形成较大存量规模，但与新时代发展和安全要求相比，在布局、结构、功能和发展模式等方面仍有较大提升空间。在布局方面，东部地区和城镇地区的网络密度与设施等级均远高于西部地区和农村地区，国内网络联通相对较好，对外通道存在能力不足或衔接不畅，关键领域和区域国家战略安全保障能力还需进一步增强。比如我国西部地区铁路、公路与高速公路的路网密度分别大约是东部地区的1/5、1/6和1/7。在结构方面，以城市、都市圈和城市群交通为例，这些城镇化地区的交通基础设施在全国走在前列，但是也面临诸多结构性问题，比如公共交通与私人交通的矛盾、城市交通拥堵尚未明显缓解等。在功能方面，北京首都机场、北京南站、上海虹桥等一批综合交通枢纽建筑规模与吞吐量位于世界前列，集成大量先进设施设备，但各种交通方式衔接不畅，功能设置不合理，换乘距离过长，服务缺乏人性化，与城市空间割裂，旅客普遍感觉出行不便、服务不周，而且单位面积运营效率低、能耗偏高。在发展模式方面，交通基础设施建设过于依赖资金、土地、岸线等资源要素投入，融资方式、运作模式、管理手段传统，要素配置效率亟待提升。

### 3.我国交通运输领域产业链仍存短板，与关联产业融合发展、对供应链产业链竞争力提升的支撑等方面需要进一步加强

当前，我国交通运输领域产业链短板问题突出，比如关键设施和设备。我国轨道交通、铁路、港口等领域设施基本实现信息化运营管理，但是信息系统部分核心技术和关键装备受制于人，信息系统脆弱，安全防护难度大。最明显的是操作系统、服务器和数据库等产品国产化率低，当前使用产品以国外品牌为主，关键核心技术的"命门"掌握在别人手里，信息系统的安全性难以保障。以民航为例，民航信息系统核心技术产品"断供"和"卡脖子"风险尤为突出，国产核心芯片适航符合性严重不足，卫星导航主要依赖美国GPS系统，航空通信导航监视等设施对国外系统、产品的依赖程度高，维修数据采集技术、解码译码技术掌握在国外原始设备制造商手中。

我国交通运输与其他产业融合发展取得了一定的成绩，但是与市场需求相比，仍有较大发展空间，融合的深度和广度有待加强。以交通运输与旅游融合新业态为例，汽车营地的数量及规模都偏少和偏小，还没有形成全国性服务网络，大多数城市和旅游景点都没有建设符合国际露营标准的宿营地，在景区范围内，汽车营地与住宿、露营、餐饮、娱乐和汽车补给、维修服务等功能没有统一规划。特别是临空经济、高铁经济和临港经济等以交通运输为核心载体的经济形态，在实践中的发展思路不明确，也存在一些误区，导致与之相关的供应链产业链竞争力提升作用没有完全发挥。比如在临空经济区建设方面，为了增加园区体量，在产业引进上存在急于求成的现象，部分经济区的产业与运输服务关联度不高，难以实现产业互动，产业集群效应不明显。

4.我国交通运输数字化发展处于初步阶段，科技创新能力仍有较大提升空间

当前，我国交通运输数字化发展仍处于跟随阶段，新技术绝大部分来源于国外，在市场化应用方面具有规模优势，但是自主创新能力依然较弱，特别是在智能车辆、交通控制、信息安全、定位技术等领域的短板明显，原创性成果和颠覆性创新严重不足。比如对定位技术而言，目前我国仍广泛使用GPS系统，而我国自主研发的北斗导航系统在应用上仍存在不少问题亟待突破。在区域交通控制、交通仿真等核心技术领域也缺乏成熟的研究成果。虽然我国一些汽车企业在智能辅助技术分支上获得了突破，然而目前在汽车领域广泛实际应用的汽车辅助驾驶系统层次，技术依然由国外公司垄断，国内没有专业生产汽车高级辅助驾驶系统的厂家。更为严重的是，我国交通运输领域科技创新体制机制与市场需求存在一定程度脱节，比如民营企业在运输服务科技创新中已成为绝对的主力军，但是在国家科技创新体系中仍处于弱势地位。国家科技创新投入仍在政府和国有体制内循环，效率低下，与真正的市场应用存在脱节现象。

## 四、交通运输支撑引领现代产业体系建设的总体思路

从产业发展、产业要素支撑、产业链供应链运行和产业技术变革等四个方面来看，结合我国交通运输支撑引领现代产业体系建设的现状与主要问题，交通运输支撑引领现代产业体系建设要坚持全局意识、争先精神、时代特色和行业特点等，按照"立足自身发展、侧重设施保障、突出科技创新和数字化变革、强化链条安全与组织"的总体思路，把运

输服务业率先现代化作为首选发力点，充分发挥交通物流基础设施的要素保障和支撑作用，全力夯实交通运输科技创新和数字化变革基础，把稳定物流供应链、增强产业链竞争力放在重要位置。

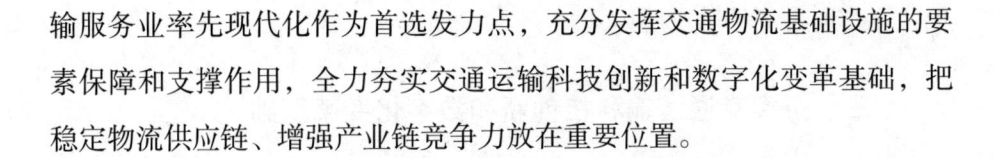

## （一）把运输服务业率先现代化作为首选发力点

在交通运输领域，设施和装备属于投入品，运输服务是产出品，是与生产生活直接联系的产品，也是评价交通运输现代化水平的最主要和直接的指标。上面的产业发展分析表明，交通运输作为具有自身特点的产业门类，构建现代产业体系要首先从自身做起，而运输服务业的核心地位决定了其率先实现现代化必然成为首选发力点。与此同时，我国运输服务业超大规模、超强网络和诸多亮点等现状表明，运输服务业现代化要紧扣关键环节、核心短板和突出矛盾，精准发力和科学施策，目前主要是从服务品质和质量、运输服务国际竞争力、运输服务数字化、现代物流等方面着手，加快推动运输服务业现代化。

## （二）充分发挥交通物流基础设施的要素保障和支撑作用

交通运输领域基础设施要素发展不但是交通运输服务业和其他产业发展的基础，而且随着设施和相关技术与组织变革，基础设施要素也需要随之升级改造。当前，我国已经形成了超大规模的交通物流基础设施网络，城市轨道、铁路、港口和机场等设施条件在部分领域和地区处于全球领先水平，但是不充分不平衡问题依然突出。为此，在交通运输支撑引领现代产业体系建设过程中，我们要继续充分发挥基础设施的要素保障和支撑作用，围绕我国交通物流基础设施方面存在的不足、弱项和短板，找准关键技术前进方向，重点在优化基础设施布局、结构、功能和发展模式等方面着力，加快推动交通基础设施数字化升级改造，构建现代化交通物流基础设施体系。

## （三）夯实交通运输科技创新和数字化变革基础

科技创新能力是产业发展的永恒动力，构建现代运输服务业和推动交通物流基础设施发展都离不开科学技术支撑。特别在高质量发展阶段，科技创新对构建现代产业体系更为重要，交通运输以及与之相关的创新要素的培育和积累必不可少，因此交通运输科技创新能力建设是现代化事业的基础和根本。一方面，我国加快补齐短板，针对核心技术和关键零部件等自主可控能力不足的问题，增强科技创新能力，建立专项科研任务攻关体系，下大力气解决创新短板。另一方面，瞄准交通运输领域科技创新前沿，加快培育基础设施和技术设备等方面的战略新兴产业，提高交通运输企业和交通运输数字化创新能力。

## （四）把稳定物流供应链、增强产业链竞争力放在重要位置

在链式组织的经济体系中，物流供应链平稳运行是经济发展的前提和基础。在构建新发展格局过程中，提高产业链供应链稳定性、畅通产业链供应链大循环是重要内容。特别是面对日益复杂的国际形势，稳定物流供应链更为重要，增强产业链竞争力是提高国际竞争力的必要手段。为此，要从物流产业升级和国际物流供应链保障能力等方面着手，建设一批有国际影响力竞争力的物流供应链企业，加强国际通道和关键物流节点建设，加快提高我国物流供应链稳定性。同时，要充分发挥交通物流串联生产、消费、流通和分配各环节的优势，推动与关联产业融合发展，推进物流服务向全供应链延伸，加快形成交通物流与关联产业、供应链和产业链等深度融合局面。

# 五、交通运输支撑引领现代产业体系建设的重点任务

## （一）加快发展现代运输服务业

### 1.着力提高客运服务品质

开发沿海、环山等观光铁路与公路，发展商务快线、旅游专线、大站快车、社区接驳公交和需求响应交通等特色公共交通服务，完善邮轮、房车、私人游艇与飞机等领域配套设施，并提供出行定制服务。着重提升旅客跨方式出行的全程体验，以"一票到底、行李直运、无缝换乘、便捷舒适"为目标，优化出行服务运营组织水平，加强民航、铁路、城市交通等出行方式在票制、安检、托运、换乘等方面的合作，丰富空铁联运、空公联运等出行产品。加强对城市公共交通服务与农村交通服务等公益性较强出行领域的政策资金支持，提升公共交通覆盖半径、服务频率。增强对运载工具与线路的安全性检查，尤其重视山区、多雾地区等特殊条件下的安全性保障，加强行业监督，提升旅客出行安全性。在客运枢纽增加医疗设施、轮椅、母婴室、第三卫生间、优待群体候车区或专属座椅等设施供给，重点提升老年人、婴幼儿童、孕妇、残障人士等交通出行品质。

### 2.大力发展现代物流

推进铁路运输服务模式创新发展，大力发展多式联运，培育铁路班列运输、公路无车承运人、"轴辐式"航空物流、冷链、危化品等专业物流新服务。加快推进各运输方式间协调联动，形成满足"供应链上下

游企业联盟运作、物流供需精准对接、物流服务组织智能化网络化、多方式联运一体管控、枢纽设施及装备无缝衔接智能协同"要求的一体化高效组织协调体系。开展物流领域能源革命，重点以电池利用为核心，加快物流用能技术研发创新，推广节能低碳技术。拓展物流信息平台功能，优化车、船、仓等分散物流资源供需对接，提升物流规模化组织水平。打造国家物流枢纽运营平台，集成储、运、仓、配等物流服务，创新一体化物流组织模式。

3.推动交通运输服务数字化升级

把握互联网、物联网、大数据、云计算、5G、人工智能等现代信息技术发展机遇，打造基于移动智能终端技术的出行服务系统，实现"出行即服务"。创新服务产品和服务模式，鼓励发展定制公交、网约车、自动驾驶等新业态、新模式。积极探索无人驾驶在共享交通中的应用，更好满足人民群众日益多样化、个性化的出行需求。支持"互联网+"高效物流发展，加快推进快递扩容增效和数字化转型，继续壮大供应链服务、冷链快递、即时直递等新业务模式。

4.建设世界一流运输服务企业

引导水运、航空、铁路、邮政、物流等领域龙头服务企业，对接国内国际运输服务需求，提升利用国际国内两个市场、两种资源的能力，加快境内外业务布局，构建网络化运营体系，积极参与国际市场竞争、培育新的增长点。引导运输服务企业与旅游、文化、商贸、能源、粮食、矿石等跨国企业紧密协作，提供国内国际规模化协同化服务。以规范经营决策、资产保值增值、公平参与竞争、提高企业效率、增强企业活力、承担社会责任为重点，全面深化运输服务企业改革。

## （二）构建现代化交通物流基础设施体系

1.建设现代化交通基础设施体系

瞄准综合运输通道没有贯通的路段，加大瓶颈路段资金扶持力度，打通沿边地区如新疆、内蒙古、云南和西藏等综合运输大通道"最后一公里"。在"一带一路"框架下，继续加强国内交通基础设施联通布局的国际延伸力度，特别是增强与东亚和东南亚等周边地区的联通，打造以我国为中心的东亚和东南亚跨国区域联通网络。打通重要交通物流枢纽"最先一公里"和"最后一公里"，提高综合交通枢纽一体化服务质量。因地制宜发展多制式轨道交通系统，积极推动都市圈干线铁路、城际铁路、市域（郊）铁路、城市轨道交通等"多网融合"发展，着力打造轨道上的都市圈。着力打通城际公路"断头路"，增加城市群城际公路通道，提升城市群路网联通程度。加快补齐革命老区、民族地区、边境地区以及资源枯竭地区、产业衰退地区、生态严重退化地区等特殊类型地区交通物流基础设施短板。

2.构建现代物流基础设施网络

加快国家物流枢纽布局建设，重点补齐中西部地区短板，构建全国骨干物流设施网络。围绕产业集聚区和消费集中地，加快推动物流园区、物流中心、配送中心等基础设施建设，对接国家物流枢纽。完善城市配送设施，大力发展共同配送，提高配送效率。依托商贸、供销、交通、邮政快递等城乡网点资源，完善县乡村快递物流配送体系，提升末端网络服务能力。推动建设绿色物流枢纽、园区，引导企业创新开展绿色低碳物流服务。推进国家骨干冷链物流基地布局建设，加强与国家物流枢纽运行衔接。加强农产品产地预冷、分拣包装、移动冷库等设施建设，补齐生鲜农产品流通"最先一公里"短板。

3.建设交通物流领域新型基础设施

继续推进大数据、互联网、人工智能、区块链、云计算、5G等技术研究应用，深化ETC技术拓展应用，加快北斗卫星导航系统在民航、铁路、道路运输、长江航运、邮政等基础设施领域应用，加快建设智慧公路、智能铁路、智慧枢纽等新型基础设施。应用先进的科学技术、组织管理手段等对设施能力进行深度挖潜和精细化改造，有效提升综合交通枢纽和运输通道对资源配置的系统效率和整体效益，比如在部分高速公路路段，可以运用大数据技术，合理设置车道数和潮汐通道。充分考虑共享交通未来发展新趋势，加快建设智能感知、智能通信等智能交通基础设施，为共享交通的智能化发展提供支持。强化物流基础设施互联互通和信息共享，积极应用现代信息技术和智能装备，提升物流自动化、无人化、智能化水平。

## （三）推动交通运输关联产业高质量发展

1.推动传统交通装备制造业优化升级

提升汽车发动机等核心零部件研制能力，鼓励现有传统整车生产线柔性化升级，加快产品升级换代，拓展轻量化材料、先进电子部件、智能化部件在整车领域的应用。大力发展"技术先进、安全可靠、经济适用、节能环保"的轨道交通装备及其关键系统，建立健全研发设计、生产制造、试验验证平台和产品标准、认证认可、知识产权保护体系，提升关键系统及装备研制能力。统筹航空技术研究、产品研发、产业化、市场开发与服务发展，加快推进大型客机、支线飞机、通用飞机和航空配套装备市场推广运用。

## 2. 大力培育交通装备战略新兴产业

加快新一代轨道交通、新能源与智能网联汽车、高技术船舶、航空装备、现代物流装备等自主研发及产业化。研制新一代时速600千米高速磁悬浮列车，搭建悬浮导向、车载供电等关键技术研发试验调试平台。加快研制超大型集装箱船等高技术、绿色船舶，提升自主设计、系统集成和总承包能力，开展关键配套设备和系统的示范应用。突破智能汽车关键共性技术，加快建设覆盖全国的智能汽车典型场景库和大数据基础系统，大力发展智能汽车。发挥龙头企业带动作用，加快突破核心工艺、专用材料、关键零部件、制造装备等短板弱项，优化产业发展环境，推动新能源汽车产业高质量可持续发展。

## 3. 打造世界一流交通设施建设与设计产业

推进交通设施建设与设计企业间的兼并重组，集聚研发力量和制造资源，提高产业集中度，降低重复投入造成的资源浪费，推进龙头企业整合产业链条，优化生产力布局。支持骨干设施建设企业在建设与运营方面提供全面解决方案，开展工程承包、系统集成、试验验证、认证、监理咨询、维护保养、维修改造、设备租赁、培训等方面的增值服务，促进企业由单一提供设施设备向提供成套设备、工程承包等转变，产业链延伸至下游运营服务领域，培育形成具备国际竞争力的大型企业集团。支持有实力的企业"走出去"，大力开拓海外市场，积极参与国际竞争，创立具有国际影响力的世界级品牌。

## 4. 壮大交通运输科技创新服务业

大力发展交通运输科技服务业，充分发挥科技对交通服务业发展的支撑和引领作用，鼓励发展专业化的科技研发、技术推广、工业设计和节能服务业。统筹交通运输领域技术创新中心、重点实验室、野外科学观测基地、科学数据中心等布局与发展，推动交通运输科技资源开放共享。鼓励上下游企业广泛开展合作、联合研发，发挥企业技术创新主体作用，强化企业在科技创新规划、计划、政策和标准中的参与度。加强与科技发达国家开展多层次多领域科技交流合作，拓展与发展中国家在优势技术、方案、标准等方面的合作空间，加强与重要国际科技组织合作。

### （四）保障交通物流产业链供应链安全

1.实现核心技术和关键零部件自主可控

加快突破核心工艺、专用材料、关键零部件、制造装备等短板弱项，攻关纯电动汽车底盘一体化设计、多能源动力系统集成技术，突破整车智能能量管理控制、轻量化、低摩阻等共性节能技术，提升电池管理、充电连接、结构设计等安全技术水平。突破大型客机发动机关键核心技术，加快新型航空发动机研制。开展为新型轨道交通装备等配套的轮轴轴承、传动齿轮箱、发动机等关键零部件的研发和制造，开发研究高速铁路宽带通信的关键技术、智能化高速列车系统数据传输与处理平台，建设城际先进的铁路列控系统和城市轨道交通控制系统。加强对交通运输领域共性智能技术、算法、软件架构、软件平台、软件系统、嵌入式系统、大型复杂装备系统仿真软件的研发。

2.增强交通运输网络韧性

强化交通基础设施安全风险评估和分级分类管控，加强重大风险源识别和全过程动态监测分析、预测预警，在重要通道、枢纽、航运区域建设气象监测预警系统，提高交通基础设施适应气候变化的能力。稳定提升多灾易灾地区、主要产业及能源基地等重点区域的多路径连接比率，完善紧急交通疏散、救援和避难通道系统，增强交通运输网络韧性。加强交通运输领域关键信息基础设施、重要信息系统的网络安全防护，推进信息系统设施设备自主可控。加强与国家应急保障体系的衔接和配合，提高运输服务涉外应急能力，合理布局应急物资储备，科学分配交通应急力量。

3.保障国际物流供应链安全

建立适应产品生产全球高效组织，加强满足产品销售全球低成本、高效率及时覆盖和准时制配送的需求，构建以信息化、智能化为导引的具备成本效率竞争优势的全球制造业供应链物流服务系统。充分利用近些年形成的电子商务、跨境电商等贸易优势，实现物流与产业的强强联合，重构国际物流供应链体系。加快补齐境外物流基础设施短板，加快网络扩张与下沉，与跨国物流集团、本土物流企业等加强合作，共建国际物流枢纽，共享共用本地物流配送网络和服务资源，提高我国对国际供应链产业链境外端的保障水平与控制能力。探索研究中欧班列货物价值由人民币结算，创新实现"物流+贸易+产业+金融"一体化运作。

## （五）交通运输助力供应链和产业链协同创新

1.推进交通运输与相关产业融合发展

在铁路、机场、城市轨道等交通场站建设邮政快递专用处理场所、运输通道、装卸设施，推进交通与邮政快递融合发展。支持物流企业与生产制造、商贸流通企业深度协作，创新供应链协同运营模式，拓展冷链物流、线边物流、电商快递等物流业态。加快国家旅游风景道、旅游交通体系等规划建设，加强交通干线与重要旅游景区衔接，完善公路沿线、服务区、客运枢纽、邮轮游轮游艇码头等旅游服务设施功能，推进交通与旅游融合发展。加强物流基础设施与工业园区、商品交易市场等统筹布局、联动发展，培育壮大枢纽经济。

2.畅通农产品物流供应链，提高农业现代化水平

鼓励家庭农场、农民合作社、农业产业化龙头企业、农业社会化服务组织等合作建立集农产品生产、加工、流通和服务等于一体的农业供应链，推动建设农业供应链信息平台，开拓农业供应链金融服务，推动农业生产向消费导向型转变。加强农产品和食品冷链设施及标准化建设，大力发展农产品冷链物流。加强农业生产经营各环节数据集成，强化农产品产销信息衔接。建立基于供应链的重要产品质量安全追溯机制，将供应链上下游企业全部纳入追溯体系。鼓励互联网平台与龙头农业企业合作，打造现代化一体化的农产品数字供应链，推动农村电子商务与农业融合发展，加快布局农产品供应链中心。

3.打造重要物资供应链平台，提升产业价值链

依托重要货运物流枢纽，建设石油、天然气和煤炭等能源储备基地，推进能源、矿物资和木材等重要原材料交易平台建设，提升集聚、运输、仓储、交易、生产（转换）能力，拓展特色产业物流金融，打造重要的原材料集散中心、交易中心、供应中心，培育重要原材料产业生态体系。构建优势产业产成品交易服务平台、专业服务平台和区域服务平台，共同为供应链上下游客户提供线上交易、支付、仓储、运输、加工、数据、技术、资讯等一站式服务，打通交易、通关、仓储、物流等数据接口，迅速集聚海量市场信息资源。依托平台资源集聚能力强、辐射带动范围广的特点，鼓励发展产品设计研发，创新新技术应用场景，反哺新产品开发，推动产业价值链向高端迈进。

4.提高制造业物流供应链管理能力，带动产业升级

以工业互联网平台为基础，以供应链流程化为抓手，推动感知技术在制造供应链关键节点的应用，促进全链条信息共享，实现供应链可视

化，打造敏捷、精准、可定制、以客户为中心的供应链服务体系，打造跨产业和突破企业边界的供应链生态圈，推动制造环节智能化改造。提高制造企业供应链管理能力，通过对企业上游采购、仓储、配送等进行统一管理，引导供应链各环节加强协同，减少货物积压、提高周转率。开发需求预测、采购寻源、需求/订单监控、交付分析、质量管控等功能，提高供应链快速响应能力。面向国际市场和全球产业链供应链搭建开放式、协同化、网络化平台，形成创新链共享、供应链协同、数据链联动、产业链协作的融通发展模式，带动产业链上下游、产供销、大中小企业共同提升创新能力。

## 六、相关政策建议

### （一）突出产业规划统筹引导作用

针对重点产业、关键领域，做好调查研究论证工作，充分吸收各有关方意见建议，科学编制发展规划。各有关部门要围绕规划目标任务，根据职能分工制定本部门工作计划和配套政策措施。各地区要结合本地实际切实抓好落实，优化产业布局，避免重复建设。行业组织要充分发挥连接企业与政府的桥梁作用，协调组建行业跨界交流协作平台。有关部门要加强跟踪指导，推动规划顺利实施。

### （二）加强跨行业部门统筹协调

交通运输行业涉及运输服务、交通装备制造、交通物流基础设施、科技创新等多个领域和产业，其相关职能分散在国家发展改革委、工业和信息化部、交通运输部、住房和城乡建设部、农业农村部、水利部、科技部、生态环境部、应急管理部、中国人民银行等众多部门，为此有关部门要加强沟通协商，密切配合，统筹考虑部署产业的有序发展，形成合力。针对重大事项，建立协调机制，加强宏观调控和引导。

### （三）完善关键产业支撑政策体系

落实财税、投资、金融等相关政策，加大对跨区域、保民生、保供应、保安全稳定等重大交通物流项目用地用海保障力度，制定鼓励发展的交通运输服务产品和技术目录，支持重点领域核心技术攻关和关键共性技术平台建设，引导社会资金、人才等创新要素向关键领域、重点环节聚集。支持服务设计、试验验证、认证检测等公共产业服务平台建设，营造良好的产业发展外部环境。

### （四）完善交通运输科技创新体系

正确处理政府与市场在技术创新中的关系，完善和规范交通技术市场，注重规划对科技创新活动的引导，制定中长期交通科技发展规划。灵活运用市场和政策手段将各方资源整合起来，调动企业、科研院所和高校等进行技术创新的积极性。鼓励有条件、有技术和品牌优势、实力强的企业与国外研发机构及境外企业合作，掌握先进技术和产品的知识产权。积极参与交通技术创新标准制定，提高我国在交通技术创新组织方面的话语权。

### （五）提高产业数字化治理能力

适应监管理念变化带来的新形势、新要求，不断创新监管方式和手段。充分运用互联网、大数据的先进理念、技术和资源，加强对市场主体的服务和监管。进一步完善相关领域市场准入制度，扩展行业服务供给能力与服务供给水平。注重多元化参与，充分发挥企业、行业自律、消费意识提高、公众参与、社会监督等诸多有利因素，逐渐从单一监管向共同治理转变。加强大数据、物联网、人工智能、区块链等与交通融合发展的技术标准研究，强化各类标准衔接协调。

## （六）加强产业人才培养与国际合作

健全符合科技创新规律、激发人才创新活力的多样化分配机制，加快构建以创新价值、能力、贡献为导向的科技人才评价体系。积极营造良好环境，培养一批具有国际领先水平的专家和学术带头人，培养和锻炼一批优秀的团队，培养和造就大量面向高层次需求的实战型交通运输发展人才。落实"一带一路"等国家重大决策部署，推动建立国际对话交流平台，构建国际合作长效机制。鼓励企业开拓海外市场，加强技术合作，并购海外高水平研发机构和优质企业，推动全球领先企业与国内企业开展多种形式的合资合作。

（执笔人：李名良）

# 参考文献

程恭品,王清华,2021.我国交通运输产业宏观经济分析——基于投入产出模型[J].生产力研究(6):8-15+161.

董双华,2017.我国交通运输业对国民经济影响的投入产出分析[J].现代商贸工业(27):11-13.

黄汉权,2021.加快构建支撑新发展格局的现代产业体系[J].中国经贸导刊(5):8-12.

黄汉权,2018.建设支撑高质量发展的现代产业体系[J].智慧中国(5):42-44.

刘钊,2011.现代产业体系的内涵与特征[J].山东社会科学(5):160-162.

李连成,李名良,2021.中国枢纽经济创新发展的思路与对策[J].中国经济报告(5):11-17.

Paul,2009.交通门户和全球供应链[J].中国物流与采购(24):35-36.

芮明杰,2018.构建现代产业体系的战略思路、目标与路径[J].中国工业经济(9):24-40.

盛朝迅,2020.构建现代产业体系的主要着力点[J].中国发展观察(21):9-11.

吴文化等著,2021.建党百年看中国交通运输发展——综合交通运输篇[M].北京:经济科学出版社.

赵寅,张永庆,2010.现代产业体系理论研究综述[J].经济师(1):40-41.

# 专题报告六 交通运输支撑保障国际供应链产业链建设研究

**内容提要:** 本报告归纳阐释了交通运输与国际供应链产业链建设的内涵,针对国内国际最新形势,分析总结了我国交通运输支撑保障国际供应链产业链建设所处的现状和存在的主要问题。在此基础上,通过梳理借鉴发达国家经验,明确了我国未来供应链产业链布局的目标模式及交通运输支撑保障国际供应链产业链建设的三大方向,即核心方向是提高我国运输企业国际竞争力,逻辑方向是实现交通与产业系统的联动提升,操作方向是加强国际流通功能整合。进而提出了交通运输保障我国国际供应链安全和产业"走出去"的四大任务,即顺应国家战略探索国际贸易运输新方向,依托国家力量维护重要国际通道安全,借助优势产业控制国际物流关键环节,利用大国优势提升供应链自主可控能力。

# 一、关于交通运输与国际供应链产业链建设的基本认知与判断

## (一)供应链产业链的内涵

### 1.供应链

供应链也可以叫供需链,是20世纪80年代许多专家对企业管理研究

的最新产物。所谓供应链,就是在生产和流通过程中,为了将产品和服务交付给最终用户,由上游和下游企业构建的网链结构,这个网链结构是利用信息技术,将商流、物流、信息流、资金流等进行计划、组织、协调和控制的一个完整系统。著名经济学家吴敬琏指出,所谓供应链管理,就是把生产过程从原材料和零部件采购、运输加工、分销直到最终把产品送到客户手中,作为一个环环相扣的完整链条,通过用现代信息技术武装起来的计划、控制、协调等经营活动,实现整个供应链的系统优化和各个环节之间的高效率的信息交换,达到成本最低、服务最好的目标。郑文诏(2021)认为,供应链因其组织化、规模化、有机化等特点能够更好地连接生产和消费中的各个节点,现代企业必须将供应链管理与企业物流管理紧密地结合在一起。鲍盛(2021)认为,随着现代社会科学技术的快速发展,物流向现代供应链管理转变,既能够顺势突破传统物流的局限,又能够有效提升实力,满足市场发展需求,实现物流模式的变革与创新。

2.产业链

由于社会的分工形成不同的产业,产业链是产业之间基于一定的技术、经济关系并依据特定的逻辑关系和时空布局客观形成的链条式的关联关系形态。产业链可以分为集成产业链和延伸产业链,是既有广度又有深度的经济学概念,又是经济发展过程中的发展战略。产业链主要是从不同产业之间的关联度、影响度切入的。

全球产业链是指在全球范围内为实现某种商品或服务的价值而连接生产、销售、回收过程的跨企业网络组织,不同地区与国家都参与产业内部与产业之间的交易,从不同产业的全球分工到产业内部的全球分工,又发展到企业内的全球分工。

目前,价值链、供应链、产业链概念已延伸到产业、城市、国家、区域与全球，如2014年《亚太经合组织推动全球价值链发展合作战略蓝图》《建立APEC供应链联盟倡议》等。产业链、供应链、价值链三者之间是既相互区别又相互联系的统一体。产业链是基础，离开了产业链，也就离开了财富创造，也就不存在价值链与供应链。产业链是供应链依附的载体，离开了产业链，供应链就是无源之水、无本之木。反过来，供应链可以促使产业升级，使产业链得到新的发展。价值链是产业链与供应链的目的与归宿，产业链与供应链的绩效要靠价值链来衡量。反过来，只有产业链与供应链的效率与效益才能保证价值创造的实现。

### （二）交通运输与国际供应链产业链

#### 1.交通运输在产品流通过程中的作用

交通运输是实现产品流通的基础，建立现代化的综合运输体系，既是实现交通资源优化配置的重要手段，也是优化产品流通过程的主要途径。市场经济条件下，通过价格信号的引导实现供需之间的有效对接是发挥市场基础性作用的核心。随着生产社会化乃至全球化的推进，流通作为生产与消费的中间环节，在实现产品的产销对接过程中发挥着越来越大的作用；而交通运输作为产品流通环节的主要载体，是实现产品流通尤其是高效流通的基础。

#### 2.交通运输在供应链网络中的作用

交通运输衔接供应链网络的全过程，作为供应链的主要载体是承担实体物流的主要途径，交通资源利用效率的高低对供应链的效率起着举足轻重的作用，直接影响着供应链总成本。高效的交通运输表明运输过程具有很强的规律性和可预测性，运输可靠度高。供应链管理如果没有先进高效的交通运输资源作为支撑，供应链的5R（right time, right quality, right quantity, right price, right palce, 即适时、适质、适量、适价、适地）目标中的2R（即适时、适地这两项）就很难实现。同时，产品从生产商到用户的整个过程中，随时都存在破损或损耗的风险，因此，运输过程是影响供应链管理风险的重要环节，只有具有高可靠度的运输资源，才可能使供应链管理风险可控。运输链是由多种运输方式组成的多式联运体，运输链的效率首先取决于交通基础设施状况，即通畅快速的运输通道和衔接顺畅的转运枢纽，同时，也取决于运输行业的管理体制和管理水平等软环境。构建好运输链可大大降低供应链的成本。

3.交通运输与国际供应链产业链

中国社会科学院工业经济研究所课题组（2021）认为：国际供应链产业链是以价值创造为核心，基于国际产业分工形成的连贯生产、流通、配送、消费等环节的价值网络体系。交通运输一头连着生产，一头连着消费，直接关系产业链供应链的安全稳定运行，是畅通国民经济循环的重要一环，是保障我国国际供应链产业链安全的开路先锋。交通运输对供应链的效率有显著的影响，运输过程也对供应链安全的管理风险有重要影响。运输链的效率既取决于交通设施状况，也取决于管理体制和管理水平等软环境。全球运输链是连接国际供应链网络的动脉，构建好运输链可显著降低供应链的成本。本报告的研究重点是国际供应链产业链，所以本文中提到的国际运输主要是指国际物流。

## 二、我国国际供应链产业链建设面临的新形势与新要求

### （一）我国国际供应链产业链建设面临的国内环境

1.超大市场规模为我国国际供应链产业链建设及国际物流发展提供了巨大的市场需求

经济大国、制造大国、人口大国、消费大国和贸易大国的基本国情，为我国国际物流发展提供了世界第一的市场需求，并伴随大国向现代化强国的升级而使世界第一的物流需求进一步稳固。这在当前及未来以需求疲弱为特征的全球经济发展中成了尤为宝贵的优势，极大增强了我国在国际物流业务上的供应商选择、价格议定、服务质量要求、操作规范等方面的谈判话语权，为我国国际供应链产业链建设及国际物流发展提供了巨大的市场需求，也为提升我国国际物流控制力创造了基本前提。

我国经济长期向好的基本面没有改变。我国经济长期向好的基本面，是由我国制度优势、经济基础、发展潜力等多种因素共同决定的，是长期起作用的基本格局。从"面"而言，我国经济家底丰厚。经过70多年特别是改革开放以来的发展，中国已经成为世界第二大经济体、制造业第一大国、货物贸易第一大国、商品消费第二大国、外资流入第二大国、外汇储备第一大国。我国经济的规模性、生产制造品类的齐全性，使外生冲击难以动摇中国长期稳定发展的坚实基础。从"势"来看，我国仍处在成长上升期，发展的内生动力依然强劲。如今，我国正处在新型工业化、信息化、城镇化、农业现代化同步发展进程中，拥有

14亿多人的消费市场，在满足人民日益增长的美好生活需要、解决发展不平衡不充分问题的过程中，所产生的需求将会是全面的、巨大的、持久的。如此大的消费潜力和创新创业潜能，将为经济持续增长提供强劲动力。

我国迈入高等收入国家行列，成为全球最大消费市场，内需扩大推动形成为强大国内市场。IMF（国际货币基金组织）预测，目前虽然依然面临新冠疫情威胁，内需复苏缓慢，但中国2021年GDP总量依然攀升至19.91万亿美元，实现了人均GDP1.277万美元目标。根据2021年世界银行（IBRD）高收入国家1.257万美元标准，人均GDD超200美元。2022年世界银行高收入国家标准为1.345万美元，预测中国有650美元优势，完全符合高收入国家标准。根据国际发展经验，步入高等收入国家后，内需对我国经济增长的贡献不断提升，成为拉动经济发展的决定性力量。特别是，随着我国中等收入群体持续扩大，消费升级推动产业结构优化调整，个性化、体验式等新型消费模式快速兴起，信息消费、数字消费等新的消费需求快速释放。在14亿多人口中，我国中等收入群体接近4亿。2019年，我国社会消费品零售总额为41.2万亿元，稳居全球第二大消费国，不断接近排在首位的美国。我国超大规模市场优势和内需潜力充分发挥，将加快推动形成强大国内市场。

2.我国产业链供应链体系规模庞大，保持产业链供应链安全稳定面临诸多矛盾和问题

从产业发展基础看，我国产业链供应链体系规模同样十分庞大，工业门类齐全、产业环节完备，这意味着我国具有更多的产业部门和应用场景承接新科技革命带来的效率变革、产业变革、生态变革。但在产业链供应链运行中也面临不少矛盾和问题。比如，部分领域关键技术受制于人，部分高端设备、器件和材料长期依靠进口等存在安全隐患；大企

业大而不强、小企业能力不足、产业布局不合理等问题制约了产业转型升级；同时，我国许多重要战略物资的供应链面临采购渠道中断与运输路线受限等风险。以石油天然气为代表的战略物资对外依存度高，供应链在采购、运输和销售上都存在系统性风险。特别是2021年以来，我国大宗原材料、能源等价格持续高位、供应紧张，给企业生产经营和产业平稳运行造成严重冲击，暴露出我国要素资源市场化配置中存在薄弱环节和突出短板。这些都充分说明，当前我国经济运行中的主要矛盾仍然是供给侧、结构性的，现阶段畅通经济循环的主要任务仍然是供给侧有效畅通。

从产业发展阶段来看，我国正处于向自主创新的产业升级转换阶段，这一阶段不仅面临发达国家对我国技术封锁，也面临着其他后发国家对我国的技术赶超。因此，我国必须通过保障产业链供应链安全，才能为科技创新、产业升级创造一个稳定的发展环境，这也是实现我国科技自立自强的题中之义。

3.构建新发展格局，要求把保持产业链供应链安全稳定与扩大高水平开放有机结合起来

构建新发展格局不是封闭的国内循环，而是开放的国内国际双循环。我国早已深度融入全球产业循环体系，只有在开放合作中打造更强创新力、更高附加值的产业链供应链，才能不断增强我国在全球产业链供应链中的影响力和竞争力，为顺畅联通、紧密链接国内国际双循环奠定坚实基础。

世界多极化、经济全球化的深入发展，使全球生产要素自由流动、市场深度融合成为经济发展的客观规律和内在要求。在各国相互依存日益紧密的今天，全球供应链、产业链、价值链紧密联系，各国都是全球合作链条中的一环，你中有我、我中有你，融合是大势所趋，经济全球

化是不可逆转的时代潮流。对外开放是我国的基本国策，全面提高对外开放水平、建设更高水平的开放型经济新体制，要求我们在开放合作中提升产业链供应链水平、保持产业链供应链安全稳定，形成国际合作和竞争新优势。要持续深化商品、服务、资金、人才等要素流动型开放，稳步拓展规则、规制、管理、标准等制度型开放，深化经贸投资务实合作，维护和完善多边经济治理机制，搭建国际合作平台，构筑互利共赢的产业链供应链合作体系，共同维护全球产业链供应链稳定畅通。

## （二）我国国际供应链产业链建设面临的国际形势

### 1.新一轮科技革命和产业变革引发国际运输模式新变革

以新一代信息技术为先导和智能化技术为推动，交叉融合带动各领域技术取得突破。随着信息技术、互联网技术的深度发展及其与生物、能源、材料等多学科、多技术领域相互渗透、交叉融合、群体突破，代表世界先进生产力发展方向的一批颠覆性技术将引领和带动新科技产业革命逐渐走向高潮，不断创造新产品、新业态、新产业、新模式，深度改变人类生产生活方式，包括国际运输模式。互联网将商品生产、服务供给与消费者有机连结，编织形成一个将需求信息、原料采购、智能制造、物流网配送、消费体验融为一体的网络化组织。网上购物、学习、交流和娱乐等成为大众的普遍选择，人们的生活服务、体验和信息等被快速地纳入这个高度互联的网络平台。人们对时间和空间的认识正在发生变化，消费观念和需求也在不断变化，线上与线下融合发展步伐加快，网络化、平台化和生态化组织模式渗透至经济社会各个领域。

### 2."一带一路"指向下的国际供应链产业链发展新空间，要求交通运输更好发挥支撑保障作用

"一带一路"建设是我国扩大对外开放的重大战略举措，也是今后

一段时期对外开放的重点。在当前世界经济格局下，欧美日等传统强国在各自"势力范围"内已经通过各种方式形成不同程度的物流控制力。我国作为由发展中国家逐渐发展起来的国家，实现中华民族伟大复兴中国梦的道路上，恰恰可以将"一带一路"建设拓展出来的国际发展新空间作为实现国际物流控制力的重点区域，交通运输作为开路先锋实现设施联通，从而逐渐连点成线、扩线为面，最终提升我国在全球范围的国际物流控制力。

3.受地缘政治冲突和疫情双重影响，全球供应链矛盾加剧

一是疫情因素，疫情严重的国家生产流通尚未完全恢复或者反弹，产业链、供应链受阻。二是俄乌战争和将来战争结束后留下的"战争后遗症"，原材料价格上涨，能源供应紧张，物流通道堵塞和运输成本上涨，对正常的生产生活造成严重冲击。美国政客带头，一些国家紧跟，以各种方式切断和重构产业链、供应链，力图争夺在产业链供应链方面的全球领导力。三是台海局势紧张将导致某些高端制造业产业链中断风险。当前台湾当局开历史倒车、执意加大分裂国家活动，并得到外部势力支持，对此，我们必将采取强有力的反制与反击。在这样的情况下，一方面，台湾的一些半导体公司的某些环节可能移出大陆，影响区域半导体供应链结构。另一方面，在国内完成高端产业链升级、资源供应多元化之前，中美贸易、外交摩擦将增大我国产业供应链重构成本，短期内对我国经济将有一定的影响。四是南海海域冲突风险，影响我国石油供应与物流通道安全。南海群岛及其附近海域自古以来就是中国的领土，但自20世纪60年代以来，越南、菲律宾等国以军事手段在南沙群岛附近海域进行大规模的资源开发活动并提出主权要求。澳大利亚以及某些欧盟大国，也以"南海航行权"关系其国家利益为由，表示"不能对此视而不见"。美国不断利用南海问题对我国进行施压。中美摩擦在南

海问题上多有反映与演化。南海的关键位置与资源优势，对我国资源储备与物流航道安全具有战略性作用。过往南海船舶的船籍港遍布世界近70个主要航运国家或地区，航经南海的国家或地区的船舶总运力匹配全球189个国家或地区前50船队总吨位的92%以上。如果因发生冲突影响南海海域通行，无论欧洲、北美还是亚洲，外向性经济都将受到重大影响。

4.发达国家持续推动制造业回流，国际产业链面临重构

当前，全球产业布局正面临深刻调整，受生产成本、企业国际市场布局、地方产业政策、资源环境承载能力、贸易保护主义等多种因素的影响，地区间的制造业分工正在不断发生变化，引发部分制造业核心环节在地区间迁移。例如，一些劳动密集型产业、加工贸易行业以及以美国市场为目标的中低端产业已经开始了外迁进程。2019年，我国对美出口机电产品主要被墨西哥、日本、德国等替代，而家电、玩具等主要被越南、加拿大、我国台湾地区所替代，纺织品主要被越南、印度、印度尼西亚等替代。一方面，这种迁移是全球产业分工格局的变化与演进的结果，是市场经济下的自然现象，但如果产业外迁区域没有及时升级，不仅会引发供应链重组而产生一系列供应链补链的成本，还有可能引发供应链缺失导致的产业空心化风险。另一方面，以美国为首的一些国家切断产业链并且"去中国化"，已经进入实操阶段。美国政府推出了一项代号为Chip 4的新计划，提议成立一个由美国、韩国、日本、中国台湾组成的"芯片四方联盟"，参与的企业包括美国的应用材料、美光、英特尔、博通、高通，韩国的三星、SK海力士等，日本的东芝、瑞萨、东京电子等，以及中国台湾的联发科、台积电、日月光等。其目的就是一举将中国大陆逐出全球半导体产业链。此外，欧盟2022年2月8日发布了《芯片法案》，计划投资430亿欧元建立欧洲芯片产业的优势。日本把推动半导体行业的发展作为国家重大战略，出台《经济安保法案》，加

速构建不依赖中国的供应链。与此同时，由于成本驱动、疫情变化等原因，一些产业链供应链在加快向东南亚地区转移。2022年一季度，越南货物出口额为891亿美元，同比增长13%；3月越南货物贸易出口340亿美元，增长46%，已超过我国深圳的240亿美元，正在追赶广东全省580亿美元的出口额。

## 三、交通运输支撑保障国际供应链产业链建设的现状与问题

### （一）交通运输支撑保障国际供应链产业链建设的现状

从基本能力看，经过40多年改革开放的建设发展，尤其是近十多年交通领域"适度超前"和大规模的建设，我国在国际船队规模、海外节点建设、国际通道尤其是陆路通道开辟和发展、国内通道运输网络建设等方面取得了巨大成绩，一定程度上保障了我国全球贸易及供应链的安全和发展。

1.海外节点"硬联通"与国际货运能力不断提升，保障国际供应链安全

在海外节点建设方面，我国企业加快在全球，尤其是"一带一路"沿线布局建设。如中信集团牵头的财团在缅甸皎漂港、广西北部湾国际港务集团在马来西亚关丹港、招商局集团在白俄罗斯明斯克，以及相关企业在肯尼亚蒙巴萨港、东非吉布提港等主要枢纽港口和铁路节点进行前瞻布局。在陆路通道建设方面，我国加快新亚欧大陆桥、中国-中亚-西亚经济走廊建设，进一步释放口岸、交通、物流合作潜力，中亚

## 交通运输当好中国现代化开路先锋发展战略研究

第一长隧道"安格连–帕普"铁路隧道成为连接中国和中亚交通走廊的新枢纽。"'一带一路'上的钢铁驼队"中欧班列已累计开行5.4万列,通达欧洲23个国家185个城市,成为沿线国家广泛认同的国际公共物流产品。在提升船队、机队运力方面,我国拥有海运船队运力规模达3.5亿载重吨,位居世界第二位。以中远海运集团、招商局集团为代表的国际航运企业实力大大增强。中远海运集团经营船队综合运力11346万载重吨/1408艘,排名世界第一。招商局集团航运业务船队总运力排名世界第二,同时拥有世界第一的超大型油轮(VLCC)船队和超大型矿砂船(VLOC)船队。航空机队规模也得到了长足发展,未来20年我国民航货机规模将增长近3.5倍。随着国际货运能力不断提升,我国已成为全球海运连接度最高、货物贸易额最大的经济体。尤其是新冠疫情期间,中欧班列、远洋货轮昼夜穿梭,全力保障全球产业链供应链稳定,体现了中国担当。

2.交通企业"走出去"勇当我国国际供应链产业链建设"先行官"

近年来,交通行业不断推进企业"走出去",高铁成为"走出去"新亮点,高速公路建设、深水筑港、轨道及港口装卸设备加快走出国门。在欧洲,通过中国企业和中国经验的助力,古老的希腊第一大港比雷埃夫斯港重获新生。2010年中国企业正式接管整个港口运营后,该港的集装箱吞吐量从当年的88万标准箱增长至2019年的565万标准箱,全球排名从第93位跃升至第25位,成为地中海第一大港,对希腊的直接经济贡献超过6亿欧元。在非洲,中国企业通过积极参与地区道路、铁路、港口等建设,促进非洲"三网一化"跨越式建设发展和交通互联互通,也为我国企业在非洲的终端配送组织奠定网络基础。其中,蒙内铁路已安全运营1857天,累计发送旅客794.5万人次,发送集装箱181.7万标箱,发送货物2029.3万吨,该铁路还为肯尼亚累计培养了1700余名铁路专业技术和管理人员。依托中国企业承建的坦赞铁路以及安哥拉本格拉铁路，坦桑尼亚、赞比亚、刚果民主共和国、安哥拉等四国首次实现铁路互联互通，中国企业协助非洲打通了大西洋和印度洋经非洲大陆连接通道。在亚洲，2021年12月中老铁路正式建成通车。中企承建的雅万高铁2023年开通，这是"一带一路"倡议和中国–印度尼西亚两国务实合作的标志性项目，也是我国高铁首次全系统、全要素、全产业链在海外落地。近年来，中国交通建设企业从简单承包施工"走出去"，逐步转变为技术、标准和装备"走出去"；从单一的设施建设转向园区综合开发；从传统的劳务输出、工程承包转向投资、建设和运营一体化运作。这不仅为我国培养了一批具有全球竞争力的现代化交通运输企业，同时加快了我国国际供应链产业链建设的步伐，也深化了中国与其他国家的双边合作，让各国人民享受到了实实在在的便利实惠。

3.规则制度"软联通"显著增强相关产品的国际竞争力与影响力

一方面，我国积极推进政策、规则、标准"三位一体"联通，为互联互通提供机制保障。以共建"一带一路"为合作平台，与19个国家签署22项国际道路运输便利化协定；与66个国家和地区签署70个双边和区域海运协定，海运服务覆盖沿线所有沿海国家；与26个国家（地区）签署单边或者双边承认船员证书协议；建立中欧班列国际铁路合作机制，与22个国家签署邮政合作文件，实现中欧班列出口运邮常态化运作；与100个国家签订双边政府间航空运输协定，与东盟、欧盟签订了区域性航空运输协定。日前，国际铁路联盟发布实施由我国主持制定的《高速铁路设计基础设施》标准和《高速铁路设计供电》标准，两项标准均是相关领域的首部国际标准，中国高铁正从打造国家名片迈向引领国际标准。另一方面，我国认真履行国际责任和义务，多渠道加强与国际交通组织的沟通协商，促进国际相关交通公约的规则统一，提升了在重要国际交通组织中的话语权和影响力。我国已加入近120项交通运输领域多边条约，积极参与联合国亚洲及太平洋经济社会委员会、铁路合作组织、国际铁路联盟、世界道路协会、国际运输论坛、国际海事组织、国际民航组织、万国邮政联盟等国际组织事务，多次当选或连任国际海事组织A类理事国、万国邮政联盟相关理事会理事国，积极主办世界交通运输大会等国际会议。推动实现联合国2030年可持续发展议程框架下的交通领域可持续发展目标，携手其他发展中国家推动交通可持续发展全球治理改革，为发展中国家发展营造良好的国际环境。

### （二）我国国际运输支撑保障国际供应链产业链建设的主要问题

1.国际运输服务竞争力较弱，对国际运输通道网络控制力不足

麦肯锡研究表明，美国和德国是全球连接能力最强的国家，我国的全球连接能力只有美德两国的一半。世界银行发布的物流绩效指数表明，从基础设施物流能力、海运能力、通关效率、货物跟踪、及时性等维度衡量，2018年我国排名为26位，明显落后于美、德、英、日等发达国家。而且由于缺乏国家战略指引和统筹安排，尽管近年来我国制造业不断"走出去"，但在全球海运市场中竞争力仍然不强、对主要国际海运通道影响力较小。跨境仓储配送体系的建设尚处于起步阶段，国际物流服务网络不健全、服务能力不适应、产品体系不完善等问题突出。进口石油天然气运输高度依赖单一的海上路线，海运通道安全保障值得高度关注。

2.缺乏具有全球竞争力的国际物流企业

国际快递业务中，国际三大快递企业（UPS、FedEx、德国邮政）的市场份额超过七成，许多重要战略物资进口依赖外资企业完成。比如，国际航空货运方面也存在很大的短板，新冠疫情发生后，中国国航、东航、南航的国际货运能力都很差，通过航空进口的物资六七成都要依赖

国外的公司。国内快递企业国际实力不强，国外航线普遍缺乏优势，在当地无法形成主流，服务群体单一，主要是留学生群体，ToB业务开展困难，导致疫情期间，国外物资运输依赖国外公司，短板制约严重。主要原因之一是我国国际航空物流设施设备能力不足。截至2019年底，内地运营货机的航空公司有13家，货机总数174架，而美国的货机总数在2020年就高达1130架。2019年各个国家机场数量排名中，我国排名第14位，只占排名第1位的美国机场数量的大约1/30；在五常国家中，虽然我国机场数量高于法国和英国，但是每万平方千米的机场覆盖率垫底，约占法国的1/16、英国的1/36。

3."国货国运"保障能力不强

中国早在2005年就提出了"国油国运"目标。根据《中国原油进口海运保障能力测算及发展对策研究》（王丹 等，2020），2019年，我国自有油轮船队承运的进口石油总运量约2.97亿吨，占进口总量即完成"国油国运"比例为48.8%左右，与"国油国运"80%的目标相去甚远。一是国内油轮运力不够。我国自有油轮船队可承运的总运量3.2亿吨，与海运进口4.05亿吨有一定差距；再加上补齐战略石油储备量的缺口，则我国现有的油轮船队规模更加不足。二是油轮结构不合理。与世界油轮船队的比例相比，我国油轮船队明显存在着两头大、中间小的结构分布状况。目前我国油轮船队中，巨型油轮、巴拿马型和灵便型油轮数量较多，而其他几种船型，特别是苏伊士型油船数量较少，因此航行通道受到一定限制。三是油轮运输企业与货主企业缺乏战略合作。中国目前的油轮船队，有的船只是直接和原油进口企业（即中石油、中石化、中海油）签订了长期运输合同，有的是投放至国际原油运输市场从事即期租船。运输企业与货主企业之间没有形成利益共同体和长期的战略合作关系，导致我国的油轮船队虽然规模较大，但并未完全用于国内原油进口运输。

4.国际运输活动与供应链组织脱节明显

我国的国际运输组织活动尚未全面深入国际供应链组织层面，国际运输开展与我国的国际贸易活动、产业国际布局等活动脱节较为明显。国际物流服务开展水平不足与背后的产业发展水平较低，构成了恶性循环。一方面，我国商贸、制造等企业尚未形成完整的具有价值实现功能的产业链条和体系，难以支持我国国际物流活动的国际网络建设，以及围绕产业组织的信息、金融服务质量不高，制约了我国物流服务的水平提升；另一方面，国际物流活动服务水平的不足，又制约了我国国际供应链体系的构建，比如在中白（俄罗斯）产业合作园等一些境外我国所实施的产业合作和供应链延伸布局方面，其推进过程中，我国物流企业却并未能快速跟进配套，形成网络，不利于我国掌握供应链组织。

相反，跨国企业依托其对全产业链的控制力，对我国物流和产业体系实现一定程度的控制。比如新加坡丰益国际集团在布局其粮食加工项目时，多伴随建设专用铁路物流项目，不断完善从粮食加工到流通环节整个产业链条，为其在粮食加工领域迅速扩张增加砝码。正是通过打通供应链，集采购、加工、仓储、配送为一体，丰益国际集团在我国构建了相对完整的、高效率低成本、具有较强利润控制能力的产供销链条，使其得以收购并拥有"金龙鱼""口福""胡姬花"等多个著名品牌，其产品目前已占我国食用油市场50%的份额。跨国公司还通过巨头间的横向联合，实施对包括国际物流业务在内的全产业链的控制和整合。主要大型生产、商贸流通与物流跨国公司依托实力雄厚、市场占有率高等优势，实施全链条强强联合，形成分享利益联盟，最终形成以大型跨国生产及商贸流通公司为牵引、大型跨国物流服务商为支撑的战略联盟，同时控制某一产业产供运销全链条格局，以达到垄断控制某产业或市场的目的。通过利用其资本、技术、市场等优势挤压国内企业市场发展空间，抑制我国国际物流市场空间，造成我国国际物流产业成长乏力。数据显示，在中国活跃的进出口活动中，有很大一部分是跨国公司或外资公司的体内循环，即内部原材料的进出口，是国际产业链在中国的延伸。

## 四、发达国家交通运输支撑保障国际供应链产业链建设的经验

### （一）发达国家保障国际供应链产业链建设的基本情况

供应链最早在西方是一个微观企业层面的概念，是指以客户需求为导向，以提高质量和效率为目标，以整合资源为手段，实现产品设计、采购、生产、销售、服务等环节的全过程高效协同的组织形态。随着社会分工细化、信息技术进步，特别是现代通信技术的应用，供应链的概念已从强调企业内部协同和企业间的协同，拓展到产业乃至整个国民经济组织形态的优化和效率提升。当前，供应链的整合能力和效率已成为企业、产业乃至一国经济核心竞争力的重要体现。美国、德国等发达国家较早认识到供应链在经济发展中具有不可替代的重要作用，纷纷制定供应链国家战略，把供应链战略作为提升产业竞争力和经济实力的重要手段，推进多边合作的战略工具，促进制造业振兴和经济发展，提升国家在全球供应链体系和全球治理中的地位。

1. 美国：全方位、多维度实施供应链安全战略

美国高度重视国家供应链安全战略，自2005年起，美国多次将全球供应链写入国家战略中。2012年以来，美国供应链战略逐渐向维护国家

安全的方向倾斜,从组织保障、立法体系、战略框架、评估体系等多个层面、多个维度推进供应链安全战略的实施。一是明确了不同部门在不同领域供应链安全方面的职责,并通过跨部门组织协调,形成完善的供应链安全组织保障体系。二是在国家安全、网络安全战略中均将供应链安全作为重要内容,形成以供应链安全战略为核心、多个相关战略相互支撑的战略体系。三是强化供应链安全立法体系建设,在《联邦海上运输安全法案》《航空和运输安全法案》《港口安全与问责法案》《911委员会法案》的实施建议中均写入确保全球供应链安全的措施。

2.德国:以智能制造供应链推动"工业4.0"革命

在新一轮科技革命和产业变革推动下,为提高制造业竞争力,德国率先提出"工业4.0"战略,其本质是通过建立在信息通信技术基础之上的CPS系统构建智能工厂,进而形成一个渗透所有关键领域的"物及服务联网",即构建智能制造供应链网络。一是实施以供应链集成为支撑的"工业4.0"战略,着力打造"智能工厂"、"智能制造"和"智能物流",构建柔性化、数字化、个性化的供应链体系,推动德国智能制造发展。二是推动供应链创新,十分重视应用大数据、人工智能、区块链等技术推动供应链创新,提高制造业竞争力。三是构建大中小企业协作的供应链生态体系,一方面发挥大企业具备资金实力雄厚、全球供应链网络健全、上下游带动力强等优势,另一方面通过实施"中小企业4.0-数字化生产与工作流程"资助计划、中小企业创新核心计划、工业共同研究计划、中小企业岗位培训与外国专家引进资助等计划,提供融资服务,支持中小企业数字化创新,融入大企业生产网络,构建大中小企业同步推进工业4.0的供应链生态体系。

3.日本:精益物流与JIT及时物流模式助力产业链稳定

日本有关国际控制力和供应链战略的研究也基本立足于产业和企业

运作层面，其创造的精益物流、JIT（just in time，准时制生产）及时物流模式在极大程度上支撑日本制造业和经济的稳定发展。为达到及时制生产系统要求，大型制造企业需要确保供应商按照成本、质量和及时性这三大标准供货，因此选择供应商的标准极为严格和细致，目的是将选定的供应商整合为一个"企业家族"，使其内部所有相关企业的利益和目标完全一致。精确准时的送货和生产，苛刻的质量控制体系帮助大型制造企业把库存和成本降到了最低；日本制造业能异军突起，坚如磐石的供应链居功至伟。如此大规模的精确生产，建立在供应链上下游企业的紧密协作基础上，需要极其坚强的纪律保证和利益纽带。一旦构建起这样强大的供应商合作关系网络，其意义就非同小可。它不仅仅是对供应链本身进行控制的一种方式，还可能发展成为核心竞争优势，且竞争对手几乎无法复制。更为重要的是，一旦通过JIT模式形成了完整的产业链系统，其他物流系统，包括国际物流系统即形成了较强的控制力。

### （二）发达国家形成国际物流控制力保障供应链安全的路径及特点

1.发达国家的国际物流控制力形成路径具有历史性

形成控制力的国家，大多早期以军事手段为核心，形成对国际物流活动的控制力，或者搭上工业化的早期进程，成为参与国际物流控制的群体成员。其后，随着工业化等的领先推进，以及发展优势的长期存在，其军事控制逐步向市场控制手段转变，并围绕全球产业分工体系，逐步建立起对供应链体系组织的控制。因此，这些国家从未间断过对国际物流的控制，其控制力具有历史延续性，本质是发展领先地位的延续。比如全球最大的航运企业马士基，甚至其历史上的前身就是北欧海盗，直接参与国际物流的军事控制。

## 2.发达国家的国际物流控制力形成具有系统性

发达国家在国际物流领域的控制力,并非简单地依靠其物流企业竞争力,而是以多角度控制力的系统手段实现的。当前发达国家对国际供应链组织控制,其形成的逻辑本质上并不来源于国际物流控制,而是来源于其产业层级优势、贸易渠道优势的基础条件。

首先,由于长期以来,全球主要消费能力集中在发达经济体内,这些国家的企业天然掌握着消费的主要终端需求和相应渠道,由此延伸控制着相关联的国际贸易,这是形成对国际产业国际分工的组织控制基础之一。其次,以资本主导和产业层级差为基础,这些国家主动构建终端产业、高端产业掌握在自己手中的全球分工产业体系,与贸易控制一起,保障自身产业居于供应链的链主地位,比如我国很多商品的最后一道工序,或关键核心技术和部件掌握在发达国家手中,就是这种产业关系的反映。再次,在全球供应链组织过程中,依赖形成的全球以美元为主的结算货币体系,掌握与供应链相配套的金融链条组织,不但直接获得国际金融利益,反过来也利于更好掌握全链条的国际贸易和产业组织。最后,在国际物流活动中,将各项贸易规则、结算规则,与航运为主的国际物流活动密切融合,形成符合这些国家利益的整体供应链组织和实现系统。

正因为贸易逻辑、产业组织安排、金融组织过程掌控在发达国家手中,在国际物流活动中,这些国家的物流企业具有系统性的服务优势,其网络化水平明显高于其他国家,服务的延伸性和拓展性也明显较强,能够为服务对象提供更为系统的服务。当二者融合之后,就形成了良性循环、相互促进的发展格局,有利于全面控制供应链的组织和实现全过程。

## （三）发达国家的国际物流控制力形成路径借鉴与局限

发达国家的国际物流控制力形成路径，对我国具有一定的借鉴性，体现为——在其物流控制力形成中，国际物流与国际产业体系的内在逻辑，比如需求结构和贸易控制与物流控制力形成的关系等。但发达国家国际物流控制力形成的路径，具有历史延续性以及我国难以快速具备的产业层级优势基础等，因此，从这些角度来说，我们难以全面借鉴和简单照搬发达国家的国际物流控制力形成路径经验，必须寻求新发展格局背景下的国际物流控制力提升路径。

## （四）未来我国国际供应链产业链建设的目标与模式探索

### 1.我国未来国际供应链产业链建设总体模式

未来我国的经济发展价值实现，是在参与全球产业分工所形成的庞大的制造业能力基础上，内外一体，提升在国际产业体系中的地位，形成在一定范围上、一定领域内，以我国为主导的国际产业链和组织主体地位，提高在价值链上的价值获取能力。

这种模式与当前美国等发达国家所构建的国际产业分工组织，以及产业层级、贸易渠道、物流和结算等相应控制下的国际价值链构建模式相类似，都是以自身为核心的新的国际产业组织体系塑造。

### 2.我国的国际供应链产业链建设将具有自身特色

在基本国际利益实现模式判断基础上，我国的发展模式具有一定的自身特色，一方面，我国作为14亿多的人口大国，不可能全面开展国际分工，将基本生产环节全部转移出去，仍要围绕国家基本需求，保持自身的制造业等全产业链条的基本能力；另一方面，我国作为欧亚大陆重要国家，在未来国际产业体系构建的资源方向、市场方向上，也有着符合自身区位特征的要求。

3.符合我国利益的国际供应链产业链建设目标

《"十四五"现代综合交通运输体系发展规划》（国发〔2021〕27号）明确指出，着力形成陆海空统筹的运输网络，加强供需对接和运力协调，提升国家物流供应链保障能力。务实推动与东盟国家及重要海运通道沿线国家的合作，加强海事国际合作，与海上丝绸之路沿线国家合作推进海外港口建设经营，建设现代化远洋运输船队，维护国际海运重要通道安全畅通。增强国际航空货运能力，提高航权、时刻等关键资源配置效率，支持航空公司构建国际货运航线网络，打造具有全球竞争力的航空物流企业，提升航空物流全球响应能力。培育壮大具有国际竞争力的物流企业，稳步推进建设海外分拨中心和末端寄递配送网络。

## 五、交通运输支撑保障国际供应链产业链建设的方向

### （一）提高我国运输企业国际竞争力是核心方向

在当前市场化的条件下，支撑保障国际供应链产业链安全稳定主要通过市场手段得以实现，作为市场主体，交通运输企业是维护供应链产业链安全稳定的关键，而在企业层面提高我国国际运输企业的国际竞争力是核心方向。首先，交通运输企业的竞争力是企业发展壮大的根本，只有取得市场竞争优势，才能占有更多市场份额，并对整个市场发挥各类影响，对于我国国际运输能力的保障控制具有决定作用。其次，交通运输企业的竞争力，既是运输服务能力的体现，又能进一步引领和整合

国际运输服务，有利于形成对供应链体系的全链条整体控制，对保障我国供应链所需要的高质量和全流程服务具有积极意义。最后，国际供应链组织核心地位的确立，需要在把控物流运输服务基础上整合供应链上的多种服务，而具备竞争力的交通运输企业，才能首先控制国际运输服务，为整合供应链提供基础条件。

### （二）实现交通与产业系统的联动提升是逻辑方向

提高交通运输企业国际竞争力的基本逻辑，必须以交通运输与产业的联动提升为方向。发达国家交通运输企业竞争力的来源，在于更好地契合了其国际供应链组织的各项服务要求，包括契合商贸流通的末端物流网络构建，顺应生产环节的全流程国际联运物流控制，以及适应产业组织的物流与金融服务对接等，由此形成了自身的国际竞争力。因此，物流与产业系统的联动，按照我国产业国际化的需要来推进国际运输企业发展，是提高物流企业国际竞争力的逻辑基础，也是同步提高物流与产业控制力的重要方向。

### （三）加强国际流通功能整合是操作方向

物流、信息流、资金流是构成流通的三大环节，这三个环节之间具有紧密的相互依赖性，也有互促提升的关联性，并且三者结合也是物流与产业体系形成关联和互动关系的完整沟通渠道，脱离三大流，就难以站在供应链组织核心角度推进相关工作。因此，要构建符合我国特色的国际供应链组织体系，并占据组织核心地位，必须改变我国国际物流领域重实物流动，而忽略信息、资金协同的思路，在提升我国国际物流控制力的工作推进中，将三者密切整合，形成系统控制。

# 六、交通运输支撑保障国际供应链产业链建设的主要任务

着力形成陆海空统筹的国际运输网络,加强供需对接和运力协调,集中国家资源与力量维护重要国际通道安全畅通,走一条有中国特色的国际物流竞争力和控制力提升之路,有力保障我国国际供应链安全和产业"走出去"。

## (一)顺应国家战略探索国际贸易运输新方向

目前的国际物流控制体系主要以海上为主,而陆上由于通道的特殊性,一直未能形成有效的国际物流控制力。我国作为大陆国家,党的十九大报告明确了双向开放的基本策略,共建"一带一路"倡议也提出了六条陆上经济走廊的发展方向,陆上方向的开放已经成为我国国际化发展的重要方向,并且经过近些年的推进,已经取得了一定的控制力发展成果。因此,陆上国际物流控制力的提升,既契合了国家战略,同时也是针对既有国际物流控制力的薄弱环节和利用我国的优势环节,可以作为我国的重要突破方向。由于陆上方向的国际物流控制较之海上具有较强的复杂性,国际通道穿越国家越多,控制力的提升越困难,可以选择与我国经济利益关联紧密的周边国家,先行探索国际物流控制力提升发展。在陆上国际物流控制力的提升基础上,形成模式,并逐步向海运、空运等领域拓展。

在现有国际贸易运输通道的基础上，打造全方位、多层次、复合型的"一带一路"基础设施网络，积极推动与周边国家铁路、公路、航道、油气管道等基础设施互联互通，推进口岸铁路、口岸公路、界河航道建设。强化面向俄蒙、东南亚、南亚、中亚等重点方向的陆路运输大通道建设。进一步完善海上战略通道，谋划建设亚欧陆海贸易通道、东北亚陆海贸易通道。稳固东南亚、东北亚等周边航空运输市场，有序拓展欧洲、北美洲、大洋洲等洲际航线网络，建设"空中丝绸之路"。

### （二）依托国家力量维护重要国际通道安全

中国–巴基斯坦和沿海港口经中国南海进入印度洋是我国国际物流大通道的重点方向，在这两大方向上，需要集中国家资源与力量，维护通道的长期安全与畅通。中巴运输大通道，由中巴铁路通道、中巴公路通道和瓜达尔港共同构成，未来西延与伊朗铁路接轨，并可能伴生新的伊–巴–中油气管线建设。中巴边境的红其拉甫口岸为中巴交通通道的过境控制节点，经瓦罕走廊借道阿富汗进入巴基斯坦为另一可选方案。印度洋航线大通道，由沿海各主要枢纽港穿越中国南海进入印度洋通往欧洲方向，通过推进南海岛礁建设和瓜达尔、吉布提等阿拉伯海、红海港口、希腊比雷埃夫斯港经营合作建设，形成印度洋沿岸港口支撑点。对于中巴运输通道上的中巴铁路、瓜达尔港，印度洋航线大通道上的南海岛礁、吉布提港等关键物流设施，必须依托军事后盾实施强力控制，确保时刻为我所用。

### （三）借助优势产业控制国际物流关键环节

全球现代经济体系下，标准和规范是产业链条的关键环节，掌控制定行业规范、规则、标准的话语权可以说是牵住了提升我国国际物流控制力的"牛鼻子"。在掌控和输出国际物流的行业规范、规则和标准方面，必须借助我国目前在跨境电商和中欧班列中形成的突出优势，将物流与其融为一体携手出海。一是推行跨境电商的"电商+快递+仓配一体"发展模式，以跨境电商这一先进的交易模式为切入口，运用大数据、云计算等智能服务，在全球范围内合理布局快递基础设施节点、设施布局以及末端配送网络，并逐渐从输出快递基础设施升级为输出国际快递行业规则、规范和标准。二是做优中欧班列品牌，推广国际货协/国际货约运单，完善中国国际货运代理协会提单，逐步扩大应用范围。三是打造西部陆海新通道班列运输品牌，制定班列高质量发展指标体系，推进国际铁路运单物权化和海铁联运"一单制"。

### （四）利用大国优势提升供应链自主可控能力

经济大国、制造大国、消费大国和贸易大国带来的世界第一物流需求大国是我国参与国际物流竞争的优势。应充分发挥这一最大优势在国际物流市场的话语权，谋求国际物流分工中的供应链主体地位，提升我国在全球价值链分工中的价值获取能力。比如，可在工业品出口贸易中实行到岸规则，在能源、资源商品的进口贸易中实行离岸规则，途中则优先选择中国企业开展运输、物流、金融、保险、信息等相关业务，最大限度地获取国际贸易中的价值环节。同时，以新型举国体制为手段，培育一批具有全球竞争力的物流供应链龙头企业，引导企业优化境内外物流节点布局，逐步构建安全可靠的国际物流设施网络，实现与生产制造、国际贸易等企业协同发展。

（执笔人：唐幸）

# 参考文献

陈文玲,2022.影响当前和今后一个时期全球格局演化的十大变量[J].经济导刊(6):34-41.

丁俊发,2020.构建供应链模式下的经济命运共同体[J].供应链管理,1(1):11-17.

国家发展改革委高技术司,2022.全力保持产业链供应链安全稳定[J].习近平经济思想研究(1):42-47.

陆成云,等,2018.提高我国国际物流控制力研究[R].国家发展和改革委员会综合运输研究所.

林梦,李睿哲,路红艳,2020.实施供应链安全国家战略:发达经济体样本解析[J].国际经济合作(4):51-62.

宋华,杨雨东,2022.中国产业链供应链现代化的内涵与发展路径探析[J].中国人民大学学报,36(1):120-134.

魏际刚,刘伟华,2022.对保障重点产业供应链安全的战略思考[J].北京交通大学学报(社会科学版),21(1).

# 调研报告一 苏州市推进交通运输现代化的调研与建议

**内容提要**：以"将苏州打造成为国际性综合交通枢纽集群的重要组成部分、全国性综合交通枢纽城市、国际性铁路枢纽、交通运输现代化示范市、交通强国建设示范先行区、交通创新发展示范新高地"为战略定位，苏州市明确提出从"构建面向全球双向开放的综合通道枢纽体系""打造辐射全国一体融合的综合立体交通体系""完善人民满意便捷高效的综合运输服务体系""健全科学高效协调创新的现代交通治理体系"等四大方面来推进交通运输现代化建设，并取得了初步成效。在取得明显成效的同时，苏州市交通运输发展也面临着区域枢纽地位与经济发展水平不匹配、综合交通枢纽对外辐射能级亟待增强、综合交通发展仍存在较为突出的结构性矛盾和短板、资源环境对交通发展的限制作用显现、治理体系现代化水平有待提高等问题和挑战。今后一个时期，苏州市应从经济社会发展全局来考虑交通运输现代化，对照国家与江苏省新的发展要求，跳出交通看交通，充分结合苏州现代产业布局建设和新型城镇化发展要求，进行更全面、更深层次的科学谋划，加快推动交通运输实现四大转变：从"规模交通"到"满意交通"之变、从"快速交通"到"精致交通"之变、从"车本交通"到"人本交通"之变、从"高碳交通"到"绿色交通"之变。

交通运输现代化是建设社会主义现代化国家的主要组成部分和前提条件。东部地区具有良好的交通运输设施和市场条件，在交通运输现代化中发挥着先锋表率作用。2021年9月，交通运输部和江苏省人民政府签署了《共建交通运输现代化示范区合作框架协议》，以部省联动、合作共建方式推进江苏率先建设交通运输现代化示范区。2021年11月25日，中共江苏省委、省政府印发《关于全面推进江苏交通运输现代化示范区的实施意见》，2022年5月6日，江苏省交通运输厅、省发展改革委印发《江苏交通运输现代化示范区建设方案》。苏州经济社会、交通运输发展位居江苏省前列，具备率先实现交通运输现代化的条件。2021年9月8日，中共苏州市委、市政府印发《苏州建设交通强国示范先行区实施方案》，这是全国地级市中第一个关于交通强国建设实施的相关方案，旨在为交通强国建设打造苏州实践样板，为长三角一体化发展贡献苏州力量。2022年6—8月，国家发展改革委综合运输研究所课题组与苏州市交通运输主管部门、运输企业等以线上线下座谈等方式，就苏州市推进交通运输现代化的具体做法、相关经验与存在的问题等进行了深入交流，现将有关情况汇报如下。

## 一、苏州市推进交通运输现代化取得了初步成效

以"将苏州打造成为国际性综合交通枢纽集群的重要组成部分、全国性综合交通枢纽城市、国际性铁路枢纽、交通运输现代化示范市、交通强国建设示范先行区、交通创新发展示范新高地"为战略定位，苏州市明确提出从"构建面向全球双向开放的综合通道枢纽体系""打造辐射全国一体融合的综合立体交通体系""完善人民满意便捷高效的综合运输服务体系""健全科学高效协调创新的现代交通治理体系"等四大方面来推进交通运输现代化建设，并取得了初步成效。

## （一）持续推进综合交通网络建设，重大基础设施实现突破

苏州市加快推进多层次一体化轨道交通网落地，完善公路网络功能，持续改善航道通航条件，不断完善城市交通设施，综合交通网络规模和服务能力不断增强。截至2020年底，全市公路总里程11742.3千米，其中，二级及以上公路6805千米，占比58%，位列全省第一；高速公路总里程达615千米，位居全省第三位；农村公路共计9910千米，县道全部达到三级及以上，乡村道全部达到四级及以上；铁路营业里程308.3千米，市域县级节点时速200千米/时及以上铁路覆盖率达100%；各港口建设有序推进，码头等级明显提升，集装箱班轮航线开辟运营的扶持力度持续加大，新兴货种运输发展迅猛；城市交通设施不断完善，城市轨道网络总里程210.1千米（其中，地铁165.9千米、有轨电车44.2千米），轨道交通里程总数、线网密度均位列全国地级市前列。如表1所示。

表1 截至2020年底苏州综合交通基础设施现状及主要指标对标表

| 主要指标 | 单位 | 2020年 | 全省排名 |
| --- | --- | --- | --- |
| 铁路运营里程 | 千米 | 308.3 | 6 |
| 铁路网面积密度 | 千米/百平方千米 | 3.56 | 8 |
| 高快速铁路覆盖率（县级节点） | % | 100 | 1 |
| 公路里程 | 千米 | 11742.3 | 7 |
| 公路网面积密度 | 千米/百平方千米 | 139.2 | 2 |
| 高速公路里程 | 千米 | 608 | 1 |
| 高速公路网面积密度 | 千米/百平方千米 | 7.2 | 2 |
| 高速公路覆盖率（10万人口以上城镇） | % | 100 | 1 |
| 二级及以上公路占比 | % | 57.3 | 1 |
| 航道里程 | 千米 | 2786 | 3 |

（续表）

| 主要指标 | 单位 | 2020年 | 全省排名 |
| --- | --- | --- | --- |
| 三级及以上航道占比 | % | 6.2 | 8 |
| 沿江港口泊位数 | 个 | 298 | 1 |
| 万吨级及以上码头泊位 | 个 | 130 | 1 |
| 内河港口码头泊位数 | 个 | 604 | 1 |
| 全社会港口吞吐量 | 万吨 | 62038 | 1 |
| 集装箱吞吐量 | 万标准箱 | 628.9 | 1 |
| 城市公交车辆数 | 辆 | 8968 | 1 |
| 城市公交运行线路里程 | 千米 | 15279 | 1 |
| 城市公交专用道里程 | 千米 | 391 | 1 |
| 快递业务收入 | 亿元 | 216.8 | 1 |
| 快递业务数 | 亿件 | 17.3 | 1 |

## （二）加快建设人民满意交通，推动客运服务全面升级

深入实施公交优先战略，苏州市万人公共交通拥有量达26.4标台（含吴江），居全省第一，2018年通过国家"公交都市"创建验收。着力推动传统公路班线客运运力调整，毗邻公交发展水平全省领先，已开通毗邻公交线路46条，其中与沪、浙间省际毗邻线路28条，占整个长三角区域的40%。城市出租车辆运力充足，拥有巡游车8924辆，合规网约车44176辆，合规网约车数量占全省总量比值排名第一，网约车100%实现纳规管理，整体合规情况连续三年居全省第一。城乡客运三级线网不断完善，截至2020年底，全市城乡公交运营线路达639条，营运里程1万余千米，镇村公交开通率达100%，全市城乡客运一体化水平始终维持5A最高评级。加快推动城际客运服务转型升级，建成苏州汽车客运西站枢纽和苏州站北广场汽车客运站城市候机楼，全市域异地候机楼数量达到8个，实现市域范围城市候机楼全覆盖。大力推进客运服务供给侧改革，

优化定制客运运营模式，完善"巴士管家"服务平台功能，平台联网售票覆盖22个省份、260个城市，合作汽车客运站超过1200个，班线运营车辆10万余辆，"巴士管家"服务平台市场占有率居全国公路联网售票类软件之首。依托苏州旅游集散中心，开行"运游结合"线路30余条，初步形成"中心集散、多向辐射"的运游结合网络。

### （三）持续推动货运转型升级，不断增强支撑保障能力

公路货运保障能力持续增强，2020年完成公路货运量2.53亿吨、货物周转量276.33亿吨公里，分别比"十二五"末增长114%、65.9%。货运物流设施逐步完善，基本形成了以3个多式联运型及23个通用集散型构成的货运枢纽体系，集聚效应逐渐显现。港口带动效应增强，近远洋航线总数达65条，集装箱航线实现对东北亚和东南亚主要港口的全覆盖。积极推进铁路国际货运班列高效运行，"苏满欧"班列已逐步发展成集中欧、中亚、中俄进出口班列为一体的国际铁路货运班列平台。货运转型升级步伐加快，2020年，苏南公铁水集装箱多式联运示范项目共完成集装箱多式联运量99.8万标准箱，占全省22个多式联运示范工程集装箱联运总量的65%。加快推广货运新业态新模式，积极推进无车承运（网络货运）试点工作，培育部级无车承运人试点企业2家、网络货运经营企业8家，加快甩挂运输发展。邮政快递业迅猛发展，年快递业务量突破20亿件，实现了三年翻一番的新跨越，2020年，苏州分别为江苏省和全国贡献了30.1%和2.5%的快递业务量，邮政快递业支撑电商网络零售额达3000亿元，服务制造业产值超540亿元，带动特色农产品产值40亿元，邮政快递业对一二三产业的支撑力度更加凸显。

## （四）不断提升交通智慧绿色安全水平，发展效益持续向好

智慧交通加快发展，交通基础设施智能化建设成效显著，运输服务业智能化水平大幅提升。国省干线重要节点检测覆盖率、内河干线航道船闸ETC覆盖率均达100%。实现联网售票服务100%覆盖、交通运行实时信息100%可查，全国首个常态化运营5G无人公交落地高铁新城，苏州成为全国率先提供无人公交服务的城市。新型智慧公路试点加快建设，2020年11月，524国道常熟段智慧公路通过苏州市智慧公路科技示范工程预验收，具备智能管控、智能服务等功能。行业治理数字化水平显著提升，形成以苏州市交通运输指挥中心（TOCC）为核心的系统集成的苏州智能交通体系。货物运输服务智能化建设加快推进，吴淞江综合物流园"江海联运"多式物流大通道、长江经济带江苏省多式联运公共信息与交易平台成为全省第二批多式联运示范项目。交通科技创新业态持续向好，多家货运企业入选江苏省智慧物流示范企业，相城区自动驾驶测试基地建成投用。成功获得第29届智能交通世界大会举办权，建成智能交通世界大会示范项目库。

苏州市将绿色发展理念融入交通运输发展的各方面和全过程，以全面建成低碳示范城市为目标，重点推进节能减排、做好污染防治以及加强资源节约利用。312国道、524国道成功创建省级绿色公路。绿色港口建设积极开展，加快推进堆场扬尘治理和船舶污染物接收转运处置建设，港口岸电设施建设覆盖率进一步提高。

安全生产深入推进，平安交通成效良好。公路路域环境整治力度不断加强，公路货运车辆超限超载得到了有效治理，2020年苏州公路超限率下降到0.22%。完成7211辆"两客一危"车辆主动安防系统安装，安装

率100%。加强对出租车行业监管与违法查处力度，启动建立网约车与巡游车综合监管平台。开发完成公路安全文化信息辅助管理系统，对重点桥梁、路段进行实时监控，加强对隧道环境的监控监测。建设水上应急指挥综合展示平台、站所二级监控平台以及局所两级视频会议系统，开展干线航道视频监控三年全覆盖行动，在城区范围内启动了41个固定监控点的建设。

## （五）深化行业体制机制改革，综合治理能力快速提升

体制机制改革取得成效。完成行政事业单位改革，转隶组建"一支队四中心"。地方海事局作为全省"1+N"执法模式改革的试点单位，扎实推进地方海事执法模式改革。积极推进"互联网+监管"和跨部门联合监管，建立随机抽查与常规监管方式的衔接机制，完善交通运输信用体系建设。深化相对集中行政许可权改革，符合进驻条件的86项交通政务事项全部进驻市政务服务中心窗口，做到应进必进，进驻率100%。建成交通运输指挥中心（TOCC）、公交智能调度中心，在全省率先实现一体化扁平化的调度管理模式。全面从严治党取得实效，"党建融·交通红"品牌集群取得丰硕成果。整合交通运输党建资源，成立市委党校交通运输分校，建成党建教育基地。深入实施"勤廉交通"三年行动，加强重点领域廉政监管，推动惩防体系关口前移。从严规范干部选拔任用工作，形成较为完善的干部管理体系和梯队建设机制。人才引领战略卓有成效，交通行业人才资源总量持续增长，为交通运输行业发展提供了有力保障。

## 二、苏州市推进交通运输现代化面临新问题和新挑战

在取得明显成效的同时，苏州市交通运输发展也面临着一些问题和挑战，制约着今后一个时期交通运输现代化推进工作。

### （一）区域枢纽地位与经济发展水平不匹配

苏州作为常住人口超千万的特大城市和经济发达的区域中心城市，在长三角乃至全国经济发展中的重要性不言而喻，但苏州在国家交通枢纽层级中所处位置不高，与其经济发展水平和地位不匹配。在2017年公布的"十三五"国际性、全国性和区域性综合交通枢纽名单中均没有苏州市，国家规划建设的综合运输通道中也仅有京沪大通道经过苏州，与其他人口过千万的主要大城市如成都、杭州、深圳、武汉等相比，这种地位存在明显差距，随着这些城市大力推进机场和高铁的改扩建工程，苏州市在交通方面的竞争力会面临巨大的挑战。此外，苏州还是GDP排名前15位的城市中唯一没有民用运输机场的城市，仅有铁路单通道的现状造成苏州至国家中心城市的交通可达性弱。在长三角地区城镇体系整体格局逐渐发生改变的背景下，苏州原有的区位优势将逐步减小。尤其是沿海通道、宁杭通道、沪湖通道等新兴通道的建设完备，将使得苏州处于北翼城镇发展区块的南缘地带，无法在新的国家通道和城镇群发展中发挥核心作用。同时，长三角城镇群发展重心将逐步向内陆偏移，苏州仍为沪宁沿线的节点城市，与其他城市相比，其交通区位并无明显提升，甚至可能面临边缘化的风险。

## （二）综合交通枢纽对外辐射能级亟待增强

长三角地区的交通基础设施建设虽然总体上在全国处于领先水平，但缺乏跨区域的统筹规划和建设，缺乏有效的协调机制，导致基础设施重复建设，比如城市群内港口、机场等的无序竞争问题；长三角城际通道尚未完全形成，还存在"断头路""一公里壁垒"等交通断崖现象；各种运输方式之间的衔接还不到位，交通枢纽之间缺乏分工协作。与世界级城市群的定位相比，长三角城市群交通一体化程度还存在差距。苏州处于长三角城市群的第一圈层，其交通枢纽的对外辐射能级因此受到影响，城际交通联系和对外跨区域联系的水平也受到制约。

从功能上看，苏州综合交通枢纽功能尚不健全，对外辐射能级亟待增强，融合发展的主动意识和运作能力不够，与长三角各大枢纽协作水平亟待提升。首先，民用运输机场的缺失成为苏州联通全球、深度融入全球价值链和供应链的最大掣肘，已对苏州城市竞争力的提升带来不利影响。近年来上海机场运能趋于饱和，长三角机场格局进入重构期，苏州民用运输机场的建设迫在眉睫。其次，作为上海国际航运中心重要组成部分的分工体系尚未建立健全，江海联运、水铁联运等以港口为枢纽的多式联运业务尚未形成，苏州港的增值物流服务功能还未显现。近洋航线航班次仍然较少，沿江港口整体仍处于以码头装卸、仓储物流等低层次服务为主的发展阶段，港口信息服务、金融保险、航运交易等高端服务大部分尚未起步，集装箱干线港建设任重道远，国际航线集装箱吞吐量仅占全港的9%，与宁波-舟山港、上海港的75%、81%相比尚有较大差距，港产城融合发展程度不高。最后，苏州客货运枢纽体系有待完善，依托铁路干线的综合客货运场站建设滞后，对综合交通运输体系的建立、多式联运的发展支撑力度不强。

### （三）综合交通发展仍存在较为突出的结构性矛盾和短板

未来长三角地区将在传统运输主通道的基础上，着力打造多条由高速公路和城际铁路构成的新兴通道。当前苏州仍为沪宁沿线的节点城市，在区域交通网络均衡化发展的趋势背景下，苏州原有的区位优势将逐步减小，面临被边缘化的风险。

一是轨道交通尚未成网。铁路网面积密度全省仅排名第8，与城市经济体量严重不符，干线铁路格局尚不完善，境内干线铁路依然以东西向为主，南北向的沪苏通铁路与京沪、沪宁高铁缺乏联络，十字交叉"枢纽"形态尚未形成；都市圈城际铁路目前仍是空白，与周边经济、人口、交通枢纽节点连通不够高效，特别是前往上海虹桥、浦东机场缺乏快捷的轨道服务；项目推进层面，新建铁路项目前期工作拉长，审批难度加大，致使铁路建设任务完成不甚理想，影响项目整体工期。

二是公路网服务水平有待提升。公路网总里程及高等级公路占比全省靠前，但市域东西向公路通道严重饱和，沪宁高速公路苏州至无锡段最大交通量达22万标准车辆数/天，服务水平下降至六级。南北向高速公路通道有待加密，过江设施容量勉强支撑，仅依靠苏通大桥及苏嘉杭高速承担市域南北向交通，呈现常态化拥堵，与周边省市的多条断头瓶颈道路建设尚未纳入实施计划。

三是航道网通行顺畅度有待提升。三级以上航道占比6%，排名全省第8，骨干航道对区域运输通道和重要交通枢纽的支撑作用仍有不足，太仓港集疏运主要依靠公路，部分瓶颈节点尚未打通，高等级集疏运航道功能有待提升。内河集装箱江河联运通道尚未贯通，市域内部乃至整个苏南地区京杭运河与长江干线间尚缺乏高等级集装箱运输通道。

四是国际运输能力短板明显。目前市域各板块至浦东国际机场均需要2小时以上，旅客国际航空出行较为不便。国际货运自给能力不高，苏州工业园区高端制造与国际贸易区79%的出口通过上海空港进出，苏州市90%以上的外贸集装箱通过上海港出口，大量的外贸产品均通过上海出口。中欧班列尚未形成规模化效应，开行规模小，去程返程数量平衡度较弱，且与省内南京、连云港等开行班列同质竞争严重。

五是运输结构调整任重而道远。总体呈现"公路强、水路和铁路发展受限"格局，公路货运占比超过90%，占绝对主力，铁路、水路增幅较小。铁路货运通道单一，仅京沪铁路、沪苏通铁路具有货运功能。多式联运快速发展缺少基础设施支撑，铁路与港口等其他货运枢纽衔接不足，太仓港疏港铁路仍在建设推进中。内河集装箱运输需求大，但作业码头稀缺，只有苏州园区港和方正苏高新港两个码头开展集装箱业务，口岸环境需进一步提升。江海联运、水陆联运、水铁联运、水水中转等以港口为枢纽的多式联运业务体系尚未形成。

六是城市地面交通基础设施面临较大压力。目前，苏州市域常住人口已经突破1000万，近十年年均增长率达到5.17%，特别是姑苏区、工业园区等地区人口密度较大，居民出行需求旺盛。与此同时，苏州机动车特别是小汽车增长处于高速发展阶段，私人小汽车近十年进入"井喷"式增长期。在地面交通设施面临饱和的情况下，逐渐增多的机动化出行挤占了有限的道路资源。调查显示，苏州市区道路高峰小时延误指数高达1.68，高架道路高峰小时平均饱和度1.03。从近几年发展趋势看，城区道路拥堵现象日益加剧，拥堵分布由内环向外围地区加速扩散，呈现常态化蔓延式拥堵，城区道路交通系统运行可靠性逐步降低。苏州市区道路及停车交通面临着较大压力，未来苏州地面交通设施将难以承受高速增长的机动车。

## （四）资源环境对交通发展的限制作用显现

苏州市域乡镇数量多、人口密度大、产业兴旺发达，土地承载压力大，综合交通发展与资源要素之间的矛盾日益凸显。市域土地开发强度已达29.79%，各县市建设用地总量基本都超规模，对铁路、航道和重要道路项目建设产生了严重制约。在生态环保方面，以带状线性为特征的许多交通工程项目难以避让生态红线而导致项目审批存在极大困难。在资金保障方面，交通基础设施建设也面临资金筹措困难、地方政府债务规模不断上涨、投融资主体单一、社会资本参与度不高、运营亏损加剧等挑战，亟待创新突破。当前正是铁路、公路、航道等项目建设的重要窗口期，空间指标、用地指标等资源供给难以落实严重制约了综合交通运输体系的推进建设。

## （五）治理体系现代化水平有待提高

当前，从城区人口规模标准和建成区空间布局看，苏州已跨入特大城市门槛，2020年城镇化率达到78.0%，比全国平均水平高18个百分点，城乡一体化发展趋势明显，但现有综合交通管理体制仍处于二元结构，综合交通治理体系与特大城市综合交通规划、建设、运营和公共服务的管理能力要求不相适应，整体协同低，导致干线公路与城市道路衔接标准不一、铁路轨道规划建设运营事权不清、机构改革后人员少和工作量多等问题日趋显现。同时，信息化应用水平有待提升，全面高效的现代交通信息网络尚不健全、交通信息平台仍局限于行业内部。绿色交通建设有待增强，现阶段节能减排法规制度、标准规范体系与市场化运作方式间存在差距。安全监管能力有待提升，安全生产主体责任落实还不到位，应对突发事件机制不够完善、部门合力仍不明显。

## 三、对苏州市推进交通运输现代化的建议

中共江苏省委、省政府印发的《关于全面推进江苏交通运输现代化示范区的实施意见》中提出，到2025年，苏南地区率先基本实现交通运输现代化；到2030年，苏南地区率先实现交通运输现代化；到2035年，苏南地区实现更高水平的交通运输现代化。

苏州是苏南地区的重要组成部分，自古以来就是我国最发达的地区之一，需要在建设社会主义现代化国家的征程中走在前列，在江苏省和全国交通运输现代化过程中发挥先行引领作用，构建中国式现代化的重要标杆。苏州市应从经济社会发展全局来考虑交通现代化，对照中国式现代化的本质要求，跳出交通看交通，充分结合苏州现代化产业体系建设和新型城镇化发展要求，进行更全面、更深层次的科学谋划，加快推动交通运输发展实现如下四大转变。

### （一）转变发展思路，实现从"规模交通"到"满意交通"之变

苏州交通运输发展已经告别短缺经济时代，追逐网络规模及其不断增加的规模经济效应不可持续。步入以高质量发展为本质特征的新时代，苏州社会主要矛盾发生重大转变和交通运输供给能力已经逐渐得到满足，网络规模边际效用递减，而供给满意度成为衡量交通运输发展水平的重要指标之一。人们对交通出行和运输服务的要求，不再局限于只满足人和物的位移，而是在基本功能性需求上附加了唯美的、增值的、高品质的服务需求。因此，进入新发展阶段，苏州交通运输的发展思

路，需要从过去单纯强调供给侧规模扩张和存量盘活，向注重需求侧满意度和供给侧质量效率提升转变，从传统的"规模交通"模式向现代的"满意交通"模式转变。从政治经济学视角看，人民满意是交通发展的逻辑起点，也是交通经济的逻辑终点。建设人民满意交通，并不是摒弃古典的供给逻辑，而只是改变既有固化的供给路径，以响应人们唯美、精致、人文、多样需求为出发点，以深化供给侧结构性改革为发力点，着力提高交通运输供给品质和系统效率，不断满足人民群众对美好生活的需要。

### （二）转变发展方向，实现从"快速交通"到"精致交通"之变

长期以来，苏州交通运输发展的目标是激发释放各种运输方式固有或潜在的技术经济红利，加快人和物的流通速度，降低社会生产综合成本，以提高整个国民经济系统的效率和效益，从而缓解甚至解决人民日益增长的物质文化需要同落后的社会生产之间的矛盾。新时代苏州社会主要矛盾已然发生转向，人们对美好生活的向往和经济社会高质量发展的目标方向，要求交通运输发展不能再留恋于过去单纯地追求技术经济上的极限突破，而应从系统融合和供需匹配的视角考虑到交通运输与经济、社会、能源、环境的全面精准对接。在"快生产"和"慢生活"加速融合的新时代，苏州交通运输不再是一枝独秀的快速运输系统，而是与各系统协调融合、精准响应各种需求的高质量的精致生态系统。

### （三）转变发展理念，实现从"车本交通"到"人本交通"之变

改革开放以来，在"以经济建设为中心"发展思想的指引下，苏州交通运输发展一直扮演着基础支撑角色，对苏州市产业发展和对外开放发挥了关键作用。交通规划建设和运输组织管理的出发点更多地在于满

足服务各种运输生产活动的"经济派生需求",形成了"以车为本"的宽马路发展模式。毋容置疑,这种以经济建设为导向的交通发展模式是苏州交通运输乃至国民经济取得40年辉煌成就的重要智慧经验总结。然而,新时代苏州经济发展阶段和社会主要矛盾发生了重要转变,人民日益增长的美好生活需要,在交通出行和运输服务上表现出了对人性和精神世界的尊重。近年来,苏州稀缺的慢行空间不断被小汽车交通蚕食,"以车为本"的路权分配理念仍未真正扭转,"车本交通"的道路资源分配模式已成为制约苏州交通可持续发展的重要障碍,稀缺的土地空间不足以承载扩张式的交通运输发展模式。因此,未来交通运输发展的理念将逐步从"经济性"向"社会性"转变,实现"车本交通"到"人本交通"之变,强调以人为本,重视人的安全感、获得感、幸福感,注重满足个性化、多样化、均等化的"社会化运输需求","以人的发展为中心",着力建立一个尊重生命和他人、遵守法制和规则,统一生态和生活生产,智慧化、科学化、现代化的综合交通运输体系。

### (四)转变发展方式,实现从"高碳交通"到"绿色交通"之变

在过去长达数十年"高投入、高消耗、高增长"的经济增长模式中,苏州交通运输发展通过快速的规模扩张取得了世界瞩目的成就,同时也付出了很大的资源环境代价,苏州"高碳交通"发展特征明显。现阶段,全球气候变暖和大气污染问题日趋严峻,长三角区域资源环境综合承载能力越来越脆弱,迫切需要交通运输转变发展方式,探索低碳可持续的发展新模式。在新时代,发展绿色交通成为实现可持续发展的必然选择。绿色发展是高质量发展的重要内容,也是推动实现高质量发展的重要途径。未来推动苏州交通运输绿色发展:一是要大力发展铁路、水运等低耗环保型方式,加强高能效、低排放交通运输系统建设,实现

交通运输系统结构性节能减排。二是要引导居民绿色出行，优先发展城市公共交通，鼓励发展体验式交通，加快构建形成低碳环保、诗意栖居、宜居宜游宜人的绿色交通运输体系。三是要节约集约利用资源，加强交通生态保护，推进绿色交通基础设施建设，积极探索交通运输资源循环利用的发展新模式。

（执笔人：樊桦　唐幸　陈晓博）

## 调研报告二 | 智能交通发展现状、问题及建议——基于智能交通企业、研究机构的调研

**内容提要**：智能交通产业创新潜力和市场预期规模巨大，具有发展成为智能宏大产业系统的基础，在我国构建现代化经济体系中将发挥重要作用。我国智能交通发展的创新性、综合性、融合性、国际性逐步凸显，智能交通由单一技术驱动向多要素联合驱动转变，由单领域分立式发展到全领域联动式发展转变，由行业小生态向经济社会大生态融合发展转变，由借鉴国外、技术跟踪转向技术自主创新和领跑发展，由交通效率优先为主转向支撑交通效率提升、交通安全改善、绿色低碳和产业发展并重。未来智能交通发展需要站在经济社会发展全局高度，推动由各部门分头式突进向全领域协同推进转变，破除体制机制制约，创新建设、运营、组织模式，强化技术研发和科技攻关，更好推进智能交通高质量发展，为全面建设社会主义现代化国家提供坚实保障。

智能交通是5G、物联网、大数据、人工智能等技术与交通运输深度融合的新兴产业，是发展数字经济、推动数字经济和实体经济深度融合发展的重要业态，是重要的融合型新型基础设施，是建设交通强国和实现交通运输现代化的战略基石，是推动交通运输质量变革、效率变革、动力变革的重要抓手，也是新一轮科技革命和产业变革的关键制高点。2022年9月27日至11月8日，国家发展改革委综合运输研究所课题组赴百度、中国民航信息网络公司（下文简称中国航信）、国家智能网联汽车创新中心、中国信息通信研究院等进行调研，广泛听取智能交通重点企业、科研机构以及行业专家对我国智能交通发展的现状、问题、发展目标和对策的建议。

# 一、我国智能交通发展的基本情况

智能交通以技术、业态模式、产业组织创新发展为动力，以信息网络为纽带，以互联网组织服务平台为支撑，涵盖了智能铁路、智慧公路、智能航运、智慧民航等应用系统，是综合交通运输体系的重要组成部分，也是交通运输与经济社会融合发展的重要结合部。当前，我国的智能交通发展取得显著的成效，在智慧公路、智慧民航等领域发展不断迈向世界先进水平。

## （一）自动驾驶和智能汽车技术日渐成熟，逐步形成规模化产业生态和多元化场景应用

以百度为代表的智能交通企业在道路智能交通方面取得了长足成效，自动驾驶、车路协同逐步走进大众生产生活，从先进概念落地成为规模化产业。百度依托车路云图技术闭环，开放解耦、生态赋能，实现城市交通精细化、全局化、智慧化治理，为公众提供更安全、便捷、高效、低碳、智能的出行服务，促进网联产业赋能、车辆安全提醒、交通效率诱导。依托车路云图闭环、国产自主AI、海量互联网数据以及十亿终端触达的核心优势，赋能"减量控大、缓堵保畅、品质出行"等业务场景，打造松耦合、快迭代的业务闭环应用。

截至目前，百度"萝卜快跑"已落地北京、上海、广州、深圳、重庆、长沙、阳泉、桐乡乌镇等12地；预计2030年，将拓展至100座城市。

调研报告二
智能交通发展现状、问题及建议

"车–路–云–图"产品及网联、交管、高速、交运、停车、教育、文旅等领域场景化解决方案,服务全国50余座城市。如图1、图2、图3所示。

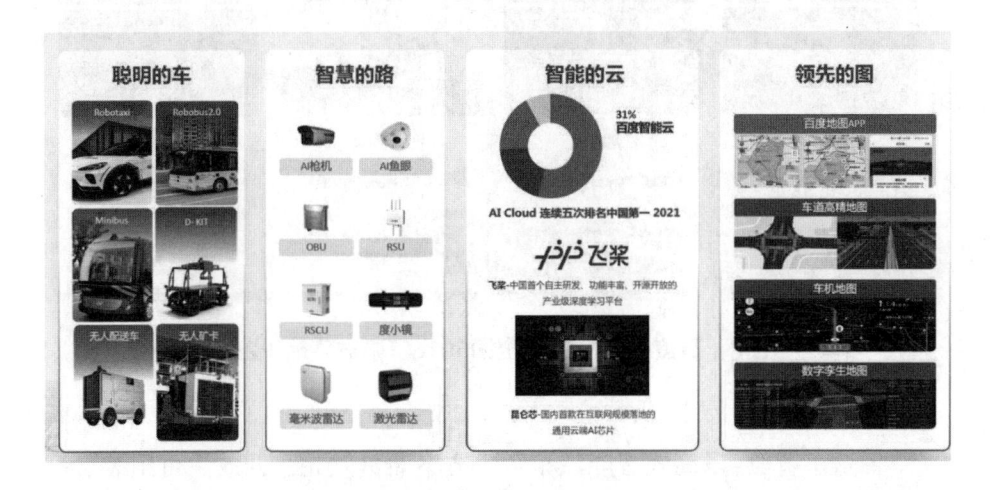

图1 百度公司"车、路、云、图"数字底座初步形成

图2 百度智能交通在全国50余座城市落地(1)

331

图3　百度智能交通在全国50余座城市落地（2）

　　智驾、智舱-乐高式智能汽车解决方案兼具领先、开放、可组装、高品质等优势，已合作70余家车企，服务800余款车型。百度研发成功第六代L4级共享无人车，开发完成L4级自动驾驶公交车，拥有672张中国测试牌照，具备自动驾驶中国最高技术等级——T4牌照。如图4所示。

图4　百度自动驾驶汽车

## （二）智慧公路体系架构日益清晰，处于由试点示范向全面布局的战略关口

我国智慧公路发展经历了原型研究、技术验证、试点示范等阶段，正处于由试点示范向全面布局的战略关口。根据国家智能网联汽车创新中心统计，目前我国已有20个省份40余条线路开展基于车路协同智慧高速建设工作。面向智慧公路的车路协同的发展将从以封闭场景、示范验证为特征的1.0阶段切入并发展。经过多年探索，我国初步明确"车路云一体化"深度融合发展路径，体系架构日益清晰，发展理念与内涵不断丰富，产业生态加速构建，推动行业共识形成，为凝聚发展合力提供了重要支撑。

表1 我国部分智慧公路示范项目

| 序号 | 省份 | 公路名称 |
| --- | --- | --- |
| 1 | 北京 | 机场高速 |
| 2 | 北京 | 延崇高速 |
| 3 | 北京 | 京雄高速 |
| 4 | 河北 | 荣乌新线 |
| 5 | 河北 | 京德高速 |
| 6 | 河北 | 京雄高速 |
| 7 | 河北 | 延崇高速 |
| 8 | 山西 | 五盂高速 |
| 9 | 吉林 | 珲乌高速 |
| 10 | 吉林 | 吉舒联络线 |
| 11 | 山东 | 济青中线 |
| 12 | 山东 | 滨莱高速改扩建 |
| 13 | 山东 | 京台高速 |
| 14 | 山东 | 济潍高速 |

（续表）

| 序号 | 省份 | 公路名称 |
| --- | --- | --- |
| 15 | 江苏 | S342省道段 |
| 16 | 江苏 | G524国道常熟段 |
| 17 | 江苏 | 沪宁高速 |
| 18 | 江苏 | 五峰山高速 |
| 19 | 浙江 | 杭绍甬智慧高速公路 |
| 20 | 浙江 | 沪杭甬高速公路 |
| 21 | 浙江 | 杭州绕城西复线 |
| 22 | 浙江 | 杭绍台高速 |
| 23 | 江西 | 昌九高速 |
| 24 | 江西 | 宁定高速 |
| 25 | 湖北 | 鄂州机场高速 |
| 26 | 湖南 | 长益复线高速 |
| 27 | 湖南 | 长沙绕城高速 |
| 28 | 河南 | 机西高速 |
| 29 | 重庆 | 石渝高速 |
| 30 | 四川 | 成都绕城高速 |
| 31 | 四川 | 都汶高速龙池连接线 |
| 32 | 贵州 | 贵安复线高速 |
| 33 | 广西 | 沙井至吴圩公路 |
| 34 | 海南 | 海南旅游公路 |
| 35 | 广东 | 乐广高速 |
| 36 | 广东 | 南沙大桥 |
| 37 | 广东 | 深圳外环高速 |

我国智能网联汽车具有"车路云一体化"系统架构特点，以及分层解耦、跨域共用的两大技术特征，以车载终端平台、智能计算平台、云控基础平台、高精地图平台和信息安全平台等五大产业基础平台为载体，可以实现"车路云网图人"一体化协同发展。如表1以及图5~图7所示。

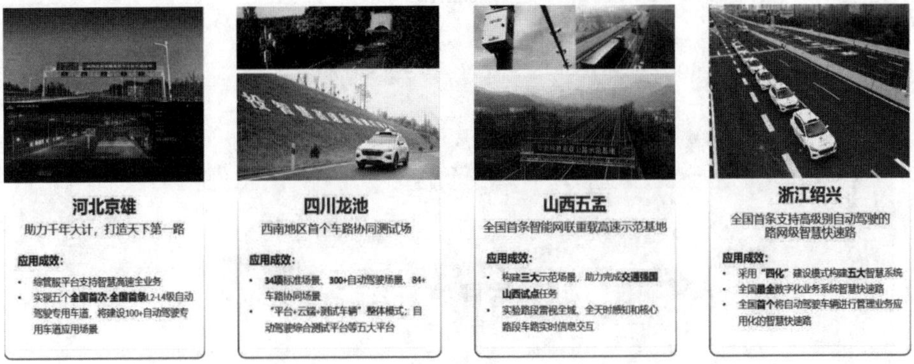

调研报告二
智能交通发展现状、问题及建议

图5 我国部分智慧高速公路试点情况

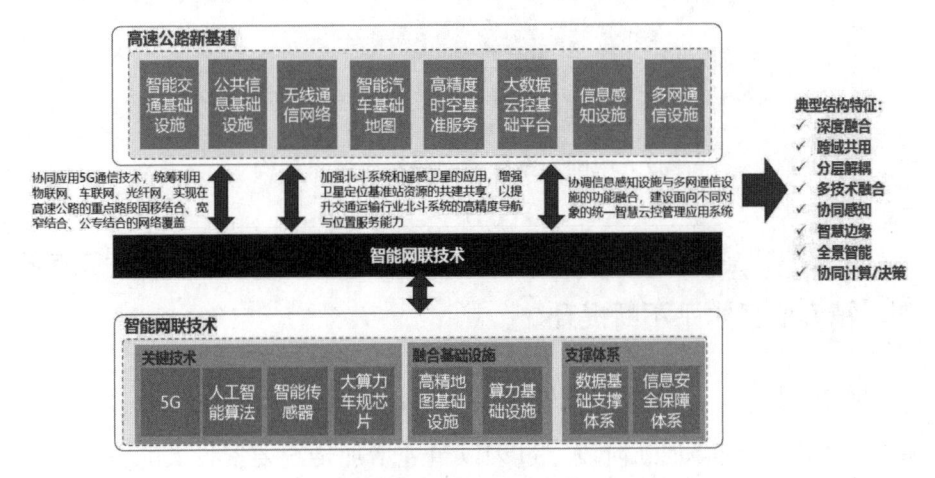

图6 智能网联技术与新基建系统结构特征

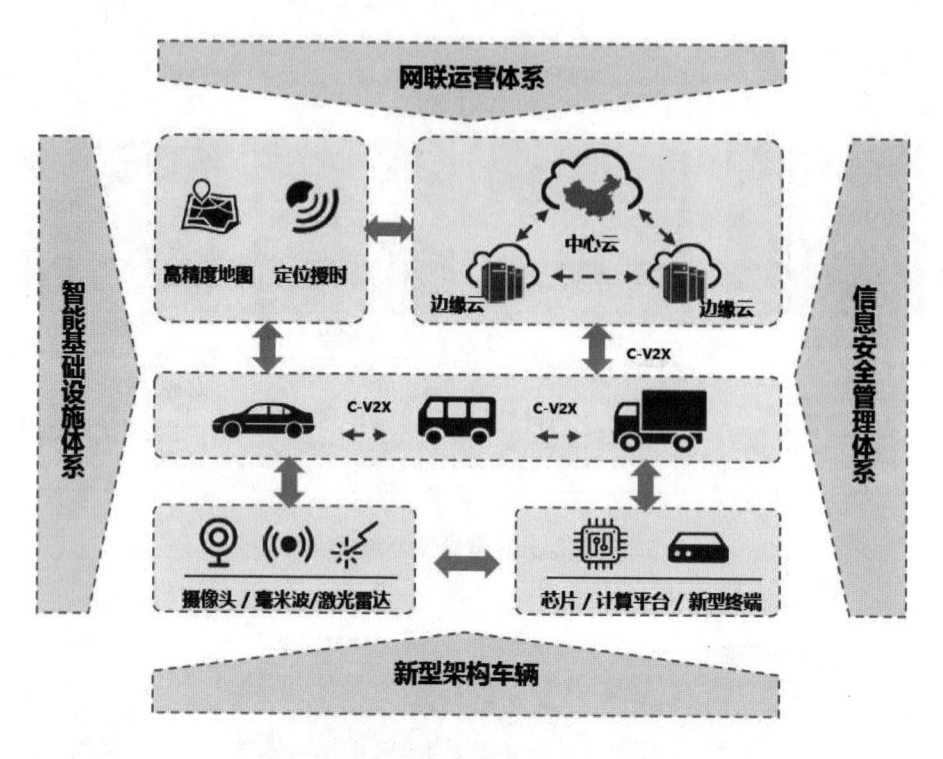

图7 中国方案智能网联汽车体系架构

## （三）智慧民航建设全面落地，数字感知、数据决策、精益管理、精心服务水平不断提升

我国民航业正处于"发展阶段转换器、发展质量提升器、发展格局拓展期"三期叠加新阶段，过去以单纯增加传统要素投入的方式已经难以适应新形势下的发展要求，运输规模持续增长与资源保障能力不足的矛盾仍将是行业面临的主要矛盾，尤其是在未来2030年碳达峰、2060年碳中和的目标要求下，要想发展好，必须通过智慧民航建设，破解行业发展难题。近年来，中国民航局牵头大力推进智慧民航建设，通过对新一代信息技术的融合应用，不断拓展绿色发展上线，提升行业发展空间，构筑行业发展优势。智慧出行、智慧空管、智慧机场、智慧监管是

智慧民航运输系统建设的核心抓手和重要内容。中国航信作为民航信息化建设的主力军，积极参与智慧民航建设工作，并主要在智慧出行、智慧机场等方面承担了大量的实际具体任务，主要集中在打造全方位的航空产品销售与服务一致化落地、为旅客提供全流程无感便捷出行服务、推进航空公司及机场提升智能化运行效率、航空物流业务电子化升级。如图8所示。

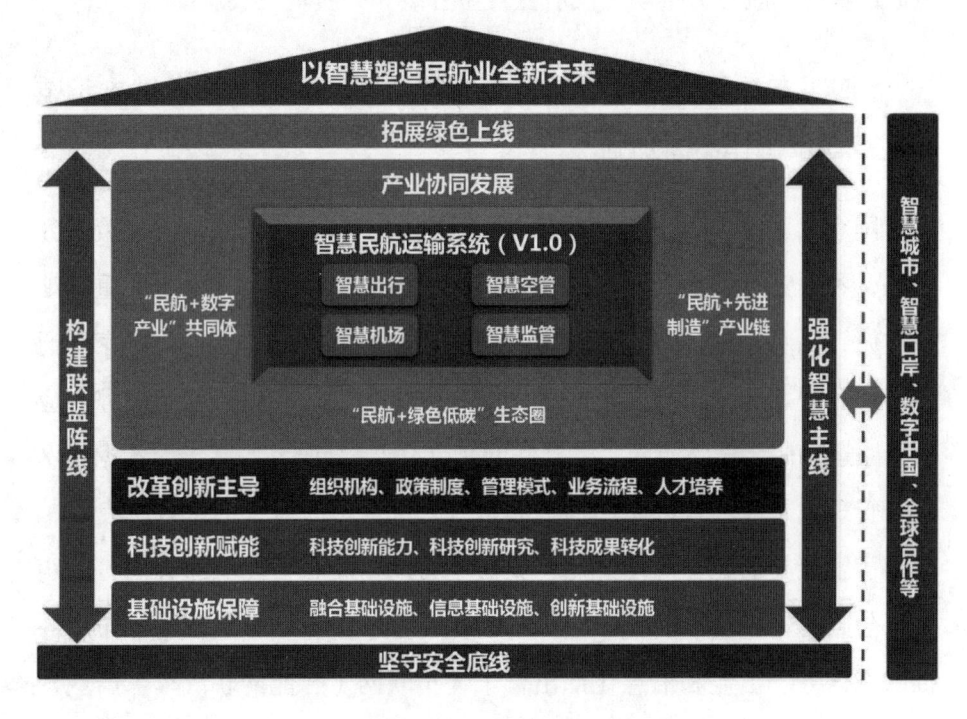

图8　智慧民航建设路线图总体架构

中国航信提出"全国互联一张网、数据赋能一平台、机场运营一张图、便捷出行一张脸、个性服务一终端"的智慧机场整体规划，在智慧出行领域，中国航信智慧出行涵盖了民航旅客从启程到结束全过程，核心流程包含了值机、行李托运、安检和登机环节，截至2022年8月，在中国航信的支持下，全国使用自助值机的机场共有215家，使用自主行李托运产品的机场共有63家，国内人脸登机完成实施机场45家，596个登机口具备使用人脸自助登机的条件。中国航信通过整合"旅客流、飞机流、物流、车流、财物流"，打造基于机场中台数据赋能一平台，以及基于数据孪生技术的机场运营一张图，推动全国范围机场协同决策系统（A-CDM）布局，实现行李全流程跟踪，实施航空行李托运"门到门"服务。中国航信通过智慧民航有力推动了民航业转型升级和高质量发展。

**（四）有关部委和地方政府积极推动智能交通发展，试点示范和重点研发工作不断加强**

国家发展改革委、交通运输部联合推动成立国家智能交通政策研究中心，不断完善智能交通顶层设计，并着力推动事关发展全局的重点项目建设，同步加强体制机制改革。交通运输部加快推进新一代国家交通控制网和智慧公路试点，围绕基础设施数字化、北斗高精度定位综合应用、路运一体化车路协同、"互联网+"路网综合服务、基于大数据路网综合管理以及新一代国家交通控制网等六部分，开展全新试点及发展，启动了智能交通先导应用试点，聚焦了自动驾驶和智能航运方向，围绕智慧公路运输、智能公交、港口自动化、数字集疏运等典型场景布局一批试点任务。工业和信息化部出台了《车联网（智能网联汽车）产业发展行动计划》，推动成立了国家智能网联汽车创新中心。工业和信息化部支持建设了江苏无锡、天津西青、湖南长沙、重庆两江新区等4家国家级车联网先导区。住房和城乡建设部开展了智慧城市基础设施与智能网联汽车协同发展试点工作，确定北京、上海、广州、武汉、重庆、深圳等16个城市为试点城市。科技部发布国家重点研发计划"交通载运装备与智能交通技术"等重点专项，对智能交通重大技术攻关进行了系统布局。具体参见专栏1中的内容。

---

**专栏1　我国自动驾驶产业政策梳理**

经过多年的研发积累、测试和示范应用，我国现阶段自动驾驶技术已初步得到验证，正加快向规模化、无人化商用阶段发展。加快推动自动驾驶商业化落地已成为部委、地方政府和产业界的共识。

**1.各部委围绕各自主责领域出台政策打通卡点**

从自动驾驶商业化落地的环节来看，包括生产准入、质量管控、注册登记、道路运输服务、安全监管、责任认定、信息安全和隐私保护等，任一环节的政策滞后都将影响整个行业的发展。近年来，各部委已发布或正在修订一系列政策，加快推动自动驾驶应用落地。

· 工业和信息化部发布《关于加强智能网联汽车生产企业及产品准入管理的意见》，并联合公安部、交通运输部发布《智能网联汽车道路测试与示范应用管理规范（试行）》；工业和信息化部会同公安部组织起草了《关于开展智能网联汽车准入和上路通行试点工作的通知（征求意见稿）》。

· 公安部启动《道路交通安全法》修订工作，修订草案送审稿已对具有自动驾驶功能的汽车进行道路测试、道路通行、交通违法处理、交通事故责任分担等问题作了原则规定。

· 交通运输部正在拟订《自动驾驶汽车运输安全服务指南（试行）》政策，鼓励在交通状况简单、条件相对可控的场景使用自动驾驶汽车从事出租汽车客运经营活动，要求从事出租汽车客运的自动驾驶汽车应当依法取得相应的《网络预约出租汽车运输证》。

·中央网信办联合五部委发布《汽车数据安全管理若干规定（试行）》。

·自然资源部发布《测绘资质管理办法》、《测绘资质分类分级标准》和《关于促进智能网联汽车发展维护测绘地理信息安全的通知》。

但整体来看，自动驾驶无人化、商业化仍存在不能入市、不能上牌、不能去掉安全员、不能运营收费、事故责任难以认定等问题，需要国家层面进一步加快政策创新力度。

2.地方政府成为政策法规制定的先行者

从政策法规出台的前瞻性、更新迭代速度等维度来看，相比国家层面，各地方政府的步伐更快，并在坚守安全底线的前提下，在多个领域进行政策探索积累了宝贵经验。

一方面，出台政策的城市数量多且政策更新迭代快。自2017年12月北京发布国内首部自动驾驶道路测试管理细则以来，根据统计，全国已有近40个省市出台了自动驾驶相关政策法规。更重要的是，地方政府结合自动驾驶相关政策法规落地执行中的管理实践，充分考虑技术进步和落地实践的需要，各地政策法规普遍保持每1~2年更新迭代一次，推动产业从一般测试、载人测试，向示范运营、商业运营稳步前行。

另一方面，地方政府率先在应用场景、无人测试、商业化落地等多个领域实现政策突破。目前，智能网联汽车产业正处于从测试验证转向多场景示范应用的关键时期。开放更多场景，积累测试、运营数据，构建并完善技术标准，逐步增强社会认可度，创新政策环境是一系列目标实现的根本保障。

比如武汉、重庆，2022年8月武汉发布《武汉市智能网联汽车道路测试和示范应用管理实施细则（试行）》，重庆发布《重庆市永川区智能网联汽车政策先行区道路测试与应用管理试行办法》，在国内率先开启车内全无人的自动驾驶商业化示范运营服务，百度"萝卜快跑"是目前唯一获准运营资格的企业。下一步如何在运营实践支撑下，持续扩大全无人商业化面积，将是政策持续创新的方向。

再如北京，以智能网联汽车政策先行区建设为抓手，加速自动驾驶商用探索。2022年4月，《北京市智能网联汽车政策先行区乘用车无人化道路测试与示范应用管理实施细则》正式发布，允许安全员从主驾驶位移至副驾驶位，实现真正的方向盘后无人。此外，北京也已启动车内无安全员的载人示范政策研究，未来将通过安全员远程协助，实现车内全无人的自动驾驶，支持企业开展无人化技术迭代和商业模式创新。

又如深圳，以立法突破相关体制机制障碍，深圳市人大常委会组织起草并发布了《深圳经济特区智能网联汽车管理条例》，立法进一步放宽智能网联汽车道路测试和示范应用相关条件、完善道路测试和示范应用规范，并为技术相对成熟应用场景如Robotaxi的商业化发展提供法律法规支撑。

上海也在以更大创新力度的地方性法规明确支持无安全员的智能网联汽车迈向应用落地。2022年11月1日，上海浦东正式发布了《上海市浦东新区促进智能网联汽车创新应用规定（草案）》征求意见稿，在草案中提出，开展无驾驶人智能网联汽车（具备高度自动驾驶或者完全自动驾驶功能、车内不配备驾驶人和测试安全员的智能网联汽车）创新应用的企业应当配备远程监控系统和紧急接管人员。

## 二、智能交通发展存在的问题

**（一）智能交通发展缺乏全面统筹，建设运营技术标准不统一不协调问题较为突出**

根据调研机构反映，各部委开展了大量智能交通试点示范。尤其是车路协同和自动驾驶是试点示范的重点领域，但是相关试点示范的功能和应用场景差别较小，存在重复建设和资源浪费的风险。各地方也在探索先行先试，但是统筹协调水平相对较低。智慧公路缺乏全国统一的建设标准规范。百度公司反映，在智能网联汽车与智慧城市协同发展中，还存在工程建设缺乏标准和法律法规支撑、行业缺乏跨界合作等问题。智能交通网络安全、数据安全监管也存在重大短板。如表2所示。

表2 相关部委在智慧公路（城市道路）领域的职能分工

| 序号 | 相关部委 | 职能 |
| --- | --- | --- |
| 1 | 国家发展改革委 | 战略、重大项目、协调统筹 |
| 2 | 中央网信办 | 网络安全、数据安全 |
| 3 | 工业和信息化部 | 车联网相关产业发展 |
| 4 | 公安部 | 道路交通管理 |
| 5 | 自然资源部 | 地图测绘和应用 |
| 6 | 住房和城乡建设部 | 城市基础设施、智慧城市 |
| 7 | 交通运输部 | 智慧公路试点 |

调研报告二
智能交通发展现状、问题及建议

## （二）既有的审批运营机制难以适应新技术新形势，制度性障碍制约智能交通产业做大做强

智能交通是典型的融合型新型基础设施，在建设和运营方面存在诸多困难。智能交通与传统项目的行政审批流程和部门职能分工有较大区别，各地审批的牵头部门和流程不尽相同。百度公司反映，智能交通项目还存在与传统基建造价审批定额不适应的情况，造价审批缺少依据，建设标准空白较多。智能交通具有公共基础设施属性，商业化变现模式尚处于探索中，申请地方政府专项债资金时存在困难。不少项目资产由地方国企平台公司所有和运营，存在资产保值增值考核和运营压力较大的问题。

## （三）智能交通技术创新体系存在诸多短板，行业信息互联互通受到诸多瓶颈制约

智能交通技术创新体系存在诸多短板，智能交通科研力量缺乏统筹整合，智能交通领域国家实验室仍处于空白状态，产学研科研组织仍存在脱节状况。同时，智能交通缺乏底层系统连通支撑，"信息孤岛"现象非常严重，无法形成统一开放生态系统和实现信息共享，难以实现广域范围的协同应用，更难以实现广域范围的最优协同。据中国航信反映，铁路客货运输信息与公路、水路、民航、城市公共交通等信息实时共享推进缓慢，直接影响综合运输一体化服务和人民群众的出行体验。航空电子货运技术推广应用仍然滞后，面临制度标准、基础设施建设相对滞后的现状。同时，我国尚没有全行业一站式的航空物流信息平台，各物流主体之间没有信息系统连通传输通道，无法实现信息互通。部分

区域和领域受制于政策限制，无感通行、差异化安检、无感支付、电子票据、电子运单等先进技术应用范围仍然不广。

## 三、对未来智能交通定位、作用和趋势的认识

### （一）智能交通是建设交通强国和推进交通运输现代化的战略基石

智能交通是5G、物联网、大数据、人工智能等技术与交通运输深度融合的新兴产业，是重要的融合型新型基础设施。发展智能交通是建设交通强国和推进交通运输现代化的战略基石，是实现交通运输质量变革、效率变革、动力变革的重要抓手，是抢占新一轮科技革命和产业变革先机的重点领域。

在新发展理念、新发展格局下，智能交通在经济社会发展中的地位不断凸显，对提升交通运输全要素生产率的功效逐步彰显，对统筹综合交通运输的作用不断加强，发展智能交通有利于推动综合交通运输体系数字化、网联化、智能化发展，有助于引领交通运输转型优化迈入新阶段。

### （二）智能交通具备智能宏大产业系统的潜力条件

智能交通是发展数字经济、推动数字经济和实体经济深度融合发展的重要业态。智能交通发展涉及高新技术研发，以及先进载运装备制造、互联网业态创新、新型基础设施融合发展、传统基础设施升级提升等多领域多方面，产业覆盖面非常宏大，产业链供应链较长，产业成长潜力巨大，具有发展成为智能宏大产业系统的条件。目前，智能交通已

经成为发达国家竞逐的国际科技研发前沿和产业竞争制高点，发展智能交通对培育经济新增长点，支撑我国产业转型升级，培育国际竞争新优势具有重要意义。同时，我国传统交通基础设施建设格局趋于完善，以传统基建拉动经济增长的旧模式难以为继，交通功能性建设、基础设施智能化发展提升日趋重要，以新型基础设施为主导的数字经济将成为经济高质量发展的重要支撑。

### （三）我国智能交通未来发展潜力和规模判断

我国具有超大规模的市场和超大体量的消费，这个规模和体量足以培育出任何一个可市场化的产品，达到世界级的产业规模。中国有世界级规模和高质量的交通基础设施、交通运输服务和交通运输管理，智能交通发展理应达到世界级的规模。新一轮科技革命和产业变革正在孕育兴起，为智能交通高质量发展提供了有力支撑，将显著改变交通运输的组织模式、服务手段和经营方式。智能交通既是新型基础设施融合发展的重要领域，也是交通创新驱动发展的动力来源，亟须更高层次审视智能交通在经济社会发展中的功能作用，从系统性和整体性的角度谋划智能交通发展，从而为整个综合交通运输体系的变革赋能。

### （四）智能交通发展未来发展趋势和演进特征

智能交通历经前期探索、发展起步、全面应用直至转型升级阶段已历经40余年，从交通基本要素信息数字化、交通运输实体的互联互通网联化，再到交通运输的全面协同智能化，技术的进步带动交通运输行业加速演进，推动交通运输与网络信息行业等加速融合。智能交通发展正在实现高质量发展转型升级：智能交通发展的创新性、综合性、融合性、国际性逐步凸显，智能交通由单一技术驱动向多要素联合驱动转变，由单领域分立式发展到全领域联动式发展转变，由行业小生态向经济社会大生态融合发展转变，由交通效率优先为主转向支撑交通效率提升、交通安全改善、绿色低碳转型、产业发展并重，由各部门分头式引导向全领域协同推进转变，由借鉴国外、技术跟踪转向自主发展和技术创新，发展水平不断迈向新高度。如图9所示。

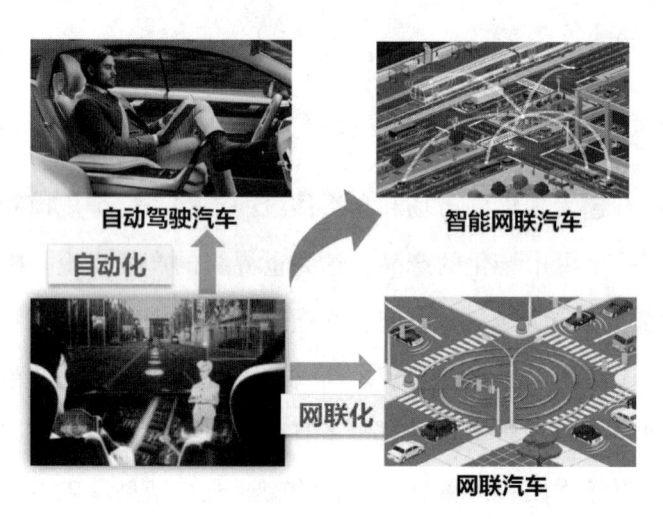

图9 下一代智能网联汽车的发展方向

## 四、推动智能交通发展的建议

### （一）统筹国家智能交通发展政策

以国家发展改革委为牵头部门，统筹国家智能交通发展政策，构建智能交通发展统筹发展和督导体系。依托国家高端智库，充分发挥国家智能交通政策研究中心（国家发展改革委综合运输研究所）作用，跟踪研判行业发展，做好顶层设计的研究支撑。重点推进建设系统集成、融合联动的智能交通基础设施网络，提升既有和新建交通工程数字化网联化水平，同步强化交通基础设施智能化升级系统项目储备工作。加强国家发展改革委对各部委车路协同和自动驾驶试点示范整合和指导工作，推动5G、车联网、智慧城市和智能交通协同部署。完善智慧公路、智能铁路、智慧机场等全国性建设标准体系。研究由国家发展改革委牵头，打造智能交通发展先行示范区。

## （二）着力破解数据互联互通瓶颈

进一步完善交通运输信息资源共享机制和交换渠道。围绕出行、物流等重点领域，推动交通运输行业主管部门有序开放相关政务数据。重点推动铁路客货运输信息与公路、水路、民航、城市公共交通等信息实时共享。鼓励国铁集团依托12306和95306平台向第三方开放客货运输信息。

## （三）加强先进技术应用推广力度

推进智能高铁创新成果在新建铁路线路中的推广应用，推动中欧班列无纸化运输电子数据交换。实现公路客运售票、检票、安检、登乘等环节电子化、无感化。巩固区块链技术在港航领域应用成果，推动实施冷藏集装箱港航服务提升行动。拓展航空电子货运技术应用机场的范围，推广应用民航电子运单。积极推进北斗系统在交通领域应用，支撑在路网运行监控、车辆动态监控、铁路运营监控、船舶导航、港区自动驾驶、航空器监控等领域应用。

## （四）培育智能交通创新生态体系

以构建智能宏大产业系统为目标，完善交通科技创新体系，强化行业重点科研平台建设，统筹布局交通运输领域国家实验室、国家重点实验室、国家工程研究中心和交通运输行业重点实验室、技术创新中心等，谋划创建智能交通国家实验室，培育国家级科技创新基地。加快智能交通建设标准规范顶层设计，完善智能铁路、智慧公路、智慧机场等全国性标准体系。加强全国性自动驾驶安全性评估和制定上路运行要求标准。完善智能交通促进碳达峰碳中和的评估体系。

（执笔人：李连成　陈晓博　唐幸）